日本思想全史

清水正之
SHIMIZU MASAYUKI
田世民／譯

緒論

何謂日本思想？

「日本思想」或「日本的思想」這個名稱，對於某個世代以上的人來說會激起雙義性或是否定性的感情。以站在倫理思想史的立場從事日本思想研究的個人本身來說，在意識上既存在雙重價值的內容，在體驗上也曾觸碰過那樣的感情。

如果說自己研究日本思想的話，經常會先被詢問政治立場，甚至有時還被問過「你有皇國史觀嗎？」這樣的問題。還有，到底有日本思想這樣的東西嗎？諸如此類既單純但又正經的疑問，也是常見的問題之一。我也曾被哲學系的研究者問過「日本思想史到底是哲學還是歷史學？」這樣的問題。廣為人知的和辻哲郎有關日本思想、日本精神史方面的著作，被歸類為哲學、倫理學的一個領域，但在那個領域裡卻也有迎合潮流之類的評價。

如此對於日本思想所投以的疑問，首先是根植於思考日本思想這件事本身的形態，以及日本近代歷史的形態上面。但是，卻也是無法單純還原至歷史，而同時也是對「何謂日本的思想？」以及「何謂思想？」這些問題的追問。

還有，這個問題也旁及日本的思想與近代知識制度的關係。邁向近代化的明治時代，引進西洋的學問科學是當務之急。在大學殿堂裡，不管是理科或文科，長久以來歐美的文化都占有重大的意義，人文學方面也有同樣的情形。人文學科經常被分為哲學（思想）、史學以及文學。日本自古以來，是在佛教、儒教等思想形態，以及印度、中國的文化影響之下形塑自己的文化的。因此，即使在明治的新型知識制度之下，印度學或中國學自始即具一席之地，而且印度哲學、中國哲學也是研究對象之一。此外，日本獨自的文學傳統或歷史學也有一定的積累，同樣自始就包含在大學的制度裡面。

相對於此，日本的思想在西洋化的目標裡面，從積極引進作為文明基礎的哲學思想的課題上來說，只是次要的。即使在當代，哲學科系都以西洋哲學為主，設有日本思想研究課程或學科的地方非常少。如同中江兆民「日本無哲學」這句名言，在某種程度上通曉西洋哲學的人眼裡，會認為日本歷史上沒有可以稱之為哲學的東西，這也是無可厚非的事情。

這裡還潛藏一個關乎得以稱之為日本的思想的東西其實質究竟為何的問題。在這個意義上，至今仍存在一個問題，亦即：日本的思想這個東西的實質、也就是其對象究竟為何？哲學所處理的對象是，對自然、人類、超越的存在（神、佛等）這三者產生之個別或整體的意識，並且進一步探討、統攝來自這個觀點的生活意識之價值觀形態。

日本的思想性作品既有合乎哲學內涵的東西，當然也有採用詩或文學形式的表達，或是歷史敘述等也都在此對象的範圍內。將這些多樣類別所共有之廣義的人類觀、世界觀作為對象，始得以展現它的樣態。在本書裡，一方面將闡明這些日本思想的實質內涵，同時也希望從倫理思想史的觀點來思考日本的思想。書名之所以冠上「全史」，是基於為了掌握日本的思想，揭舉了從古代至近代之代表性的思想、思想家以及思想性的作品為對象，同時有別於常見之重視學派或學統的個別思想史，本書的目的是著眼於共性基礎的思想史。

今天，日本的思想這個領域已獲得一定程度的認知，這是近代初期奠定日本思想研究基礎之先人努力的結晶。當時，在他們個人的意識上是屬於哲學分科的觀點。但是，以現狀來看，除了是跨領域之外，整體上採用歷史學方法的思想史居多。

本書之所以打著全史的招牌，是基於效法日本思想史的研究所企求的，並不是在西洋的哲學史、特別是精神史的影響下所敘述的佛教或儒教史那種單一分野的思想史，而是設定一個必須稱之為日本思想史的場域而來的。

日本思想史的研究在接受西洋文獻學和哲學的方法中，作為近代學問而成立。今天，在全球化之中的日本思想或日本哲學的定位將成為一個重要的問題。在相當早以前，不管是日本思想或日本哲學，作為一個用語已被國外所普遍認知。在這樣的名稱之下，有許多包含從古代到現代來探討日本的研究出現。可以說，哲學性語言的複數性如今已廣泛被接受了。

不將日本的文化或思想絕對化，但同時也不將其當作與我們毫無關係的東西看待。所謂思想史，是透過意識性地反思古來文本重新閱讀的歷史才有可能。本書裡的思想史，也是以讀解包含思想內容的文本為主軸。正如同國學重新參照《古事記》、《日本書紀》，阿羅羅木派[1]重新評價《萬葉集》一樣，日本的思想其實也是不斷地想起和反覆。本書特別描繪了這種思考的糾纏，以此而言實足以稱之為全史。思想史當中還有一些未解決的問題，對其加以探討也是全史的課題。

受容與選擇，外與內——思想史上的相對主義觀點

本書雖然名稱全史，但是並不是立足在古代所發生的事情一貫地伏流於日本、而有所謂

日本式的東西存在根底這樣的觀點上。或許可以說有所謂日本思想的個性，但是並無法將多樣性統括為一。本書所關注的是，在日本這個場域裡所發生之異文化及不同思想傳統的選擇和受容（選擇性的受容），還有深化的堆積等問題。

俯瞰式的瀏覽思想史的視角有各種可能，本書採用的觀點是作為選擇─受容─深化的思想史。必須指出，這個觀點的特徵在於選擇、受容的局面裡的比較性觀點，乃至相對主義式觀點的掌握。

日本列島一直到近代為止，一貫地面對著進步文明源流的亞洲大陸。這樣的地緣政治學位置使其得以一方面面對著文明的源流，一方面又極少直接受其威脅，而能在適度的距離中保有某種餘裕，並加以攝取吸收。

首先，我們可以在佛教東傳和諸神的關係上看到這點。《日本書紀》描述，在準備接受佛的信仰時，相對於反對的勢力，天皇向蘇我氏下達允試奉祀的命令。

在之後思想的新轉捩點上也可以看到這樣的現象。平安佛教的開祖空海在年輕時代的著作《三教指歸》裡，將東亞的佛教、儒教、道教設定為三個對話者，而結論是採納了佛教。空海以及最澄都是從當時中國的佛教之中，將其選取的東西傳入日本。

1 譯注：以一九〇八年伊藤左千夫創刊的短歌雜誌《阿羅羅木》（後改名《アララギ》）為中心的歌人一派。齋藤茂吉、島木赤彥、土屋文明等人擔任編輯活躍其中。尊重《萬葉集》並具有率直萬葉調短歌特色的作風，繼承發展正岡子規的寫實主義而成為歌壇的主流，對大正、昭和時代產生很大的影響。

佛教思想的內部也是一樣。鎌倉佛教的成立期，法然比較自力和他力的信仰，並且從中採取了「選擇」他力的淨土信仰這樣的立場。

在貴族階級和武士階級為了爭奪政治指導權而互相傾軋的鎌倉初期所撰寫的《愚管抄》，將日本的歷史與天竺（印度）和中國的歷史相對照，並將其置於佛教的世界理解之中。慈円在其歷史敘述裡，非常自覺地使用和語及口語來描寫自己時代的由來。慈円指出，具有讀解漢文之中國式教養的人不讀日本的歷史書，因此刻意使用看似卑俗的口語及俗語。

近世也是在前此圍繞佛教思想展開之中，建立一套更具相對性觀點的理論的。我們不可忽視，藤原惺窩、林羅山等人原本的身分是僧侶，並且透過與佛教或天主教之思想的對峙，而「選擇」了朱子學的立場這個事實。

這樣的觀點對於通過近世近代、進到現代的我們來說，作為所謂國學的思想史觀，是一個不太容易接受的看法。但是，即便在那樣的國學思想裡也有內與外，甚至一開始即以此而抱持著相對主義的眼光，這點是非常明確的。本居宣長既批判又敬慕的契沖在《萬葉集》的實證研究上，從日本的詩歌表達裡仔細地找出佛教式的修辭、中國古典修辭的影響，並確定其解釋。對契沖而言，萬葉的歌謠可以說是明治時期的新體詩。

我們來看國學的大成者宣長的例子吧！他的眼光一面向著儒教、佛教、老莊思想，甚至是天主教、蘭學，一面又樹立起自己的神學。特別是，對蘭學的關注其實掌握了宣長思想形成的關鍵。宣長對於蘭學通曉世界各國情事這一點，認為它是比中華絕對主義更為優秀的學問。但是，他說蘭學的思維因為將相對主義絕對化，所以還是必須加以批判。他認為，最正確的是主張日本優點的學問。

即使我們不太容易能接受這樣的結論，但我們不能忽略的是，宣長在他當下的思考迴路中的確通過了將那面對內與外的眼光再次加以相對化的過程。據傳宣長本人與母親的宗教淨土宗結緣，一輩子誦經不斷。而他本身是通過自始即將自己置身於那樣的相對主義之中，來完成他的思想的。平田篤胤將中國書的天主教教義含攝在自己的靈魂救濟論裡面，也是這種文化思想的日本現象之一。

近代的選擇與受容，可以說西洋的思想文物逼近的緊迫性與前此思想的受容相比，在形式上是大相逕庭的。不過，在天主教的受容或哲學的受容裡，還是可以舉出許多選擇與受容的例子。

這樣的看法卻也可能變成僅從日本思想的一個面向來投射的弊病。當然，也有提倡絕對性思想的思想家。而且，那種絕對的論述採用的是一種對相對主義的批判方式，這個也是日本思想史饒富興味的論點。在思想的選擇性受容裡面，經常有何謂理想的人格？這樣的問題。筆者希望將焦點投射在各個時代那些通過選擇性的受容、超越內與外的雙重性而達成的思想，並且不是堅持外部觀點的解釋，而是用內在的觀點來展開本書的敘述內容。

如今我們的生活場面又是置於選擇與受容的夾縫之中。細查過去的選擇與受容，並且思考如何在過去的積累上建構未來，這正是日本思想的課題。

第一章 古代

1 「日本」這個境域

自然史及思想史

思想史是由文字化的文本及其讀解而形成的。而日本的思想，指的是以這個列島上固有的語言所生成及展開的思想。不論是個人的意識或集團的意識，如果將包含初發性的意識階段都稱為思想的話，要去追問那樣的意識的起源或始源是怎樣的面貌並不容易。有關自我意識或集團意識被記錄以前是何種樣態，以及對其給予規定的東西，可以舉出以下三項：⑴列島的成立及自然史，⑵考古學的見解，⑶中國史書所描繪的日本。

由於這個列島的人類長久以來不具備文字，因此具有自我意識之人類的形態首先是在與他者——亦即中國大陸——的關係當中，藉由大陸對列島的關注並留下文字（漢字）記載而初發形成的。但是，那種他者的視線本身所成立的根據，是在於自然史之中。在日本至今所建立的文化裡面，與大陸及朝鮮半島之間的地理關係扮演著很大的角色。

列島的形成

從地球誕生至數十億年之間，日後的日本列島尚未形成而仍舊是大陸的一部分。新生代的新第三紀，也就是二千五、六百萬年前，大陸的東邊出現一個裂縫並形成了原日本海。接著，雖然仍舊與大陸是相連的，日本列島的原型開始出現是距今一千萬年前。之後，進入人類誕生的洪積世，造山、火山活動開始活絡起來。冰河時代的中期，琉球群島首先與大陸分離，接著列島從大陸分離開來。接著不斷重複冰期和間冰期，到了二萬年前之最後的沃姆（Wurm）冰期，海平面下降後出現連結大陸與列島間最後的陸橋，並且有人類及動物的移居。之後，在一萬八千年前形成朝鮮海峽，一萬二千年前形成宗古海峽，今天日本列島的雛形大致確定了下來（平朝彥，《日本列島的誕生》）。

琉球群島較本州及其他的島嶼更早從大陸分離開來。這一點與琉球群島在現在被稱為日本的境域裡，在自然、語言、文化方面保有文化的獨特性一事息息相關。

這個列島根據板塊構造學說（plate tectonics）是由四個板塊在近海相銜接的地方形成，並且頻繁地遭遇巨大的地震和海嘯。之前的東日本大震災即具有重新回顧這樣的自然史的意義。在列島上孕育成長的思想對自然及人類所關懷的是與如此的自然史具有深遠關聯性的種種，同時對思想史來說亦具有根源性的意義。

我們現在所使用的「自然」一詞的意義，與近代以前的「自然」相異。最早出現在《萬葉集》之源自漢語的「自然」，是「自然而然」的意思。中世、特別是親鸞[1]的「自然法爾」，也是自然而然的意思。那樣的歷史可以說是指，潛藏在今天我們稱為「自然」的對象

1（以下注腳皆為譯注）親鸞（一一七三～一二六二）是鎌倉初期的僧侶，淨土真宗的開祖。

背後的原理或根據。這一點或許正是近代意外容易地將nature譯成「自然」而接受的理由。自然的概念形塑著日本思想史重要的課題。

另一方面，在列島上展開了舊石器文化以及新石器文化。在新石器文化裡，從考古學的研究我們可以獲知繩文文化、彌生文化這些生活的形態。前此有關舊石器時代的認知，以及有關繩文時代的時代開展和社會形態的認知逐漸產生變化。對稻作的開始等問題也提出了新的見解。長久以來，彌生文化被視為稻作的文化，並且是與今天日本的文化直接連繫的同質文化，但現在稻作已被證實可較以前更往上追溯而始於繩文時代。

以「太陽之塔」[2]而聞名的獨特藝術家岡本太郎（一九一一～一九九六）曾提倡復興繩文文化的美意識。包括他的南島琉球文化論等，這樣的主張透視了日本的文化起源本身的多樣性，並且打破輕易被視為日本的同質性之類的東西，具有給予均質的日本這類固定的文化觀一定的隔閡及刺激的意義。

他者眼中的日本——中國史書及地緣政治學上的地位

在沒有文字紀錄的時期，列島上有什麼樣的意識呢？這方面是與思想及文學的方法位於較遠的位置上。沒有探究無文字文化之完美的方法。從而，除了考古學告訴我們的知識以外，直到五世紀為止不存在文字的這個列島的種種（漢字的使用本身，有稻荷山古墳及江田船山古墳出土的鐵劍、鐵刀銘文等例子），首先是以記載於他者——亦即中國——典籍裡的形式，最早出現在文字化的歷史上。一直到歷史上的某個時期為止，唯有通過他者的眼光始能窺探自身的起源，這件事是關係至今為止日本的思想文化深層的一大問題。

那麼，出現在中國史書裡的日本是什麼樣子的呢？最早是以「倭」、「倭人」的姿態登場。雖然無法全部概括，但「倭」的稱呼指的是列島及其住民，這一點應該沒有異議才對。就正史來看的話，後漢班固所撰的《漢書．地理志》（七六～八六年完成）有「東夷天性柔順，異於三方之外」的敘述，並描述「樂浪海中有倭人，分為百餘國，以歲時來獻見云」。此外，有西元五七年光武帝下賜給倭「印綬」（金印）的記載（《後漢書．東夷傳》）。在《魏志．倭人傳》（三世紀後半成立）裡，更詳細地對倭的諸國，以及其中的「女王國」（邪馬台國）和女王卑彌呼有長達二千字左右的記載。內容描述三十國「共立」的卑彌呼「事鬼道」，以及倭人的政治、官制、風俗、產物、自然、地理、死後的禮儀，還有生活習慣、社會體制等。如此這般，日本的模樣以及在列島上所展開的文化，一開始是透過他者的眼光來描述的。

如同以下將隨時提及的，日本一直以來即自覺地關注擁有先進文明的中國大陸及朝鮮半島，或是佛教傳來以後的天竺（印度）。一海相隔的大陸與日本，古代的一段時期或是元寇[3]

2　太陽之塔（太陽の塔）是藝術家岡本太郎一九七〇年在大阪府吹田市舉辦的日本萬國博覽會會場所製作的藝術作品建築物，高七十公尺。此塔的太陽有三種模樣，分別是塔的頂部象徵未來的「黃金的臉」、塔的正面象徵現在的「太陽的臉」，以及塔的背面象徵過去的「黑色的太陽」。

等除外，鮮少直接對峙。大陸這方在地緣政治學上與其說視列島為支配的對象而抱持著強烈的關注，毋寧說是秉持著對其投以恰如其分的關心這樣的態度。這也可視為將周邊民族置於下位之「華夷思想」的表現，而日本亦屢次派遣使節建立與中國大陸之間的關係。

然而，如果將中國史書所描述的日本照單全收的話也有問題。第一，史書的成立年代本身即有先後落差。例如：記載西元五七年光武帝下賜倭國金印一事的《後漢書・東夷傳》成書於五世紀，比起描述三世紀邪馬台國的《魏志》是較晚的作品，記載倭國的史書成立的年代有先後的差距。但是，這些中國史書的紀載不僅關係著邪馬台國所在何處這個問題，還的確隱藏著「何謂倭人？」這個關係著現代我們的自我認識及思想的問題。

再者，在二六六年繼承卑彌呼的壹與（台與）向西晉朝貢這個記載之後（《晉書》），到四一三年倭國與高句麗聯袂向東晉朝貢的記載為止，約一百五十年之間，中國這方沒有關於倭的描述（成謎的四世紀）。相對於此，至今仍存在朝鮮半島的記載（高句麗的「廣開土王碑文」傳達了四世紀倭國的動靜）。在這約一百五十年之間，列島上出現大規模的前方後圓墳，四二一年以降（《宋書》）有所謂倭國五王（讚、珍、濟、興、武。有說法認為「武」是雄略天皇，但這五王的人物推定尚未有定論。）活躍的描述。在某個時期自外部視線大幅脫落，這對日本的自我意像來說具有重要的意義。之後在《舊唐書》裡（十世紀）雖然使用「日本國」這個稱呼，但也舉出使者有倭國之別種而自改稱號的說法、以及日本併吞倭國的說法，而懷疑其說法的真實性（藤堂明保等，《倭國傳》）。

這種他者——亦即古代的大陸——對日本所投以的視線，在江戶時代再次浮上檯面成為思想的問題。儒者松下見林（一六三七～一七〇三）蒐集並考察了日本在中國史書裡的記載（《異稱日本傳》）。新井白石也因關注古代史而提到史書的記載，其說法並影響了本居宣長等國學的思想。

2 神話中的思想

《古事記》——神話的思維

日本思想史上的「古代」，以平安時代結束——也就是貴族時代的衰微——為界限。有關日本思想之思想史的區分有多種不同的見解。例如：柳田國男與鈴木大拙互成對比，探究日本人靈魂觀的柳田高度評價古代及平安時代；而以靈魂的自覺為觀點的大拙認為「日本的靈性」開花於鎌倉時代，在那以降則視為精神上的深化。時代的區分與之後對思想史的看法息息相關，將另行討論。

言歸正傳，我們將《古事記》視為以文字文本呈現之思想史上最古老的作品。如果要從

3 指鎌倉時代元朝的軍隊入侵日本，此事件在日本一般稱「蒙古襲來」。

思想史的觀點來敘述原始的日本——作為古層[4]的日本——的話，只能透過直到八世紀才出現的《古事記》、《日本書紀》或是《萬葉集》等文本來著手。雖然《古事記》的完成有各式各樣的說法，但是在保有自我意識之最古老形態及其痕跡這點上應無爭議。有些看法將記紀[5]的故事稱為「古傳說」而與神話做區別，筆者在此則使用「神話」一語。

有關《古事記》的成書背景，首先可以從漢文體的序文窺知一二。序文指出，七世紀後半，天武天皇在位時，鑑於諸氏族的傳承多所訛誤，故撰定勘誤「帝紀」及「舊辭」，並命稗田阿禮誦習「帝皇日繼」及「先代舊辭」，之後在天明天皇的七一一年（和銅四年）命太安萬侶撰錄阿禮所誦，太安萬侶撰成後於翌年七一二年獻呈天明天皇。

《古事記》撰就八年後的七二〇年（養老四年），《日本書紀》完成。這些典籍的編纂作業是在即將進入天平文化時代之前。大化革新以來，為了建設新的國家並奠定大和朝廷的權力，曾經不斷出現留存國家歷史的嘗試。在中間夾著壬申之亂（六七二年）之古代中央集權化的洪流之中，這兩部書的誕生亦代表著歷史編纂的嘗試。

歷史編纂的嘗試

有關這一連串歷史編纂的嘗試，可以從《日本書紀》（七二〇年成立）的記載見其端倪。例如：六二〇年的推古天皇紀指出，聖德太子與蘇我馬子共議「天皇記」以及「國記」，並記錄諸臣豪族的「本記」。另外，六八一年天武天皇下詔川島皇子等十二人，命其「記定帝紀及上古諸事」（天武紀）。因此，《古事記》與《日本書紀》是以上這些對自我認識持續努力下的產物。此外，《古事記》與《日本書紀》之間的關係還有一些不清楚的地方，諸如《日本書紀》裡沒有留下《古事記》編纂的紀錄等，仍舊留下許多謎團。

如以下將討論的，江戶時代為《古事記》注解並遺留功績至今的本居宣長認為，《日本書紀》是受到中國式思維影響的產物，所以其地位低於《古事記》。但是，實際上《古事記》在甫完成之後即從歷史檯面上消失；相對地，《日本書紀》完成後為官人所閱讀，即使到了平安時代作為官人的教養也具有重要的意義存在，這點值得牢記在心。近代以後，津田左右吉從批判的立場將記紀視為政治性作為的產物，但是其將古代人思想的鮮明片斷留存至今，這點實不容否認。

《古事記》與《日本書紀》在敘述的方式上有重大的差異，而且這兩部書的歧異在思想史上形成了重要的問題。《古事記》有一個主題貫穿本文，而《日本書紀》的神代部分雖然揭示了具有條理的本文，但是以下卻接著以「一書曰」的方式並列了複數的不同傳承。光就開闢的神話來說，其揭示的複數傳承之中有與《古事記》一致的內容，也有相異的內容。一

4「古層」是日本政治思想史學者丸山真男在一九七二年的論文〈歷史意識的「古層」〉裡首度使用，係以地質學的比喻來說明日本即使有佛教、儒教等外來思想的積累，其原始底蘊的「古層」仍持續存在的意涵。在這之前，他將此稱為「原型」。

5《古事記》及《日本書紀》的合稱。

般皆單純講說「記紀神話」，其實《記》與《紀》的神話在敘述態度及敘述形態上具有相當大的差異存在，亦是事實。本節首先以《古事記》為中心，對神話思維的片鱗半爪做一探討。

天地伊始的神話

《古事記》由三卷構成，上卷為神代至神武天皇誕生，中卷為神武至應神天皇，下卷則描述仁德天皇至推古天皇為止的事蹟。神代裡面敘述天地開闢、伊邪那岐及伊邪那美[6]男女二神的造生諸神國土、黃泉國、天岩戶及天照大御神、遭放逐之須佐之男[7]消滅大蛇，以及天孫從天而降等內容，並且描述截至神武天皇為止的事蹟及系譜。中卷以降的人代，則是從神武天皇至推古天皇為止的神話傳說、歷史或歌謠的大系，內容涵蓋多種層面的要素。

開頭的序文所寫的是漢文體的上表文，與運用變體漢文的本文在體裁上稍有差異。「太素杳冥，因本教而識孕土產嶋之時，元始綿邈，賴先聖而察生神立人之世」（這個世界一開始昏暗而不明，因為這個教誨而可得知國土島嶼的生成，以及諸神孕生、立人的時代），敘述神代雖已久遠，但描述了神代所孕生的國土以「大八洲」之姿依時序展開的樣態次第。

《古事記》以天地的開闢起始，開頭道：

天地初發之時，於高天原成神名，天之御中主神，次高產巢日神，次神產巢日神。此三柱神者，並獨神成坐而，隱身也。

將這個卷首的部分與一神教的聖典《舊約聖經》首卷部分的創世紀做一比較，亦可明顯地看出這個多神教世界的形成。內容描述，神是具有複數性而誕生的，還有這些神並不像創世紀般創造這個宇宙乃至世界，而是隨著世界的生成而「成」的存在。而且，神在形消影滅後會與世界一體化，並以潛藏於此後世界內部的生成力乃至動力性根源的形態被描繪出來。這件事也與人的生成有關。《古事記》對於人類並沒有投以重要的關心，雖然使用「青人草」[8]這樣的表現，但其起源並不明確，而列為隱藏動力性之世界的建構成員之一。

這件事與天神所在的「高天原」這個領域並不是描繪成一個完結的世界，而是在敘事的展開之中，始終與神和人誕生並組成「葦原中國」，並且以此一領域進一步生成展開的形式來鋪陳及匯聚相關敘事。神世七代的諸神在最後誕生了一對男女神——伊邪那岐命[9]及伊邪那美命。「葦原中國」是此二神接受天神要求「修理固成」尚未定形之國土的命令，並以聖婚、性交的方式所形成。受天神之命、並降立在「攪拌」海潮時所滴下的潮水凝固而成的

6 伊邪那岐的原文為「イザナキ」，《日本書紀》裡作「伊奘諾（尊）」。伊邪那美的原文為「イザナミ」，《日本書紀》裡作「伊奘冉（尊）」。

7 須佐之男的原文為「スサノヲ」，《日本書紀》裡作「素戔嗚（尊）」，為伊邪那岐之子、天照大神之弟。

8 原文為「あをひとくさ」，青意味著生命力的旺盛，而將人類的增加比喻為草的茂生。

9 「命」或「尊」均是上古時代對神或貴人的尊稱。

淤能碁呂嶋上，這對男女二柱之神依序孕生了國土及自然。例如：四國雖然只有一個身體，但像是由男神的兩張臉及女神的兩張臉組成般，將國土及自然描繪為神本身。國土生成的描寫以本州西邊的島嶼（對馬、隱岐島、壹岐島等）以及瀨戶內海的記載較為豐厚，在《古事記》之後的記載裡，本州方面也是以今天的糸魚川[10]至越後[11]一帶為舞台，且以佐渡島[12]為東限，充分顯露當時古代人的地理感覺。

在這個過程中，產下火神的伊邪那美因灼傷身體而病重，終歸逝去而前往黃泉國。悲傷的夫神伊邪那岐追往趕上，但在黃泉國所觸目的竟是爬滿蛆蟲、眾雷神附身的伊邪那美的軀體。伊邪那岐在伊邪那美及黃泉軍的追擊之下倉皇逃離且祓除死穢，並藉由祓禊而誕生了「三貴子」即天照大御神、月讀命及須佐之男命。在這段敘事中，描寫了由患病的伊邪那美的排泄物中誕生了與金屬、土器、水稻相關神祇的次第，以及火的生成等，可知該書開頭所開展的伊邪那岐、伊邪那美神話既是增益人類生活之文化生命的起源譚[13]，同時也是描寫人類生與死起源的神話。

世界各個區域都有神話存在，而圍繞天地生成的神話則有幾個模式。大致可分為「成」型、「生」型、「造」型這三種形態。以《古事記》來看的話，生國、生神神話的「生」型，具有為開闢神話之「成」型包含在內的雙重性，箇中的解釋並不單純。這與從世界的生成到國土之葦原中國安定下來為止的過程、具有天上類型及地上類型之雙重起源一事也有關係。將其看作是津田左右吉所說的「王權之政治性作為的殘留痕跡」也無妨。

國土禪讓——高天原之神的降臨

「葦原中國」的稱呼是來自高天原的命名。延續國土誕生神話、屬於天神領域的故事，是圍繞著以伊邪那岐自黃泉國逃回為契機所誕生的三貴子，其中的天照大御神和須佐之男命而展開的。須佐之男命違背父親伊邪那岐要求治理海原的命令，為了向姊姊天照大御神控訴而登上高天原，並且因得勝自滿而犯下種種惡行。最初同情弟弟的姊姊終於發怒而躲進「天岩屋戶」，頓時世界被黑暗所統治。有賴眾神的機智而使得世界恢復光明，同時須佐之男命也遭到放逐。被放逐的須佐之男命在出雲留下消滅大蛇等功績，遂成為「根堅州國」的統治者。

在此之後，《古事記》突然轉調，指出這個國土已經是大國主神的，並且描述之所以如此演變的經緯。高天原的天照大御神希望能夠統治葦原中國，派遣使者並促其服從。在高天原方數度失敗之後，大國主神終於同意讓國，而且在不同意讓國的大國主神的兩名兒子與天神之間交戰之後，結果天孫邇邇藝命從天而降，成為國土的統治者。這點揭示了爾後的天皇是天照大御神血緣上的直系後代。有關這個大國主神的神話將在次節從其他觀點來討論。如

---

10 位於新潟縣西南部、姬川下游的城市。
11 舊國名，今天新潟縣大部分屬之。
12 屬新潟縣，位於北陸地方北邊，面積八百五十七平方公里，是日本海最大的島。
13 天地萬物創生出現的起源傳說。

古事記諸神系譜

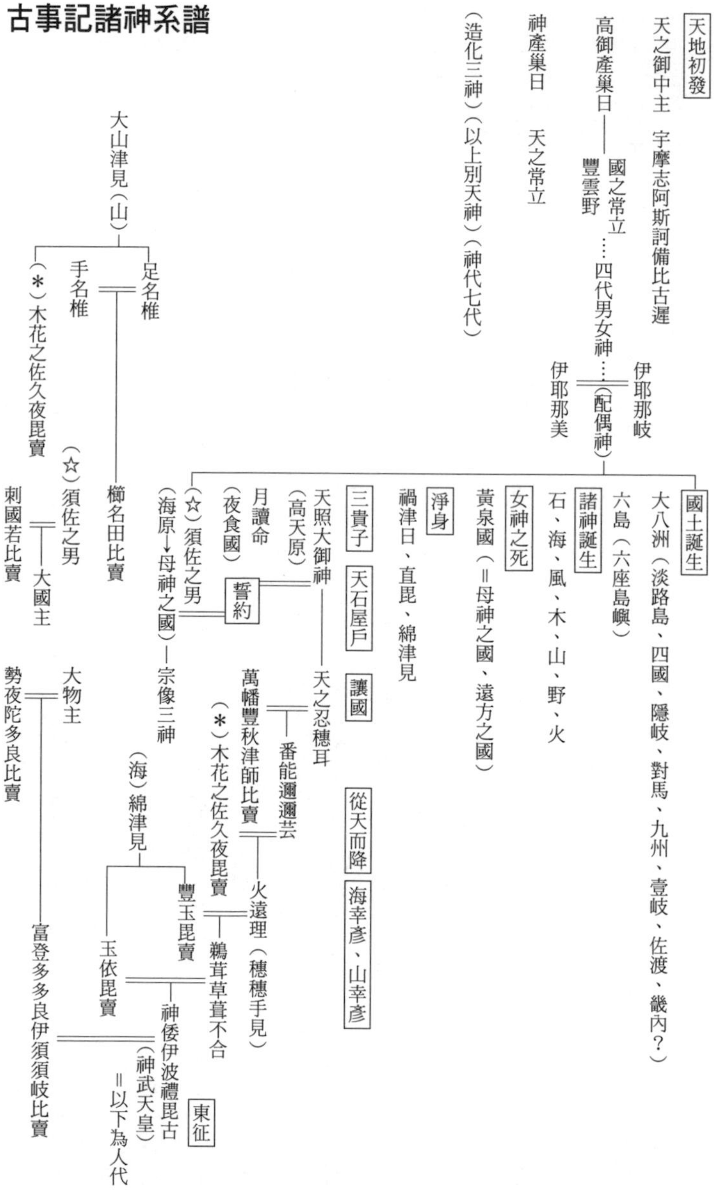
天地初發
天之御中主　宇摩志阿斯訶備比古遲
高御產巢日——國之常立
豐雲野
……四代男女神……
神產巢日　天之常立
（造化三神）（以上別天神）（神代七代）
伊耶那岐
（配偶神）
伊耶那美
國土誕生
大八洲（淡路島、四國、隱岐、對馬、九州、壹岐、佐渡、畿內？）
六島（六座島嶼）
諸神誕生
石、海、風、木、山、野、火
女神之死
黃泉國（＝母神之國、遠方之國）
淨身
禍津日、直毘、綿津見
三貴子
天石屋戶
讓國
從天而降
海幸彥、山幸彥
天照大御神
（高天原）
月讀命
（夜食國）
（☆）須佐之男
（海原→母神之國）
誓約
宗像三神
天之忍穗耳
萬幡豐秋津師比賣
番能邇邇芸
（＊）木花之佐久夜毘賣
火遠理（穗穗手見）
（海）綿津見
豐玉毘賣
玉依毘賣
鵜茸草茸不合
神倭伊波禮毘古
（神武天皇）
＝以下為人代
東征
大山津見（山）
足名椎
手名椎
（＊）木花之佐久夜毘賣
櫛名田比賣
（☆）須佐之男
大國主
刺國若比賣
大物主
勢夜陀多良比賣
富登多多良伊須須岐比賣

上所述，卷首的神話是一種神話式的說明，指出這個國土的統治者是誰。

此後，神話記載了眾所周知的海彥山彥神話，還有天照大御神子孫與海神族之間的密切關係。

另外，《古事記》裡不僅記述了高天原、葦原中國，也描繪了眾多不同的世界，從中可以發現多樣的對稱軸。有人將高天原、葦原中國及根國視為上中下的三層結構，但是其中也描繪了除此之外的他界。例如：也有海原＝綿津見[14]，或是少名毘古那[15]往復之海洋另一方的異界等，這些對稱性的各個面向終究是為了組成「葦原中國」並且建立框架而存在的。那些周邊的邊境終究是浩瀚無垠的。空間上的廣闊在《古事記》裡，是與藉由神性之物並及於這個國土之不管善惡的某種不可思議的力量根源息息相關。

大國主神神話具備與其相關的所有要素，可以說最能彰顯《古事記》神話的根源性。顯示這片國土並非自發存在的，而是經常與周邊的異界接觸，並且其異界性正是國土豐饒及生成的本源。

在稍晚的時代出現名為「六月晦大祓」的祝詞[16]。其中將類似須佐之男命在天上的惡行

14 原文「ワタツミ」，是掌管海洋之神。

15 原文「スクナビコナ」，在《古事記》裡是神產巢日神之子，曾協助大國主神的國土經營。被後世信仰為農業、釀酒、醫藥及溫泉之神。

16 神道祭典時，向神明上奏祝福的文章。

之妨害水田耕作等對共同生活的妨害列為「天罪」，而將殺人、近親相姦等列為「國罪」。將擾亂共同體秩序的行為視為必須「祓除」之格外嚴重的行為，這樣的思維顯示出和辻哲郎所說的「清明心」[17]，也就是以毫無隱情之心順從神明與集團、並以此為重要生活方式的心態。

圍繞須佐之男命的神話描繪出整部《古事記》的方向性，亦即異界逐漸從一體性的感情融合狀態分離出來，而且奇異的現象、超越性的現象漸漸退居幕後。這件事可以理解為，其顯示出《古事記》的世界從根本上表現了多層次掌握現實的神話思維。也就是說，其顯示出秩序生成的同時也受到反秩序的支持這件事。

何謂神？

《古事記》對今天具有的最大意義可以說在於凸顯「何謂神？」這個問題上面。從開頭的部分和神話的片斷可以看出與一神教的神話有明確的差異，且與希臘神話相近，甚至可以視為人的事蹟之神話式表現。但是，既然稱之為神，必然具備超乎現世的某種力量，然而其界限並不明確。這件事讓人聯想到，室町時代前來布教的基督教傳教士並未將自己的超越者——宙斯——以「神」這個譯詞翻譯之。

宣長在《古事記傳》裡對神做了以下總括性的描寫：「凡稱為迦微[18]者，始於見諸古御典等天地諸神，乃至鎮座祭祀其神之社殿御靈。又，人則自不待言，凡鳥獸木草之類、海山等，其餘任何稀少而不尋常之有卓越之德、可畏之物皆謂之迦微。（所謂卓越者，非謂尊貴良善、有功績等之優秀者而已。惡者奇者等，凡世間卓越可畏者，皆謂之神也。）」（《古事記傳》卷三）這個定義可以說是充分汲取《古事記》語言廣度的解釋。以原初性來說，ミ（mi）及チ（chi）較カミ（kami）這個單字來得早，顯示具有非比尋常力量之物（「ワタツミ」〔綿津見〕、「イカヅチ」〔雷〕的ミ及チ），而人格化的神則視為新的一層。

江戶時代的儒者新井白石將神代的神（カミ）視為人，而將記紀當作歷史即古代史來讀。宣長也說神代的人皆為神，所以不可否認的確能夠做這樣的解讀。在這個情況下，《古事記》之神的神聖性或是尊貴性的根據便成為問題。近代日本的哲學家和辻哲郎認為，由於這些神不具有絕對性，天神有時仍需仰賴更上位之某種存在的判斷，而將神分成祭祀的神、既祭祀亦被祭祀的神、僅單純被祭祀的神、要求祭祀之作祟的神這四種。即使是天照大神也要揣摩某一更具超越性的神的意思。位於最深處的神是何方神聖並不清楚。在這個意義上，和辻認為記紀諸神的特色在於「朝往不定之神的通路」這樣的性質。這個是從《古事記》文本的外部來看神的超越性所在的看法。

相對於這個看法，佐藤正英有不同的理解（《日本倫理思想史》）。他指出《古事記》文本內部原初性神明的出現——「物神」（もの神）。「物神」是脫離世俗世界的事物及事象的

17　原文「清（きよ）き明（あか）き心」。

18　音讀作「かみ（kami）」，即「神」之訓名。

存在，《古事記》文本將其形態描繪成第一次神話。他說明《古事記》的「物神」是先行於具有人類要素之後發的「魂神」（たま神）概念的存在。記紀的神形成了思考這些日本諸神性格的重要論點。

《古事記》與《日本書紀》——記紀的思想史

《古事記》全文以漢字表記。由於它運用原日本語的發音並使用漢字來表記其意義，所以形成僅由漢字構成的不規則漢文體，這件事至今仍饒富興味。漢字區分為音、訓來表記，以下再次引用開頭部分的原文：

> 天地初發之時，於高天原成神名，天之御中主神。訓高下天云阿麻，下效此。次高御產巢日神。次神產巢日神，此三柱神者，並獨神成坐而，隱身也。

小字注的部分（訓高下天云阿麻，下效此）指示高字下的「天」字要讀作「アマ（阿麻）」，以下亦仿此。沒有特別註記的部分如「天地初發之時」的讀音則不確定，有「天地はじめてひらけしとき」（天地初開闢之時）、「天地はじめておこりしとき」（天地初興起之時）等諸說，不清楚當時是以何種音聲來讀的。

另一方面，《日本書紀》是以漢文（中文）來表記，推測是精通中文或是諳於和風中文的人等，有多位執筆者及筆記者。我們來看開頭部分：

古天地未剖，陰陽不分，渾沌如雞子，溟涬而含牙。及其清陽者，薄靡而為天，重濁者，淹滯而為地，精妙之合摶易，重濁之凝竭難。故天先成而地後定。然後，神聖生其中焉。故曰，開闢之初，洲壤浮漂，闢猶游魚之浮水上也。于時，天地之中生一物。狀如葦牙。便化為神。號國常立尊。（至貴曰尊。自余曰命。並訓美舉等也。下皆效此。）次國狹槌尊。次豐斟渟尊。凡三神矣。乾道獨化。所以，成此純男。一書曰，天地初判，一物在於虛中。狀貌難言。其中自有化生之神。號國常立尊。亦曰國底立尊。次國狹槌尊。……

（岩波文庫，《日本書紀》（一））

宇宙的開闢以陰陽論描述，明顯可見中國式思維的直接影響。在《古事記》裡序的上表文與《日本書紀》一致。還有，可以發現《日本書紀》的開闢諸神與《古事記》有異。此外，《古事記》裡以故事描寫的大國主神，在《日本書紀》裡僅有簡單地記載其施「恩賴」予眾人——即「蒼生」（一書第六）。如前所述，《日本書紀》在神話傳說的地方會先揭舉首尾一貫的本文，然後再以「一書曰」的形式舉出其他的說法以作為各種別傳。由此可以看出斟酌各種傳說、古紀錄而進行的編輯工作以及編輯者的意圖，其中有與《古事記》一致者，也有不同之處。

重視發語、發聲的《古事記》與以書寫語言為目標的《日本書紀》之間的差異，跟之後兩部書被接受的方式息息相關。紫式部在其日記裡寫到，自己因為漢文的修養而被取了「日本紀的御局」[19]的綽號（《紫式部日記》）。《日本書紀》在成立之後成為官僚的教養及學習的對象。相對於此，《古事記》則除了一部分神道家以外，其存在幾乎被人所遺忘。現存於世這個事實是無庸置疑地，卻不為一般人所閱讀。到了江戶初期首次被刊行（寬永二十一年，一六四四年），而其後在讀解及公開《古事記》這方面（《古事記傳》一七六四年開始～一七九八年完成），本居宣長可謂居功厥偉。他在解讀的同時，也在這部作品裡看到了日本人的本質，亦即接受佛教及儒教影響更早以前時代之日本人的生活方式和社會形態。如果借用具有《古事記傳》序文之性質的《直毘靈》的表達的話，在古代的日本並沒有人說教（道），人們皆崇祀祖神及天皇，並且盡各自的本分而安穩地生活著。

宣長認為《日本書紀》是受到「漢意」所影響的書，而將其重要性置於《古事記》之下。「日本」這個稱呼本身即是意識著他者（中國大陸）的產物，這點既是宣長做此評價的理由之一，同時也是其漢文體表記的問題所在（不過，宣長在《古事記傳》裡視《日本書紀》為重大線索並對其加以注解）。《古事記》以變體漢文寫成，似乎是為了保留日語尚未具有文字階段之語言的古層。這點與如何看待二書的生與死、性、他界、人生，或是自然、統治者與民眾之間的關係等問題也有密切的關聯。即使不能像宣長那樣，輕易地採取一種在《古事記》裡發現日本人落落大方的生活方式之類的看法，但在自我意識萌芽的時期誕生了兩部大異其趣的著作，這件事對於之後的思想史產生了重大的意義亦是事實（神野志隆光，

《古事記とはなにか》等)。

一般有將記紀裡所呈現的神明信仰稱之為「古神道」的說法。天台、真言的神道論,或是吉田神道及儒家神道均曾嘗試將神道加以理論化,並且多是根據《日本書紀》而來。相對於重視《古事記》的宣長,自稱其死後的弟子的平田篤胤進一步追求《古事記》及《日本書紀》的原型,結果創造了自認為祖型的「開闢論」。在幕末至明治初期深具影響力的國學者,在這兩部書之間面臨了神話解釋的相對化。例如:大國隆正在面對基督宗教的情形下,一方面稱《古事記》、《日本書紀》有如「日光」、是無與倫比的,一方面卻認為根據二書而來的現存「日本四流的神道」,任何一個都是力有未逮。由此可見,神典的絕對性已不再容易建立。逐漸成形的國家神道,基本上無法視之為承繼幕末國學的紛亂及其所提出的問題,可以說它是將《日本書紀》的神話世界加以近代性重組的產物。

近世期各種有關神話的思想嘗試及成果,在改變形態之後為明治以降的思想史研究、神話研究所繼承。由於戰前對國家神道的批判等因素,在戰後的一段時期,神話的研究被視為畏途。我們需要的是以新的視野來探討神話,而且在進行相對於一神教文明之多神教文明的比較時,神話傳說的哲學性考察今後也備具意義。

---

19 在宮中被賜予「局」(單人房)之女官的敬稱。

3　歌謠的發生與《萬葉集》

歌的發生

以上在《古事記》《日本書紀》的神代的故事中，探討了神話思維的起源，而歌謠這種抒情表達形式的起源也可以在神代的故事裡以古樸的形式見其端倪。作為適合思想史考察對象的作品，在我們的眼前的是現存最早的歌謠集——《萬葉集》。

歌（之後以短歌為主，而在發生的初期則有各種歌形）作為日本文化的一種形式，在思想的歷史長河中迄今長期占有重要地位。在日本，雖然沒能孕生如西洋那種「哲學」的思考形式，但詩歌卻擔負著表現人生隨想的角色，並與在背後支持著政治、佛教及儒教等學問之人的情緒和心情有著緊密的聯繫。此外，它同時也成為中世及近世發展「歌論」之極為抽象性的思想的一個基礎。

大國主神與出雲神話——歌謠的發生

在進入《萬葉集》的討論之前，再稍微談一下《古事記》的神話世界。回想一下須佐之男的神話。遭到高天原放逐的須佐之男在四處流浪之後，在出雲一地收服了大蛇並在須賀宮落腳，詠唱求偶之歌：

風起雲湧八重雲　出雲隆起八重垣　守護我妻垣興築　八重垣兮如我願

（有如出雲的八重垣隆起的雲啊！為了守護我妻在宮殿四周築起八重垣，那樣風起雲湧的八重垣啊！）

這首據信是出雲地方古來傳承的歌謠，是《古事記》裡初次出現的詩歌。在《古事記》上卷，緊接著這個須佐之男故事的是オホクニヌシ（大國主神）神話。這段神話由於大國主神的事蹟與出雲及現存的出雲大社之間的關聯性，被稱為「出雲系神話」，而這個故事周邊所出現的神則稱之為出雲系諸神。故事的梗概敘述有別於高天原活躍的諸神，大國主神成為這個國土的主人的經緯，以及這個國土之後拱手讓給從天而降的高天原之神的戲劇性發展。據此，有說法將其與歷史事實連結，並認為這個故事是顯示與大和朝廷分庭抗禮之出雲勢力的存在等等，至今仍是眾說紛紜的故事之一。

《古事記》的情節發展是，已經成為葦原中國統治者的大國主神將這個國土拱手讓給高天原天照大御神的子孫，而大國主神則成為「讓國」這一饒富興味故事的主人翁。這個故事裡一方面呈現了上卷特有的充滿粗糙隔閡感的世界，另一方面也描繪出人類「情」感所共通的，例如後世以「仁」、「愛」或是「和善」（やさしさ）等語所表達之原本所應表現的事態。

這個故事裡前半與後半的旨趣互異。前半是敘述大國主神成為這個國土統治者的過程。他是追趕在為了獲得美貌出眾的公主——因幡的八上比賣（イナバのヤカミヒメ）而踏上旅途的兄弟神後面，並且身負包袱而無精打采的一個神。大國主神對那受到兄長們欺騙而全身赤裸的兔子和善以對，後來果然如同兔子的預言獲得美人歸。但是，卻因此惹惱兄弟神而身陷層層的死亡考驗。所幸他每次都在母神——神產巢日、及貝殼女神們的咒力下復活，最後為了躲避兄弟神的再次迫害，在母神的安排下被送往根之國須佐之男處。在那裡雖也受到須佐之男的試煉，然而在戀人、須佐之男之女須勢理毘賣（スセリビメ）的幫助之下，與須勢理毘賣攜手逃出須佐之男的掌控，並且獲得咒術能力而回到世間。最後，收服迫害自己的兄弟神，成為了統治者。

成為統治者的大國主神無法單獨完成建國，於是在從海的彼岸遠渡而來的小神——スクナビコナ（少彥名神）的協助之下遂行統治。之後，少彥名神遠去海的彼岸，令大國主神感嘆國土興建未竟其功。

且說這個大國主神是許多神話中神明的綜合體，實際上他在故事的展開中的確數度改變稱呼（大國主神、大穴牟遲、葦原色許男神、八千矛神、宇都志國玉神。在《書紀》裡除此還有大物主神等稱呼）。《日本書紀》簡潔地記載道，此神為蒼生而攘鳥獸昆蟲之「災異」，並定下咒術之法，施予百姓「恩賴」（みたまのふゆ）。另一方面，在《古事記》裡則較為複雜，可以說特別傳達了其身為民眾階層的神明、或者是統治者的理想典範這樣的古層。

另外，這個大國主神神話在國土完成以後突然變調，轉為敘述此神生性好色的風流史、妻子須勢理毘賣的忌妒、以及兩人的和解戲碼。在夫君將出門尋歡而詠唱的歌之後，有段須勢理毘賣的歌（長歌）。以下引用部分內容：

八千矛之神　吾大國主神也　汝是男兒身　環繞群島海角邊　環繞乎海濱四方
妙齡嬌娘擁滿懷　吾是女兒身　非汝無男　非汝無夫……

她如此唱道之後，兩人之間遂感情和睦地「平息」了。

就像這樣，出雲系的神話除了政治性之外，在抒情性方面也可見到和歌搖籃期的雛形，這點非常重要。這些詩歌與其說是個人的作品，毋寧可說是附隨著民眾禮儀或是宗教禮儀而詠的詩歌。雖然大國主神感嘆與少彥名神分道揚鑣，但也在《風土記》裡出現的大國主神，其顯現的姿態是施予民眾「恩賴」的神明，可以說此中暗藏著群體寄予統治者的願望之類的訊息。出雲系、特別是大國主神神話在之後的敘述是將國土統治權讓與高天原之神，因此在天皇的敘事裡尤其占重要的地位。有別於政治神話而顯現不同面貌的，是這個神話後半戀愛經歷的部分。在那裡，歌謠濃厚地與情感世界結合，形成了意味為神的世界過渡至人類情感描寫搭起橋樑的部分。《古事記》裡，在中卷以後的人代中，交織著ヤマトタケル（倭建命）的故事、或是輕太子與同母妹——輕大郎女之間以悲劇收場的戀情等抒情式的故事，讓讀者領略歌謠性內容所出現的場面。

《萬葉集》與思想史

《萬葉集》是最早的歌謠集。一般總稱記紀歌謠及《風土記》等歌謠為「上代歌謠」，與此相比，僅從收錄四千五百餘首詩歌這個數目來看，《萬葉集》的確是了解當時如何看待自然或人類社會的感性、情調及心情的絕佳文本，在思想史上尤其重要。

例如自然的問題，《萬葉集》裡吟詠自然的作品很多。不過，在此後日本的思想史上，並不存在相當於現代我們稱之為自然的語詞。「自然」僅用於表示「自然而然」的意思。但是，仔細看這些作品可以發現，作為觀察的對象逐漸獨立出來，首先可以看到以花鳥風月的形態獨立出來的過程。雖然沒有現代意義下「自然」的用語，在那裡所顯示的感性形式及表現，與我們的表達方式或不相同，但不可否認確實存在著不變的一面。

試舉一例。《萬葉集》使用稱為「萬葉假名」的書寫法，亦即以漢字來表記日語；為了方便說明，將以下這首歌以原文揭出：

田兒之浦從　打出而見者　真白衣　不盡能高嶺爾　雪波零家留　（卷三　三一八）

（出到田子浦　遠望一片白　富士高嶺上　白雪已紛紛）

這是收錄在百人一首之中「田子の浦にうち出でてみれば白妙の富士の高嶺に雪は降りつつ」（出到田子浦，遠望一片白。富士高嶺上，白雪已紛紛）這首歌的本歌，是我們耳熟

能詳的。在《萬葉集》裡，這首歌是作為前一首歌（長歌——重複三次以上五、七兩句，最後以七音結束的詩體。之後會接著短歌形式的「反歌」）的反歌（短歌）而出現的。前一首是山部宿禰赤人仰望富士山而詠的歌：

天地初分時　莊嚴高且尊　駿河富嶽嶺　遙望高天原
藍天不見日　望月不見光　白雲暫止步　大雪紛紛降
我願久傳頌　富士此高嶺　（山部宿禰赤人　卷三　三一七）
（向天空遙望，自天地開闢以來那莊嚴且尊貴的駿河富士高嶺，當空的太陽隱身山中，圓月也不見皎潔的亮光，白雲也停下腳步，山中不時下著白雪。願世世代代永遠傳頌這富士高嶺！）

如這一組詩歌所示，萬葉的世界包含著記紀的神話世界所描繪的，例如《古事記》開頭的「天地」開闢之時於今已遠的意識，同時也顯示這樣的神話世界可以感受到與今天是一脈相連的。這組歌之後的長歌，對富士山如此讚頌：「無以名狀乎，靈妙富嶽神」（無可言說無以命名的靈妙山神）。

在《古事記》、特別是描寫神代的上卷裡，自然本身就是神明。而在《萬葉集》裡，神的世界退居幕後，並且已可看出我們今天稱為自然之物自立過程的端倪。詩歌所顯現的古代精神有必要與《古事記》以降作品之間的關聯性一起觀察，也正是這個道理。

作為古代歌謠集大成的《萬葉集》

《萬葉集》是收錄四千五百餘首詩歌的歌謠集。編者不詳，有如江戶時代的契沖直指為大伴家持私人選編等各種說法。或者，也有認為全二十卷中每卷編者各異，並由家持集成的看法。成立的時期也不確定，據信應該在奈良時代至平安時代初期即已出現現存的形態。如果依《萬葉集》來看，仁德天皇時代的歌是此集中最早的作品。

如果根據將作品以時代區分的說法，以下至壬申之亂（六七二年）為第一期，此期的代表歌人有舒明天皇、有間皇子及額田王等。第二期是自天武朝至奈良遷都（七一〇年）為止，其中尤以柿本人麻呂最為著名，其他還有天武、持統兩天皇、以及大津皇子等人。第三期自奈良遷都至天平五年（七三三年）為止，此期有山部赤人、山上憶良等人。最後的第四期則至天平寶字三年（七五九年）為止，此期的歌人有被視為編者的大伴家持、以及大伴坂上郎女、聖武天皇等人。

在時代方面，《萬葉集》與《古事記》的下卷重疊。《古事記》終於推古天皇的時代，而《萬葉集》包含了若干推古以前的作品，如將推古以前的視為口誦傳承的時代，則《萬葉集》網羅了該時代以降至律令體制確立期為止的歌謠。作者舉凡天皇乃至著名的宮廷詩人、以及農民、武人、乞食者等豐富多元。

律令的形成同時也是對大陸制度文物的接受。在《萬葉集》編撰的同時，七五一年也選編了漢詩集《懷風藻》。當然，《萬葉集》也包含了若干漢詩、漢文。如契沖等人的研究所深入分析的，和歌裡確實有受到中國修辭影響的一面。此外，和歌的形式、以及萬葉假名的表記法等，作為在這塊土地上大放異彩的抒情形象，直到現代仍舊具有很大的意義，其重要性不在言下。再者，《萬葉集》的歌謠不只短歌而已。有長歌、旋頭歌（採五七七五七七的詩體），少數還有佛足石歌（五七五七七七）。有的歌謠不採五七五七七的詩體，是發生期的古層表現。

世界——人、自然、諸神

卷一的開頭以雄略天皇的御製為始：

肩負好竹簍　手持好木鍬　此丘摘菜兒　報上名與家
普天大和國　無處非我轄　我且誠相告　吾名與世家　（卷一　一）

這首歌與其說是雄略天皇個人的作品，不如說是集團活動中所詠唱的歌謠而流傳下來的。置於卷首，並且放聲高唱統治的對象「大和國」，還有向摘採野草的少女呼喊、求愛，面對周遭日常的場域吐露高揚的情緒，這些都可看出萬葉整體的特色。在《萬葉集》裡天皇被視為「現人神」[20]，具有神格化的政治性，然而其魅力在於，即使是政治性的作品，也託以向眼前周遭環境表露出感情的形式這一點上。東歌及防人歌亦不例外。

歌的形態——雜歌、相聞歌、挽歌

《萬葉集》除了後半卷以外，都有所分類（「部立」[21]）。通篇雖不盡統一，大致上以雜歌、挽歌、相聞歌這三種為主，此外再加上四季歌。雜歌涵蓋生活各種面向；相聞[22]歌主要是戀愛之歌，也就是詠唱人與人之間的關係；挽歌正如「挽」字意味著「牽引」，即牽引柩車，也就是哀悼死者的詩歌。換言之，《萬葉集》詠唱著人生從出生到死亡的各個層面。那些作品是向人生具體的、富有臨場感的場域（topos）所抒發出來的，並且歌是伴隨著強烈的感情而詠唱的。

接著是挽歌的例子：

在家懷妹腕　出外倚草枕　旅次臥永眠　旅人誠可哀

（聖德太子　卷三　四一五）

每見佐保山　煙霞罩滿顛　思吾妹更深　無日不潸然

（大伴家持　卷三　四七三）

相聞並不限於戀愛。包括父子之間，或是如下面這首人麻呂為了祈願遣唐使航海能夠平安無事且快速所贈答的歌也屬於此類：

放眼諸海神　何神宜所祈　往行與歸途　船行速為冀

（柿本人麻呂　贈入唐使歌一首卷九　一七八四）

雜歌包含不屬以上二者的歌，以及瞭望國土、公共事務等內容，主要是吟詠自然的敘景歌。萬葉的歌以寄寓四季等吟詠景物本身的歌居多，在歌詠自然的同時，也反轉指向個人內面的吐露，採用這種形式的詩歌繁多也是萬葉的特徵。

融融春日照　雲雀展翅飛　聞聲悲中興　獨自感傷懷

（大伴家持　卷一九　四二九二）

如上所示，《萬葉集》詩歌的抒情是與自然景觀息息相關的。情感會在自然之中得到淨化及昇華。人生所經營的場所與「大和國」這個國土，還有國土之所以成立的自然密切結合。那個場域同時又存在於某種與神的事物有確實的連結裡面。我們可以說，自然既與神相連，同時又不歸屬於特定的神，而是暗藏著肅靜的能動性，並寬容地包覆著人類。

20 以人類之姿顯現於此世的神。
21 意指分門別類。
22 意指唱和、贈答。

誠如前人研究指出，萬葉詩歌的抒情與自然景觀息息相關，以及其自然描寫以「きよし」、「さやけし」[23]等可表現為「清」的詩歌居多。自然一方面顯示著在深層處某種與神的事物一脈相連的意涵，一方面也顯示了《古事記》的神從自然退居幕後，並且化為保有縱深以庇護人類的特質及慰藉。

吉野吉野宮　由此山而貴　由此川而清　天長而地久　萬代曾不變　大君行幸宮

（大伴旅人　卷三　二六六）

地方或者民眾

萬葉的特徵是收錄了東國之歌，也就是所謂的東歌（東國、亦即從遠江到陸奧一帶的詩歌。多為詠唱戀愛感情之作者不詳的民眾詩歌）。東國是律令國家的最前線，或因自身曾經赴任該地，故特別吸引中央官吏的興趣。從中央看地方，也等同是「葦原中國」向「大和之國」展開的象徵。在東歌裡，同樣也可見到將感情集中投注在眼前場域的傾向。下面所引的歌據傳是多摩川的調布一帶的歌謠：

多摩川濱上　漂布愈見白　觸膚多宜人　此兒益可愛　（卷十四　三三七三）

（多摩川上親手漂白的布撫摸起來觸感宜人，如今更想這個少女真是多麼可愛！）

武藏國是「上國」[24]，也就是適合官僚外派的地方。東歌的採集涉及的層面有：民眾的歌謠，或是與都城相異、保留地方性古層的歌謠；與赴任為地方官之律令官吏之間的關係；還有對那些官吏的出身、以及其所屬社會性古層的關注。這件事與《古事記》及《日本書紀》、還有《風土記》等書所編纂的時代背景息息相關。我們可以說，由他們古代人的意向可以看出古代改革期的社會意識，以及在「葦原中國」生成展開而建立的「大和之國」裡，孕生了某種一體感的時代背景。

《萬葉集》的時代——社會變革

萬葉的時代，同時也是一部古代社會所謂近代化過程中時局紛亂的歷史。日本在朝鮮半島白村江的戰敗（六六三年）導致對外情勢的更加緊張。《萬葉集》裡收錄了防人之歌，可以窺知對半島敗戰嚴肅看待的態度。

從企圖反叛而遭處刑的大津皇子的胞姊大伯皇女所詠的歌中也可窺其端倪。姊姊哀悼遭處刑弟弟的這首歌是個好的例證：

---

23 二字均為清澈、潔明之意。

24 律令制依各國的面積、人口分為大上中下四個等級，上國屬於第二等。

我存人世間　眺望二上山　明日思手足　將弟比作山

（大伯皇女　卷二　一六五）

制度的完備是中央集權化的一環，在這過程中也有許多將天皇神格化的詩歌。

大君非凡人　尊貴現人神　天雲雷丘上　結廬斯隱身（搭建臨時廬舍以為宮殿）

（柿本人麻呂　卷三　二三五）

但是，整部《萬葉集》依舊保留對爭戰失敗者的目光。對於和歌日後也保有的這種非政治性的功能，值得我們留意。

萬葉裡面，經常會在「題詞」[25]乃至被稱為「左注」[26]的地方說明詩歌的來歷。相對於《古事記》和《日本書紀》裡的故事是為了引出詩歌的裝置，《萬葉集》則以歌為主，並且濃縮揭示了過去的來歷。在題詞和左注裡，經常使用《古事記》和《日本書紀》來作為詩歌創作事蹟的注解。可以說，詩歌是回顧和探索那些事蹟及記憶的另一種形式。

此外，萬葉成立的時期正值佛教傳入、逐漸影響精神生活的時代。詩歌的形式不一定會採用佛教式的表達，但是有些詩歌的確可以看出佛教的影響：

現世總無常　此理誰不知　秋風發微寒　思人情更摯

（大伴家持　卷三　四六五）

這些詩歌有的與之後的無常觀若合符節。但是，我們無法在《萬葉集》這部歌集裡窺見奈良佛教全盛以及佛學深化的全貌。逐漸形成的詩歌世界，終究是為了向這個現世場域表達感情以及對人生的體悟，並且是作為一個範疇慢慢地創生淬鍊出來的產物。

《萬葉集》的思想史

《萬葉集》以後，到最早的敕撰集[27]《古今和歌集》（十世紀初葉）的編纂為止，有一五〇年左右的空窗期。漢詩文一度成為貴族主要的教養。在《古今集》裡亦可看到與《萬葉集》不一樣的美感意識。同時，不管在後世如藤原俊成的歌論裡、或是和歌的歷史裡，《萬葉集》都具有重要的意義。但是，在古今式的歌風往新古今風發展的過程中，萬葉風逐漸從歌論的中心退場。

25　詩歌開頭記載吟詠旨趣的文字。
26　標示於本文左側的注解。
27　奉天皇敕命編撰的詩歌集。

《萬葉集》在進入近世之後具有新的意義，因為對文本的解讀有了深入的發展。例如最前面那首多摩川上的歌原文是：「多麻河泊爾　左良須弖豆久利　佐良左良爾　奈仁曾許能兒乃　己許太可奈之伎」，至此對每個漢字的具體發音有更進一步的研究，也就是萬葉假名的解讀。與此同時，戸田茂睡、契沖等初期國學者為了打破中世歌壇的狹隘，而重新標舉了萬葉的質樸特性。或者在賀茂真淵的國學思想裡，亦有通過《萬葉集》來理想化古代日本社會的一面。古代的人們被重新塑造成理想的典型。萬葉的復活反映了元祿[28]期町人階層對詩歌及學問的學習熱忱、以及町人文化的形塑。

近代以後，包括齋藤茂吉等阿羅羅木派對萬葉寫實描寫的再評價，《萬葉集》所具有的、不管對人或自然之相應對象的直接性，可以說都對近世人或是近代人產生了影響。《萬葉集》編纂之時是對中國文化憧憬及模仿意思強烈的時代。富有教養的人們對於日本詩體的歌與漢詩的教養之間，是否存在著近代意義下的思想糾葛，我們不得而知。不過，在萬葉的歌裡尋找中國的詩和修辭的影響，這類的觀點古來就有。在這層意義上，與明治的新體詩有一脈相通之處。

當時是中央集權推進、都市形成，以及交通網絡鋪建的時期（驛傳制、五畿七道、律令制）。對弱者投以獨特眼光的山上憶良（六六〇～七三三）以《貧窮問答歌》聞名。他曾任遣唐使一員遠渡大陸，也出任過伯耆守及筑前守等職。在《古事記》、《日本書紀》，以及《萬葉集》等書誕生的背後，除了官吏本身對古代的憧憬及連續的意識，還有以中國的文明及價值觀將日本的古代視為未開的意識，這二者或可說是重疊而共存著的。而歌則是填補了其間的縫隙。

歌（和歌）在此後短暫經歷了漢詩興盛的時代，包括《古今和歌集》、《後撰和歌集》、《拾遺和歌集》之三代集，以及《新古今和歌集》等，共計編纂了二十一部敕撰和歌集（自《古今集》〔九〇五年〕至《新續古今和歌集》〔一四三九年〕為止）。此外，還編纂了許多的私歌集、以及搭配和歌的物語等，直到今天都仍是日本文藝的中心、美感意識的核心。

4　佛教的受容及其展開──古代佛教的形態

佛教的受容及思想史

佛教傳入日本對於日本的思想史來說是個很大的事件。佛教在此之前已普及於大陸及半島，而日本也被納入其普遍性的擴散之中。今天，如果說日本是佛教國家，也許對各種層面上宗教性稀薄的現代日本人來說，會有難以接受的感覺。但是在歷史上，日本與中國、朝鮮半島，或是包括西藏、蒙古、越南，都同屬亞洲的大乘佛教圈。從古代到中世、乃至近世為

28　江戶中期的年號，一六八八年～一七〇四年。

止的日本思想和文藝的歷史，其發展的過程中都有濃厚的佛教色彩。一直到儒教披上新裝而興盛的近世為止，近千年的日本思想史可以說是一部表現在圍繞佛法的思索、有著深厚佛教影響的文藝等方面的宗教思想史，或是倫理思想史。

大乘意指運載眾生的巨大乘坐物。佛教的修行者分為聲聞、緣覺、菩薩，而聲聞、緣覺的自利之教稱為「小乘」，以利他為目的的菩薩道稱為「大乘」。今天小乘佛教圈及於東南亞諸國及地區。

再者，如同前面時時提到的，日本對佛教的受容也是通過中國文化及漢字，且通過漢字對佛教的思想受容是與儒教（儒學）的受容幾乎重疊並進的。儒教（儒學）作為統治階層的教養的確具有重要的意義，但是佛教的受容帶給日本的思想及民眾精神生活的影響卻是無以計數的。與神話等表現之難謂有體系的神道的宗教性相比，以具體系性而哲學性的語言所表現的佛教，其受容在思想史上是更具重大意義的事件。在明治以後的日本思想史研究之中，甚至有認為日本哲學思想的歷史是因佛教而創始的看法（永田廣志等）。

何謂佛教？

世界三大宗教之一的佛教，是紀元前五世紀生於北印度的悉達多・喬達摩（因是釋迦族的王子故稱釋迦）所創始的創倡宗教。在印度興盛之後，一部分傳到南亞，一部分則傳到北方，並經過絲路、歷經多時而廣布到中國大陸及朝鮮半島。佛教傳入中國的時期並不確定，不過至少在東西交易開始逐漸活絡的前漢時代（紀元前二〇六～二〇八年）已有所知，並在紀元前二世紀的哀帝時代由大月氏族的使者傳入。之後，在印度及西域的渡來僧主導之下進行佛典的漢譯。

佛教滲透中國正值漢乃至魏晉南北朝的動亂期，由於與世傳的思想潮流摩擦較少，故得以受容開來。但是，與既存的儒教及民間信仰之間並非完全沒有對立及摩擦。佛教在歷經對立之後漸展實力，並出現以經典為主要依據的各個派別。日本起初學習轉手朝鮮半島的佛教，之後則直接從中國佛教汲取許多養分。

佛教原本是否定靈魂的宗教。佛典記載，釋迦修行到最後悟出了「緣起的理法」（因果、因緣之法）而成為了佛陀（得悟之人）。他領悟到：緣無明（無知）而有行，緣行而有識，緣識而有名色，緣名色而有六處（眼、耳、鼻、舌、身、意）的感覺，緣六處而有觸，緣觸而有受，緣受而有愛，緣愛而有取，緣取而有有，緣有而有生，緣生而有老死、愁、悲、苦、憂、惱的產生。如此，所有的苦將全部蘊生。相反地，如果除去貪欲、終止無知，這所有的連鎖和苦將得以止滅（《律藏》等）。在佛典裡，佛陀對於是否說出這個真理而有所躊躇。

看透和悟出十二「緣起」的連鎖而使苦得以止滅的這個內容，是對印度將「我」視為實體的傳統意識之一大挑戰。「我」非實體，但佛教也承認「我」曾經輪迴六道（因自造之業而經巡〔輪迴〕的六個世界：地獄、餓鬼、畜生、修羅、人界、天）。然而，原始佛教所持的態度是，那個輪迴的主體不稱之為靈魂。因為，如果將其視為靈魂的話，就等同「我」有實體。於是，便將輪迴之物稱為「補特伽羅」（pudgara）或「阿賴耶識」（通常是無法意識之最深層的意識）。但是，中國的佛教主張靈魂不滅，而且這同時也是對儒家主張靈魂終將滅亡的反駁。中國佛教這樣的特質是觀察扎根於東亞、乃至日本社會的佛教時，必須謹記在心的。

要了解日本的佛教，有必要追溯佛教究為何物的歷史。這個涉及到釋迦的悟道、釋迦的生涯、原始佛教教團的成立、小乘與大乘佛教、經典，以及大乘的展開及其在印度的消滅等內容，這裡僅就與日本思想有關係的事項做最小程度的介紹。

首先，必須注意幾點事情。佛典裡的釋迦對是否說出自己悟到的真理感到猶豫，並且也未曾哲學性地正面論述「十二緣起」。他在開悟之後的說法裡，以「八正道」（正見、正思、正語、正業、正命、正精進、正念、正定等八項實踐德目）及「四諦說」（苦集滅道四諦——苦必有因，滅去此因則可悟道的教說。苦諦、集諦、滅諦、道諦）的形式，淺顯易懂地主張須放棄執著。不管從釋迦猶豫正面講述真理這個面向，或是其依對方理解的程度循序漸進說法的方式（方便），都可看出佛教是以悟道為主，具有靜態的特質。這點與其他的世界宗教、特別是基督宗教及伊斯蘭等一神教有著重大的歧異。

日本佛教思想的展開，在之後也始於對中國先進佛教思想的受容。這個事實並不代表日本佛教只是直譯式的存在。新的宗教的創始者們對於自己的立場屬於哪一系列，為何「選擇」了異於其他佛教思想的系列等問題抱持著強烈的意識，並且持續保持那種意識性的姿態。底下也將繼續留意「選擇」與「受容」的問題。

佛教的東傳日本——「佛的相貌端嚴」

如同中國佛教的起始年代不明確，佛教傳入日本的年代也不確定。所謂的「公傳」是在欽明天皇之時，也就是五三八年（一說是五五二年）。《日本書紀》記載在這之前已有漢字、儒教傳入，然而都是輾轉自朝鮮半島的百濟國傳來的。欽明天皇十三年冬十月，百濟聖明王的使者所帶來的是，釋迦的金銅像及其裝飾的幡旗和天蓋，還有數卷經論。首次接觸到佛像的天皇曾道：「佛的相貌端嚴。」或許天皇視此為來自未知文明的光輝也不一定。以當時半島與日本之間密切的關係來看，佛教在此之前應已由渡來人傳入日本而作為私人的信仰。這個初來乍到的新宗教，其思想與既有的神祇信仰產生碰撞。二者之間的巨大對立，同時也是崇佛派的蘇我氏與排佛派的物部氏之兩大有力豪族間的對立。

東傳的佛教是當時來自異國的最新文明，這個意識成為日後佛教的基調。醉心佛教者一方面基於慈悲為懷的教誨，著眼於人類的現實面，不斷地努力向下扎根；另一方面為了獲得完整的智慧內涵，持續地關注佛教在半島、大陸的最新動向，並且盡力地吸收攝取。這件事深深地影響了日後的佛教史。佛教明顯地滲透到日本的習俗之中，並且改變了它。與此同時，雖然在佛教全盛時期並沒有檯面化，但在深層處卻一直殘存著其作為外來思想的意識，其影響及於近世國學的反佛教論，以及明治初期廢佛毀釋的宗教政策，這點吾人應該銘記在心。

佛教對精神世界的滲透及其形式，與律令國家完備制度的時期重疊。佛教滲透的八世紀是古來的神信仰、神社信仰完備為神祇制度的時期。僧侶被納入制度，成為祈願國土安泰的官僧，而佛教則擔負起國教的角色。另一方面，作為宗教卻不具明確教義的神道，在之後亦秉持與佛教共生共存的態度。我們有必要深入思考這樣的時代背景。

佛教的受容史與《日本靈異記》

為了不流於膚淺的佛教史概說，在此對佛教帶給這個國土的意義，舉一合適的作品來窺其端倪。

《日本靈異記》（以下簡稱《靈異記》）是八二二年左右成書、出自藥師寺僧侶景戒之手的佛教故事集。這部書是仿效中國的報應奇譚寫成的，由於當時距離佛教正式傳來已經過三個世紀，因此它是了解佛教對日本社會具有什麼意義的絕佳資料。卷首描寫佛教傳入以來的傳說，截至最近一直是回顧佛教傳入始末的一個典型故事。從《靈異記》自傳式的紀錄可以得知，景戒曾有俗人的生活經驗，並且是藥師寺的私度僧（非經國家公認而自成僧者，亦稱「自度僧」）。也因此《靈異記》中有許多私度僧的記載文字。

《靈異記》卷首的序大致是以下的內容：先進文明的傳入有兩個時期，其一是應神天皇時傳入漢字及儒教，其二是欽明天皇時佛教的傳入。從景戒看來，重視佛教者輕視儒教，重視儒教者輕視佛教。其後，聖德太子出，並作佛經的注釋。聖武天皇時製作大佛，並且出現發現金山的瑞兆。一直以來，雖然光明皇后的偉業及行基的事蹟都非常輝煌，放眼民間卻難謂佛教已然滲透。人們追求富貴、利欲薰心。我（景戒）眼見此狀，為了深化教誨，仿效中國的報應記，收集日本國所實際發生的奇譚。另外，《日本國現報善惡靈異記》是正式的書名。

因果報應的觀念

《靈異記》最有趣的地方除了可以知道佛教教誨人們何事，還可從中了解奈良時代庶民的生活面貌。試舉一例：

> 石川沙彌者，自度無名。其俗姓亦未詳。所以號石川沙彌者，以其婦河內國石川郡人也。其雖假容於沙彌，而繫心於賊盜。或詐稱造塔，乞斂人之財物，退與其婦，買雜物而噉之。（以下略）

河內國有一假冒僧人、人稱石川沙彌的盜賊。向人佯稱需建設寺塔而索討財物，返家後卻拿來與其妻吃食使用。一日住在某寺，竟焚燒堂塔的木材以為燃料。這名男子某日突喊「熱乎熱乎」而在地面上跳躍。見者問其故，則答說是地獄之火來燒己身。男子當日即命終。景戒結論道：「嗚呼哀哉！罪報不空，何不慎歟？」

涅槃經云：「若見有人修行善者，名見天人；修行惡者，名見地獄。何以故定受報故？」者，其斯謂之矣。

（邪見假名沙彌斫塔木得惡報緣　第二十七　上卷）

佛教的因果報應會透過其人行為，以現世的「現報」顯現出來。《靈異記》裡的小插曲向人揭示善惡各有報應的理法。

上卷的序裡記載行基的事蹟。行基是百濟系的渡來僧，據傳他向最早在日本將自己遺體火葬（七〇〇年）的僧道昭學習法相宗。傳說中提到他經常帶著民眾到處施行土木工程並且傳教。這樣的舉止招來朝廷的不信任而遭到打壓。之後，協助東大寺建造大佛，並任為大僧正。

舉一則以行基為主人翁的奇譚：

在「令堀開於難波之江而造船津，說法化人」的行基的法會上，有「道俗貴賤」群集。某日法會，有一河內國女人攜著十餘歲仍不會走路且不時飲乳的兒子前來。其子哭叫，妨礙他人聞法。行基命女人將其子捨棄於淵中，女人因慈愛而不能棄，翌日又攜子來法會。行基復命其棄諸淵。眾人對行基的舉動感到詫異，而女人終於無法忍耐，將其子擲於深淵。其子邊浮上水面邊憎恨地說：「可惡！還想啃食妳三年的！」行基告訴回到法會的女人說：「那個孩子是妳前世欠債未還的那個債主。」（中卷第三十）

該書透過這樣的奇譚，反覆地述說連結前世與後世的因果關聯性。此外，這個故事也可讀作是自身落入因果連鎖之人（女人）的救濟譚。由此可知，這部書透過故事來述說佛教的理法，並且凸顯人類個體存在善行得善果、惡行得惡果之報應的道理。這種對人類的掌握方式與《古事記》等神話中的人性觀有著明顯的差異存在。

另外，《靈異記》的故事形態得到之後《三寶繪詞》（十世紀）、《法華驗記》（十一世紀）、《今昔物語集》（十二世紀）等故事集的繼承，並且成為其原型。

神與佛

佛教的受容及展開與古代「近代」國家的神社制度確立的階段重疊。基於日本的神亦尊奉佛，而有僧侶以佛教形式執行神社祭祀之神宮寺的出現。《日本靈異記》記載原初的形態是，備後的豪族為了祭祀諸神祇而建立了三谷寺。八世紀前半，各地興建如氣比神宮寺（七一五年，靈龜元年）、若狹彥神宮寺（養老年間）等神宮寺，並且施行神前讀經。將神視同迷惘痛苦的眾生，而希冀其能夠解脫。平安時代出現更進一步的「宮寺制」，不過可以說神佛習合思想或本地垂迹說的原型在奈良時代業已出現。宮寺制在此後化為各種形態，一直持續到明治的廢佛毀釋。

在法制上也可窺見神與佛的關係。《養老律令》（七五七年）記載：「凡天地神祇者，神祇官皆依常典祭之」，規定了不同季節的祭祀、即位、大祓及幣帛的禮儀（神祇令卷六）。相對地，對於僧尼則較多規律性的規定，包括禁止蠱動民眾、竊盜、私度（自度）等，目的在控制生活的各個層面（僧尼令，第七）。將神道置於國制的主體，同時也重視佛教的救贖。佛教與神道的這種形態應是無法完全摒除日本古來心性的理由所在。

例如：律令中亦可見規定的「六月晦大祓」之國家祭祀的祝詞，將罪分為「天罪」與「國罪」，前者舉破壞水田、水路等集團秩序的妨害行為，後者則舉殺人、近親相姦、殘虐行為、自然災害以及疾病。而且，透過國家儀式的祓，可使那些罪或汙穢及災害得以復原（《延喜式》）。在這裡可以窺見與佛教的罪意識稍稍不同的，神道意義下罪的觀念及心性。集團秩序的妨害行為較屬「國罪」的行為猶重，這點也耐人尋味。

「天罪」舉凡畦放[29]、溝埋[30]、樋放[31]、頻蒔（穀物播種後重複播種，妨害穀物生長）、串刺[32]、生剝[33]、屎戶[34]等行為，「國罪」則有生膚斷[35]、死膚斷[36]、白人[37]、瘜肉[38]（背部長著巨瘤）、犯己母罪[39]、犯己子罪[40]、犯母與子罪[41]、犯子與母罪[42]、犯畜罪[43]、昆蟲之災、高津神之災[44]、高津鳥之災[45]、畜仆及蠱物[46]等罪。疾病及災害也認定是罪。

佛教的傳入及滲透的確帶來死的觀念及他界觀的變化。近代的民俗學者柳田國男主張，儘管有佛教千年以上的「薰染」，基底的祖靈信仰還是沒有改變。此外，他還說佛教讓祖靈孤獨無助，對日本思想史上神與佛之間的關係提出一個非常重要的問題。

29 破壞田埂。
30 將田埂的溝渠埋起，妨礙引水。
31 破壞灌溉用水路的導水長管（樋）。
32 立扦於他人之田，加以侵占。
33 活剝獸皮。
34 散布穢物。
35 傷害活人皮膚，使其流血穢汙。
36 切開死人的皮膚。
37 膚色變白之人。
38 原文「こくみ」。
39 與生母相姦。
40 與生子相姦。
41 與某女及其女相姦。
42 與某女及其母相姦。
43 與畜獸通姦。
44 落雷等天災。
45 猛禽損傷屋宅。
46 殺害家畜、並以屍體施咒下蠱。

5　聖德太子的傳說

二世界說

在日本的佛教受容上，自古以來聖德太子即被尊為重要的人物。但是，聖德太子卻是擁有許多傳說、豐富多彩的人物。其中有明顯是後世所杜撰的，也有的確具備事實根據的內容。有關聖德太子的事蹟，《日本書紀》是一個原型。記載太子可以同時耳聽十人的申訴而無遺漏、睿智超群的傳說，還有制定冠位十二階之制、十七條憲法，以及撰寫三部大乘佛典的注釋「三經義疏」（《勝鬘經義疏》、《維摩經義疏》、《法華義疏》等三部，六一五年之前成書。也有懷疑是否太子所撰的說法）。

除了可以理解後人如何看待作為信仰者的太子這個面向，這些傳說還超越了個人的問題，揭示了佛教在當時是如何被接受的。

《上宮聖德法王帝說》這部書（太子的傳記集，傳為平安中期所撰）記載了其妻后橘大郎女的逸聞。包括她回顧太子生前曾說：「世間虛假，唯佛是真。」並且經常提到死後將轉世「天壽國」，而描繪其「天壽國」模樣的刺繡即是至今猶存於中宮寺的「天壽國曼荼羅繡帳」殘片。透過這個逸聞可以得知，佛教透過太子帶來了與《古事記》等不同的、二元世界的觀念。亦即這個世界的現實並不是真實的存在，真實的存在是在超越這個世界的地方。

《靈異記》的上卷第四話提到聖德太子的行止如「僧」一般的事蹟，記載了太子相關的故事。當中寫到外出巡幸的太子遇到生病的乞丐，遂將身上的衣服給了他，回程再看到時只剩下衣服；還有隨行者責難太子再將那些衣物穿起，太子則回答「你們不懂其中的道理」。之後，乞丐死了，太子將其下葬，遺體卻憑空消失，徒留一首歌。景戒寫道，聖人在凡俗的低賤身影中看透了真實的存在。超越現實的真實存在這個論調，在某個意義上與記紀世界的神之存在有其連續性，但佛教裡所說的聖性卻是以超越凡人理解的完全智慧這樣的色彩來描寫的。

另一方面，「十七條憲法」則表現了不完全的凡人生活、人性的理解這種佛教的世俗救濟性。這是為了當作官吏的規章而制定的，內容則以佛教為主，並夾雜著儒教的中國式價值。後來，《弘仁格式》的序寫道：「上宮太子親作憲法十七條，國家制法，自茲始焉（國家的制度法律從這裡開始）。」認為仿效中國而完備律令是自聖德太子的十七條憲法開始的。

第二條為「篤敬三寶。三寶者佛法僧也」，可知是將佛教立作根本。第一條以有名的「以和為貴。無忤為宗」一節開始。這個「和」的重視是以「人皆有黨，亦少達者。是以或不順君父。乍違於鄰里」這種對人性往往偏頗的洞察為基礎的。正因如此，底下才會接著說：「上和下睦諧於論事，則事理自通，何事不成」，強調互相對話的重要性。再者，同樣的事情與第十條的旨趣，即「絕忿棄瞋，不怒人違。人皆有心，心各有執。彼是則我非，我是則彼非。我必非聖，彼必非愚，共是凡夫耳。是非之理，詎能可定。相共賢愚，如鐶無端。是以彼人雖瞋，還恐我失。我獨雖得，從眾同舉。」這樣的凡夫觀是相通的。強調迴避獨斷並多討論的十七條裡面，也如實地顯現了佛教的人性理解。

太子信仰

聖德太子信仰對於日後的文學思想具有重大的意義。在中世末期的動亂之中有許多的預言書出現，而且往往以聖德太子為主體。或是「中世說話」中例如「小栗判官」的故事裡，重生的小栗前往熊野療養之際，路過了相傳是太子創建的四天王寺等橋段，這些都與太子的神格化息息相關。

另外，淨土真宗的開祖親鸞信仰太子甚篤，從真宗寺院裡太子堂的存在即可知一二。還有，對於相傳太子協助殺害崇峻天皇的蘇我馬子以推行政治的真正含義等問題，後世如慈圓的《愚管抄》等皆有所探討，並成為一大論點。

何謂奈良佛教？

聖武天皇篤信佛教，在各國置國分寺，並興建東大寺以作為總國分寺。東大寺的大佛完成於七五二年，大佛——盧舍那佛是《華嚴經》的教主。奈良佛教是培育官僧的學問佛教，以祈禱鎮護國家為主，並且崛起為左右政治走向的一大勢力。奈良佛教與政治的糾葛，成為桓武天皇棄平城宮遷都這件事情的遠因。之後經歷了宗教的空白，最澄及空海等人出現後，戮力復興以平安京為舞台的新佛教，在下一個世紀裡迎接了平安佛教的興盛。《日本靈異記》是在奈良佛教的勢力被平安佛教取代的平安初期（八二二年）所撰就的。

奈良佛教以南都六宗為主，與之後的宗派稍有不同。所謂六宗指的是三論、成實、法相、俱舍、華嚴、律這六個派別。基本上是大乘佛教，而俱舍、成實則是學習小乘的宗派。而且，俱舍與成實分別被附屬在法相和三論之中。奈良佛教的戒律中混雜著小乘的戒，就是因為這個原因。三論是研究講述「空」哲學的「中論」、「十二論」、「百論」的宗派，而成實則是三論的附宗、學習講述空論的「成實論」。法相根據「成唯識論」。俱舍作為法相的附宗，主要根據世親的「俱舍論」研究有關阿毘達磨[47]（法）之論的派別。華嚴是以《華嚴經》為經典的學派。律則是學習成為僧侶的戒律。每一個都是主要以研究經典為主的學問型宗派，有時亦兼學他宗或所有六宗。

有名的學僧例如從中國歷經五度失敗終於來到日本，引進大乘的戒律思想及授戒禮儀的鑑真（六八八～七六三）等渡來僧，以及自日本赴大陸學習的玄昉（？～七四六）等人。有說法指出，日本佛教的特徵在於其不守戒律。要成為僧侶必須接受並遵守戒律。在家的信徒則不必接受僧侶集團生活規則的律，而僅接受戒。將大乘的戒律正式傳入日本的是鑑真。之後，最澄廢除了律，並僅授大乘戒。

學問的傳統在中世仍舊保有一定的勢力。奈良佛教作為祈禱鎮護國家的宗教，尤其重視護國的《法華經》、《最勝王經》、《仁王經》這三經。

47 原文「アビダルマ」，即梵文abhidharma。

6 佛教的深化——平安佛教的思想

平安佛教的成立

平安佛教、特別是天台宗，是日後鎌倉佛教祖師們學習及修行的地方。此外，真言宗的開祖空海對後世也有莫大的影響。還有，佛教與貴族的精神生活息息相關。以下透過其成立的意義及開展，來進一步了解日本佛教的內涵。

奈良佛教以鎮護國家為目標，尊重講述護國的《法華經》、《最勝王經》、《仁王經》，是以祈禱為主的國家佛教。另一方面，也能看到教理受容史的展開和深化，具有學問佛教的特質。但是，以佛教滲透至這個國土的人們心性這個意義上來說，平安佛教是日後日本佛教開展的直接源流，時至今日仍具有莫大的影響力。

平安佛教的成立與奈良時代末期政治情勢的轉變有很大的關係。在鬧出與道鏡之間醜聞的稱德女帝死後，天武天皇系血統斷絕，皇位又回到天智天皇的系統，並由光仁天皇即位。光仁厭惡佛教與政治糾纏不清，一改偏重佛教的方針，之後繼位的桓武天皇則將都城遷至平安京。奈良的諸宗派留置於舊地，這個守護都城之宗教精神背景的空白，其意義非常深遠。平安佛教的創始與這個空白有深遠的關係。

平安佛教有分別以最澄（七六六～八二二）、空海（七七四～八三五）為開祖的天台宗及真言宗這二宗。最澄與空海不約而同地搭上同一艘遣唐使的船隻遠渡中國（八〇四年）。最澄所持的身分是正式的僧侶，空海則是私人的渡海。如上節所述，佛教隨時「選擇」性地受容最新佛教的特性，在此也可適用。首先是天台宗，祖師最澄渡唐後在當時興隆的中國天台宗本山修習最新的教學並傳到日本，然而兼學天台以外教說之學問體系的完成在最澄一代未竟其功，一直持續至下一個世代。

最澄結束了相對短期的留學，攜帶著書籍佛具於翌年八〇五年歸國。歸國後，在推廣教學的同時，也根據新的教義開始創設國家級戒壇的運動。相對短期的留學與其有意實現如上目的也有關係。

最澄及天台的思想

日後被尊稱傳教大師的最澄，原本是近江國分寺的官僧。他誕生於近江國，是中國歸化人之子。十九歲時在東大寺的戒壇接受具足戒之後，突然閉居比叡山，過了為時十二年思索及修行的日子。如果只從天台宗對貴族社會扮演國家佛教的面向來看最澄的話，將會遺漏掉他為何如此專心致力於佛教、亦即他選擇之對象的本質。他在比叡山入山時所立下的〈願文〉（七八五年，二十歲左右）最能顯示出最澄當時的個人思想：

> 愚中極愚，狂中極狂，塵禿有情，底下最澄，上違於諸佛，中背於皇法，下闕於孝

禮。謹隨迷狂之心，發三二之願。

（在此，這愚中的極愚、狂中的極狂，只是表面上剃髮、最差勁的最澄，上違反諸佛的教誨，中背叛天子之法，下而欠缺孝禮。我謹以迷狂之心，立下五個誓願。）

同樣在〈願文〉開頭所說「悠悠三界（欲界、色界、無色界之三界，指整個世界），純苦無安也。擾擾四生（胎生、濕生、化生、卵生這四種誕生方式的分類，指所有的生物），唯患不樂也」（悠悠的這個世界完全充滿著苦痛，沒有任何安詳，紛紛擾擾的所有生物也只有憂患而沒有快樂）的這個世界的形態，同時也是最澄內在的狀態。生有著既是「苦」又是「患」的現實。對於這個現狀，年輕的最澄立下自身未得足佛的「清淨」前，不向「世間」說佛法，以及「不著（執著）世間人事緣務」等五願後，入山修行。他終極的願望如同「解脫之味獨不飲，安樂之果獨不證」所言，不在自我一個人的悟（「自度」），而在使「眾生」也能夠「成就」（「度他」），致力於佛事。世間的汙濁與最澄所自覺的自我「極愚」是一脈相承的，因此他對於祈願悟道的深刻程度，與祈願救濟眾生是渾然一體的，在其迷狂之中顯露出強烈的使命感。最澄這樣的出發點，正是與奈良舊佛教分道揚鑣之新佛教動向伊始的所在。

最澄在比叡山修行之後加入遣唐使之列，於八〇四年渡唐。最澄前往承繼天台大師智顗傳統的天台山，在那裡受教之外也接受了菩薩戒（大乘戒）。此外，分別在禪林寺及龍興寺接受禪與密教的教法。此間蒐集眾多的法具及書籍，並於翌年歸國。這次的留學奠定了修習圓教（以《法華經》的圓滿究竟的教法）、密教、大乘戒及禪之四種相承的方向，此後又加上念佛，發展為所謂四宗兼學的天台法華宗。停留短暫時間而歸國雖是當初的預定，但與最澄亟欲在自國設立大乘戒壇的熱忱有很大的關係。

歸根結柢，在我國創立正式戒壇是在鑑真渡日之後。七五四年，鑑真在東大寺為聖武上皇、光明皇太后授菩薩戒，並對僧侶授共計二百五十戒的具足戒。之後，在日本設置並維持了三戒壇（大和東大寺、下野藥師寺、筑紫觀世音寺）。另一方面，本來大乘佛教的戒律是在家和出家均接受相同的戒律，而稱為大乘戒或菩薩戒。在奈良佛教，除了小乘的戒律之外，要接受成為僧侶的二百五十戒，並且還會接受大乘戒。最澄的主張是，要成僧就必須是大乘的菩薩僧，因此認為受戒只要大乘戒就足夠了。最澄獲得桓武天皇的信任，企圖將大乘戒壇獨立出來。

差別與平等

創設大乘戒壇的運動背後有著一乘思想的存在。在小乘佛教裡，悟道的形式分為聲聞乘、緣覺乘、菩薩乘（在大乘佛教中，菩薩指的是得悟成佛之前一階段的人）。聲聞乘是直接聽聞釋迦教誨而悟道者之悟，而緣覺乘是指無師而獨自得悟者之悟。菩薩乘是不僅自己悟道，還同時引導他人悟道者之悟，也就是大乘（大型乘坐物之意）。在天台的想法裡，從本來的佛教來看這五個階段只不過是方便，任何一個階段的人最終都會成佛。

在這方面，會津的德一擺開反對最澄的陣仗，兩人的論爭非常有名。德一依據的法相宗是站在所有事物都是自己內心投影這種唯識說的立場，而此宗派承認有情悟道的可能性具有先天上的「差別」。眾生悟道與否是本性的差異而為先天所決定，認為這之中存在著，聲聞、緣覺、菩薩，以及聲聞亦有可至大乘者，或是完全無成佛可能性者這樣的差別（五性各別，或是三乘說）。

這樣的對立與如何理解《法華經》這部經典也有關係。在德一的法相宗裡，《法華經》並不是釋迦真實的教誨，而將其理解為假定教法的經典，認為只要努力亦能將可至小乘或大乘的眾生都導引至大乘。相對地，最澄認為眾生皆可成佛，本來眾生皆佛是釋迦的教誨，三乘思想是述說此理的方便，並且主張以「平等」即一乘思想為真正的教義，認為《法華經》是揭示佛永遠的悟道之最高經典。天台還進一步將這個經典的教義發展為「一念三千」（凡夫日常一瞬一瞬的心「一念」，與佛教所說的全宇宙「三千世界」是相即相通的論點）以及事理論（有關現象的「事」與本體的「理」之間關係的討論）。

希望設立授菩薩戒之國立戒壇的願望，在歷經與反對此舉的奈良佛教各派間的論爭，於最澄逝世之後獲得敕許。

本覺思想

最澄的天台宗包含了大乘戒、密教及禪等要素，具有極為融合性的特性，在日後對日本佛教的發展貢獻卓著。最澄在中國越州龍興寺得到順曉所傳授的密教，歸國後愈發認識其重要性，遂向空海借閱書籍或是向其請益以傾力吸收，但因與空海決絕，終其一代並沒有發展起來。之後，藉由弟子圓仁（七九四～八六四，他渡唐九年的旅行記《入唐求法巡禮行記》極為有名）和圓珍（八一五～八九一）的渡海，天台也習得獨自的密教，逐漸建立起體系（後述）。

天台宗在之後樹立起橫跨顯教及密教之綜合性、體系性的教學，深化了天台本覺思想之獨特的哲學教理。所謂本覺思想，可以說是將現有的現象世界就看作是佛悟道的世界這樣的思想。在修行面來說，與凡夫便只是凡夫、否定其修行必要性的想法是相通的。不過，對現有現象世界的肯定並不是日本天台獨有的特徵，可以說是東亞佛教廣泛共有的特質。山川草木亦是佛這種日本佛教裡可見的想法，可以說就是這種理解的一個面向。其融通無礙的一面近年成為批判的對象，不過在歷史上本覺思想對歌論及藝術論的影響非常深遠。延續平安佛教而開展的鎌倉佛教的開祖們，除了時宗的一遍，都是天台的修行僧出身，在這個意義上可以說它是日本佛教的巨大母胎。

空海

截至今天，沒有任何一名佛僧比世人敬仰為弘法大師的空海（七七四～八三五）更具傳說性、更為大眾所熟悉吧！愈來愈受到關注的四國遍路，起初也是為了追溯空海的足跡而產生的。這件事與空海比起最澄來說，跟日本的傳統諸神世界在深層處有更為親暱的關係這個思想特質有關。

有關空海早年的事蹟，可以從歷史資料如其著作《三教指歸》（七九七）等記載得知。據說他出身讚岐國多度郡，是地方貴族佐伯氏之子。讚岐佐伯氏是個學者、宗教家大量輩出的家系。根據其自傳及傳記，他在十五歲時師事伯父阿刀大足學習儒學，並在十八歲時入大學。以後至三十一歲渡唐之間的足跡並不清楚，不過他似乎在大學遊學期間荒廢學業、染上都會的輕薄文化，過著飄浮不定的生活。某日，有一沙門向空海出示據說只要唱誦百萬遍即可將這世上一切經文背誦起來的「虛空藏求聞持法」。自此以後，他便專心習佛，並至四國各地修行。作為僧侶而受戒應該是在這之後的事情。

在此，徵引空海二十四歲時所作，鮮明揭示皈依佛教，並以華麗的漢文體（四六駢儷體，使用四字及六字的對句）寫成的《三教指歸》。在書中，空海如此回顧自己的修行時代：

> 於焉信大聖之誠言，望飛燄於鑽燧，攀阿國大瀧嶽，勤念土州室戶崎。谷不惜響，明星來影。遂乃朝市榮華念念厭之，巖藪煙霞日夕饑之。看輕肥流水則電幻之歎忽起，見支離懸鶉則因果之哀不休。觸目勸我。誰能係風。
>
> （我相信這是佛陀的真誠之言，期待鑽木得火的修行成果，攀登阿波國的大瀧岳，在土佐的室戶岬一心一意地修行。山谷以回聲回應我的用心，虛空藏菩薩所應化的明星在天空中顯現姿態。如此一來，我變得厭惡世俗的顯達，朝夕冀望著煙靄繚繞的山林生

活。看到都會的輕薄文化則興起人生如電光石火的無常之歎，見到身體殘缺、衣衫襤褸的窮人，便覺得究竟是何種因果所致而悲傷不已。觸目所及都在勸我出家，誰能夠繫縛住如風一樣的我呢！）

八〇四年，空海加入遣唐使渡海入唐。同一船隊中還有最澄的身影，已如前述。空海到了長安後與青龍寺的惠果相遇，立即獲得他的肯定，並傳授金剛界、胎藏界的兩部密教。在八〇六年歸國後，得到嵯峨天皇的知遇，他的真言密教遂漸次滲透開來。他與事後發現密教的重要性而向其討教的最澄之間，直到最終決絕之前有計八年左右的交流。空海不僅是宗教家，作為名筆家也極有聲望，還有開鑿了滿濃池、開設最早的民眾教育機關——綜藝種智院（八二八年以前）等，他的活動範圍相當廣泛。

這些與空海的思想特質也有很深的關係。《十住心論》、《祕藏寶鑰》等著作裡有極為體系性的敘述，其中不僅探討如何使以往佛教所排除的，人類感性的、動物的心性能夠達到上位的開悟這樣的階梯論，還包含著深刻的人性洞察在內。

《三教指歸》——東亞的思想俯瞰

《三教指歸》一書清楚地顯示，空海的思想視野並不僅止於佛教內部的教理差異，更及於在當時東亞世界的思想俯瞰下選擇了佛教教理。福永光司等人的研究已指出，《三教指歸》

引用了許多中國的典籍，通篇是相當完美的漢文體。

三教指的是佛教、儒教、道教。對於這三個東亞有力的的思想傾向，空海絕不是單單描繪其抽象性的對立。空海將分別以有著具體形態的人物代表三種思想。延續先前的自傳部分，華麗的筆致有如下相當戲劇化的展開。

在序文裡，空海面對有眾多親朋述說儒教的五常及忠孝來勸誡自己，首先回顧自己的青春徬徨，並說不管是入三教的任何一個，都不會違背忠孝。此時有一表甥，性情乖戾，又好遊興賭博。空海便藉這個表甥之姿，鋪陳出舊家的主人兔角公請託三名客人來訓誡這胡作非為的表甥——蛭牙公子——這樣的情節。首先是儒教的代言人龜毛先生。一副儒教學者姿態、威風凜凜的龜毛先生，雄辯述說仁義之學的重要性及飛黃騰達之道。接著，衣衫襤褸、蓬頭垢面的虛亡隱士講述道教的不老不死及神仙妖術。最後是落髮消瘦的假名乞食出場，述說廣大無邊的佛教並勸其皈依。而列席者為其教誨感動莫名，並以此落幕。

《十住心論》與心的階梯

空海有意以具體實相來論說思想的態度，例如在其主要著作《十住心論》（正式書名為《祕密曼荼羅十住心論》）中猶為顯著。

《十住心論》將人心的實相揭示為真言所說朝往最高悟道的垂直上升軸。將不知善惡的凡夫迷心、不信因果的愚者妄執，亦即「異生羝羊住心」的下層心境，乃至密教的悟道之心

（「祕密莊嚴住心」）為止之心的向上，分為十個階段來描寫。開頭提到，世間的醫術治身，此乃治療心病之教。所謂心病即是「無明」。依照病的層次，人分別劃定在地獄、餓鬼、傍生（畜生）、人宮、天宮、聲聞宮、緣覺宮、菩薩宮、一道無為宮、祕密曼荼羅金剛界宮。第二的住心「愚童持齋住心」正是人向善的「萌兆」，是「初信因果，漸諾罪福」端緒的狀態。以下描寫從顯教到密教之住心的樣態，主張如果遵照《大日經》的教義拾階而上的話，人會獲得最高的一切智。

順帶一提，第三是因佛教以外的宗教而獲得安詳的人心（嬰童無畏住心），第四是修行聲聞乘之教的人心（唯蘊無我住心），第五是修行緣覺乘的人心（拔業因種住心），第六是以大乘利他為行之法相宗的人心（他緣大乘住心），第七是修行三論宗的人心（覺心不生住心），第八是修行天台宗的人心（一道無為住心），第九是修行華嚴宗的人心（極無自性住心），然後達到真言的最終階段——第十的「祕密莊嚴住心」。

屬於佛教的第四住心到第九住心為止是顯教，而第十住心則相當於密教。奈良的諸宗派及最澄所論的一乘思想，對於空海來說都是應該被含攝在更上位的悟道中，屬於發展中的階段。再者，佛教以外的立場也依各個階段的住心被納入體系之中。

空海的真言密教，其特徵不在這個體系性割捨掉人類的感性層面，而毋寧是將其包攝其中。在具體的修行方面，以身口意之三業，即手結印相、口唱真言、集中心志這三密，與宇宙存在之佛（大日如來，亦稱毘盧遮那）一體化，而以此身成佛之即身成佛的思想也是來自於那感性的面向。

密教由於其感性的特性而衍生出密教美術。最為人所知的是曼荼羅，而胎藏界曼荼羅及金剛界曼荼羅合起來稱之為兩界（或是兩部）曼荼羅。根據密教的教理將大日如來配置於中央並圖示諸佛的圖案，懸掛於密教寺院的法壇中央，是冥想時重要的佛具。胎藏界代表客體──亦即理，金剛界代表主體──亦即智，而終極的真理是主客一體，智與理的不二。

空海的人格及功績在後世對日本文化留下許多影響。說起來，宗教是具有聖者與賤者互相交感之處這一面向的。空海的人格與聖德太子一樣，在人們的眼裡是一種能夠包容聖與賤這兩者的人格。

中國佛教與天台宗、真言宗

佛教傳入中國並且落地生根，已如前述。隋唐時代，佛教迎接了極盛期。天台宗是由天台大師智顗所集大成，視《法華經》為最高佛典，並以《摩訶止觀》之止觀（定心而觀對象）為核心。在教義上，有三諦圓融（空、假、中這三諦的統合）、一念三千、諸法實相等。日本天台在之後也引進念佛，被稱為「朝題目夕念佛」。其得以成為鎌倉諸宗派的母胎，可以說也是由於其教義及實踐範圍的廣泛所致。華嚴宗在中國是對抗天台的宗派，在日本亦然。華嚴宗根據其事事無礙法界的教義以及《華嚴經》一塵而盡無限世界之「一即是多」的教義，主張現實本身即是真理的出現，而三界一切都是心──亦即真如──所生出。《華嚴經》將盧舍那佛（在八十華嚴則稱毘盧遮那）置於中心，而東大寺的大佛正是盧舍那佛。如果說鎮護國家思想等對現實世界的肯定是中國佛教的特徵，那麼這也是為日本佛教所承繼可見的特徵。

何謂密教？

上面沒有充分說明何謂密教，最後提一下密教的內容以幫助理解。

密教是在大乘佛教的最後出現的。相對於顯教而稱之為密教，是意味著佛在生前所沒有說過的教誨。在印度五世紀至七世紀為其興盛期，而於十三世紀前後消滅。密教的傳統是印度的金剛薩埵繼承大日如來（此成為本尊）之教，經由龍智、金剛智（Vajrabodhi）傳入中國，再經過不空、惠果而傳至空海。根本經典是《大日經》及《金剛頂經》，此外也重視龍樹、惠果、空海的著作。教義是主張脫離人類日常語言，以直接聽取真言（梵文的mantra，或稱陀羅尼）——即「佛的真實語言」為目的，在修行上重視觀想，並且立金剛、胎藏兩部曼荼羅，以身口意等行而「即身成佛」。另外，密教有怛特羅（tantra）即性力信仰的傾向，日本的立川流[48]即為其極端的一派。

---

48 平安末期，結合真言密教、陰陽道及民俗信仰的真言宗一派，開祖為京都醍醐寺的仁寬，十四世紀時由弘真（文觀）大成其教義而盛極一時。因主張男女性交以實現「即身成佛」而被視為邪教，十七世紀初遭到江戶幕府的取締而衰微。

還有，西藏、蒙古的佛教也屬於密教系。天台宗在最澄以後，獨自建立起密教體系。相對於真言密教的東密，被稱為台密，在胎藏部、金剛部之外加上蘇悉地部，建立三部曼荼羅。以使無法成就胎藏、金剛的密教修行者也能夠成就悟道為主要目標。此外，主張釋迦與大日如來為同一等。其特徵是，認為大日如來相對於釋迦，是包括諸佛的法身佛、真理本身的身體化。台密在九九三年分裂為二，有下比叡山而據園城寺的圓珍系（寺門派）與圓仁系（山門派），兩派之間激烈對立。

我們可以說，日本佛教經由平安佛教建立起宗教倫理的體系，初次獲得滲透至民眾的端緒。開祖們獨自的思索成為救濟眾生的大乘佛教的新開端，具備了可稱之為「日本的佛教」的獨特特徵。盤據京都東北的比叡山延曆寺，與紀伊半島的高野山金剛峯寺雖然各有千秋，但同為日本佛教的重要宗派，其對於人們的精神生活及思想所產生的意義是極為深遠的。

7　王朝的文化及思想

國風化的意義

王朝發明了平假名、催生了日記文學等，創造出日後日本文化的一個主軸。平假名的發明孕育了物語文學、和歌或是說話等新的日語表達範疇。其中對人生及自然的看待方式所見的感性形態，對日後的藝術及宗教發揮了重大的影響。此外，在王朝的盛衰之中也逐漸出現新時代的思想。

平安時代是指自七九四年至鎌倉幕府成立的一一九二年左右為止的時代，然而其前半與後半卻有著大不相同的面貌。鼎盛期是紀元一〇〇〇年前後，亦即《源氏物語》撰就時，是平安文化精華大放異彩的時期。

八九四年（寬平六年），在菅原道真的建議之下廢止遣唐使是一大契機。在遣隋使之後的遣唐使自六三〇年至八九四年廢止為止，共計有十八次的任命，而實際渡航則為十五次。廢止的理由是唐的衰亡及所費不貲。遣唐使的廢止雖然斷絕了直接自大陸引進文化的路徑，卻是所謂國風文化成熟的端緒。《萬葉集》編纂以後有一段時間沒有和歌集的出現，之後編纂最早的敕撰集《古今和歌集》，竟然是在一百五十年後，即九〇五年左右。這是國風化極佳的例子。

九世紀仍舊在唐風的文化影響之下。繼奈良時代的《懷風藻》，以敕撰編纂了漢詩集三集，即《凌雲集》一卷（八一四）、《文華秀麗集》三卷（八一八）、《經國集》二十卷（八二七）。如此，王朝漢文學在貞觀至寬平期間（八五九～八九八）迎接了黃金時代，但此後不再撰進敕撰漢詩集，其角色拱手讓給敕撰和歌集。可以說其發展的契機也是在國風化的過程中，語言表達之新形式的摸索與形成。

平假名的出現

本書所提及、直到這個時代為止的一些思想作品，其表記均為漢文體。而「平假名」的發明大大地改變了這樣的表達形式，同時也大幅改變了思想及文學的表現。

假名是省略漢字的一部分、或是以草書的字體創造出來的文字。假名有片假名與平假名兩種。在漢字傳來以前沒有固有文字的日本，漢字是唯一的文字，因此相對於漢字的「真名」，稱之為「假名」。如同我們在《萬葉集》的詩歌表記所看到的，不取漢字的意義而僅取其發音來表記日語的，特別稱之為「萬葉假名」。到了平安時代，為了讀解方便，開始在經典及漢文中寫入訓點，此時便利用省略形態的萬葉假名（例如ナ〔奈〕、ウ〔宇〕、ソ〔曾〕、コ〔己〕等取字的上畫，ス〔須〕、ル〔流〕等取下畫，還有取偏旁的イ〔伊〕、カ〔加〕、エ〔江〕等）。

萬葉假名約有千種，而省略字畫寫成的片假名則有種種異體字。例如：同樣是イ的形態，有作為「伊」的省畫使用而讀為「イ」的例子，也有作為「保」的省畫而以「ホ」來表示「イ」發音的例子。隨著片假名的流通，字體逐漸統一，到了平安末期異體字減少，進入室町時代後，已大致與今天的形態相仿。另外，此間還出現漢字中夾雜片假名的漢字假名交雜文體，例如《今昔物語集》就是以此表記所寫成的。直到明治為止，片假名通常與漢字並用。

另一方面，平假名是萬葉末期萬葉假名草書體（源自中國）的簡略字體，被用於標示漢文的訓（例如從「安」的草書體形成「あ」等）。如敕撰漢詩集所見，漢字漢文是貴族、特別是男性貴族的主要教養，而平假名起初是女性將其使用在自己的文章表現上而開始的。平安遷都後的百年間，平假名在宮中流通並被稱為「女手」（平假名這個名稱是江戶期出現的，當初稱漢字為「男手」，平假名為「女手」），之後和歌逐漸有以平假名書寫的習慣，《古今和歌集》是最早被公認以平假名編輯的作品。《古今和歌集》編者之一的紀貫之假裝女性而以女手寫成的《土佐日記》（亦作《土左日記》），大概是以平假名書寫完成的散文中最早的文學作品。

平安的初期至中期這段時間是從模仿先進文化之中國的文化政治體制，逐漸轉向關注日本固有事物的萌芽期。大化革新以來的律令制在形式上雖仍維持著，土地的私有已相當普遍，並且慢慢地轉向以莊園勢力的藤原氏為中心的攝關體制這一新的政治框架而推進。其中，醍醐天皇（在位八九七～九三〇）、村上天皇（在位九四六～九六七）的治世被稱為「延喜、天曆之治」，是政治上及文化上的轉捩點，也是國風化長足發展的時期。

平假名的文學

《土佐（左）日記》是以國司身分赴任土佐的紀貫之從九三四年結束任期返京之日開始寫起，共計五十五日的航海記及旅行日記。貫之假扮途中同行一名女性，以日記體寫下該書。研究指出有些記載不符事實，可以窺見其創作的文學意圖。卷首的一節是大家耳熟能詳的：

男人寫的日記，我身為女人也想來嘗試寫寫看。我在某年的十二月二十一日戌時出發。我簡略記下旅途中的種種。

某人結束了赴任地四五年的任期，交接後任等事都完成，也取得任期完了的解由狀（後任者所寫的事務交接完了的確認書），從館舍出發前往渡船頭。

文中指出，日記原本是男人所寫的東西。而且，日記與今天不同，主要是為了記錄公事和儀式的備忘及其典章，以供日後參照使用。用女手來寫日記，這個意圖也代表將寫下與前此的日記不同的內容。在途經之地所不斷出現的送別場面，雖亦描寫了吟詠漢詩的情景，但筆者既然喬裝為女性，便不載漢詩，而僅記下當場所詠的和歌。描寫聚焦在途中所見聞的情景，以及所接觸地方人士的風習。同時，通貫全篇的是對在任地痛失女兒的回憶以及悲傷的記憶。直率地描寫自我感慨的筆致，宣告了書寫與漢詩漢文有別的日常細微心境，新的日記文學於焉誕生。

男性的日記總伴隨著公事（政務及儀式），而《土佐日記》則不以此為主題。不過，不可忽視的是，即使是這部《土佐日記》，其背後還是可以看到離開任地之際的事務手續，以及公開送別等檯面上的世界。漢字文化與擁有獨特表達世界的假名文化互為表裡，這種雙重性不限於這個時期，是國風化以降日本思想文化的一大特徵。

和歌的興盛

這件事在紀貫之也是編者之一的《古今和歌集》中也可窺知一二。被蔚為創造日本花鳥風月欣賞原型的這部歌集，卷首有紀貫之的假名序，卷末有紀淑望的真名序。以「夫和歌者，託其根於心地，發其華於詞林者也」為始的真名序，藉由《白氏文集》等引用來敘述和歌的六義——風、賦、比、興、雅、頌，以及《萬葉集》以來的和歌歷史。相對於此，假名序敘述和歌的重要性：「和歌以人心為題材，成千萬之辭。世間之人、事、業既繁，隨心之所思、眼之所見、耳之所聞，而形之於言也。凡聞花上鶯鳴、水棲蛙聲，生息之人，孰不詠歌！」並且對和歌的功效記下了「不假外力，即可動天地、感眼目不見之鬼神、和男女之情、慰彪猛武人之心者，歌也」的定義。同時，回顧和歌的歷史，尤其彰顯當代優秀的歌人。

與《土佐日記》具有公私兩種立場的雙重性不同，這裡明確將和歌定位在以敕撰之公家政治場面為背景，同時又是對情感之不同性質的私人表現手段。《古今和歌集》主要以四季、戀情為題材和結構，被視為奠定了王朝歌風。它同時也成為之後在很短的時間內，陸續編輯《後撰和歌集》（推定九五五年）、《拾遺和歌集》（推定一〇〇五～一〇〇六年）等敕撰歌集的端緒。

曆紙猶未盡　臘月迎立春　應道是去歲　或謂是今年

（在原元方　卷一　春歌上　一）

沾袖汲川水　冬寒應冰結　春天今來到　暖風拂融些

（紀貫之　同　二）

光輝正奪目　春日多和煦　獨花無靜心　片片散落去

（紀友則　卷二　春歌下　八四）

這些古今集的和歌長久以來被視為王朝風詠歌的典範。另外，假名序在此後成為歌論的重要依據。

物語的成立

假名文學的向下扎根催化了「物語」這個範疇的發展。從《源氏物語》的繪合卷裡的「物語之初始之祖竹取翁」一語，可知《竹取物語》是現存最早的創作物語[49]。創作物語更高層次的完成則是在《源氏物語》出現以後。這部世上有名的長篇物語在前半和中段以光源氏為主線，之後急轉直下描寫因光源氏正妻出軌而誕生之薰的物語（稱為「宇治十帖」）。從小即喪母的光源氏苦戀父親桐壺天皇的美麗皇后藤壺。這個戀情的結果有了東宮的出生，而這場不倫戀卻大大地影響了整部物語的發展。此後與多數女性之間的交情同時也是這件事、或者說是光源氏這種不得已的「宿世」因果。將人類這種不得已的傾向以及界限視為佛教的前世因果，這個觀點愈到後半愈深刻切實。

物語並不直接書寫貴族社會的政治暗鬥等面向，而是以光源氏與女性之間的交情為中心，搭配應時的和歌贈答，細微地描寫季節的遞嬗、人物的風貌、舉止和心情。其細膩的筆觸讓後世的本居宣長將這部物語的本質定性為「知物之哀」[50]之作。宣長儘可能想要排除這部物語的佛教色彩來理解它，但是不可忽略的是物語深深地為佛教的世界觀所妝點。主角光源氏的出生和成長對往後影響不斷，這正是一個因果的物語。

《源氏物語》如同作者紫式部也意識到的，是一部「創作」的作品。在這方面，作者同樣是紫式部的日記《紫式部日記》，則是透過當時以女官身分在宮中服侍之真實女性的眼光，精采地描繪出所參與的社會，以及當中女性的生活方式與作者的感性。

貴族的生活及思想——從《紫式部日記》觀察

我們透過紫式部的日記（包括一〇〇八～一〇一〇年的記載），可以窺知教科書等書中所說「密教已形式化而式微」這個說明的實際情況。上節所介紹的天台宗和真言宗均已「密教」化，並以據此的儀式及加持祈禱等形式，大大地影響了平安貴族的生活。密教的存在，其關係的範圍舉凡國家的儀式，乃至祈禱如升遷等個人事務及現世的利益都包含在內。

49 原文「作り物語」，物語的形式之一，指不根據事實而作的虛構物語。
50 原文「もののあはれを知る」。

以《源氏物語》的作者聞名的紫式部當時服侍一條天皇之后——中宮彰子。中宮彰子的父親是藤原道長。日記的大部分與中宮彰子生產皇子的場面有關。接近開頭的段落描寫了九月十日拂曉時的情景：

十日尚在矇朧之時，寢宮已變貌。（中宮）移駕白御帳（貴人的寢室，設兩枚席墊，四周掛上帷幕）。殿下及諸公子、四位五位之臣，著急慌忙，為御帳掛上絹綢、搬運鋪墊，極其忐忑。

（十日仍是矇朧拂曉時，寢宮已改變模樣。中宮移駕至白色的御帳台〔貴人的寢室，設兩枚席墊，四周掛上帷幕〕。殿下〔道長〕、乃至諸公子以及四位五位之貴族，慌張地為御帳台掛上絹綢、搬運鋪墊，著實忐忑不安。）

在這個情況之下，接下來的敘述非常耐人尋味。就在起居坐臥的彰子旁邊，「驅趕物怪」[51]的叫罵聲不絕於耳。為了要將因生產而作祟的物怪從中宮身上驅除，並趕至暫時憑依的尸童[52]上，不僅「近幾月來隨侍在旁的殿下家中的」僧侶，從「各山各寺」請來的修驗者、以及「舉世所有的」陰陽師都齊聚一堂，高聲祈禱以擊退物怪。此外，在南邊的房裡還有高貴的僧正及僧都重重圍坐，並高聲地祈福著。另外，陸陸續續派遣「御誦經」的使者[53]至各座寺院。

如此嘈雜的生產前夕可以說清楚地顯示了當時佛教所扮演的角色。如果此次生產順利弄璋的話，將來非常可望即位為天皇，因此這是決定道長的榮華顯耀是否屹立不搖、極為重要的場面。在這個緊要關頭，佛僧、陰陽師都被動員來祈禱求福。各種文學都可看到貴族嚴重迷信的情形，然而深植他們心中的卻是自己身為貴族的榮華富貴。

同一時期，與紫式部一樣學識傲人的是清少納言。清少納言同樣服侍一條天皇的皇后定子，但在彰子生下一條天皇的御子之後，彼此的命運就南轅北轍了。

自負、憂愁、躊躇

既然引了《紫式部日記》，就再多看一下該書的內容。在此將目光聚焦在紫式部這名女官的心境上。接下來這個段落是一條天皇為了見甫誕生的皇子，行幸至道長的土御門邸之前的場面：

> 皇上的行幸即將到臨，殿下忙著修繕妝點邸內。眾人到處尋找美麗的菊株，並掘起獻上。不管是顏色各異的菊花，或是黃色而耐看的菊花，還是各種不同栽種的樣子，在晨

51　物怪指作祟害人的生靈、鬼魂。

52　神靈憑依的童子或婦女。

53　派遣至諸寺傳達為宮廷誦經祈福命令的使者。

霧的空隙間放眼望去，實有不知老之將至之感，卻奈何……

式部見到眾人為了迎接皇上行幸而植栽世上珍奇的菊花時，內心突然為之轉調。式部接著寫道：何況自己如果苦惱憂愁稍稍輕微一些的話，或許可以故作風流，以青春洋溢的心情來度過這無常的人世間。看到或聽到美麗、有趣的事物，卻只能牽引到平日朝思暮想的方向去，慨歎日增，真是令人苦不堪言。「再煩惱也無濟於事。如此只是罪孽深重罷了」，恍惚之間看到水鳥在水邊無憂無慮地玩耍，式部詠起歌來：

水鳥河洲戲　焉能無關己　多愁應似我　載浮世間棲

讓我們再進一步來看看那將自己的處境表現為「罪孽深重」的式部，究竟身處何種境地？

紫式部在另一方面是名優秀的女官，不僅被看重其豐富的學養而負責接待顯貴，還擔任外交的要務。在美的感受性和品味上，更是可以看出她不落人後的自負。《源氏物語》裡曾出現「才」（乃至「漢意」[54]）與「大和魂」的對比（「少女」卷），「才」指的是漢學的知識才能，相對地，「大和魂」則意味著處理日常實務性工作的智慧才幹。在這個意義上，式部是「才」與「大和魂」兼優的人才。她的自負在許多地方都躍然紙上，尤有甚者是其對清少納言出自競爭意識的批判：

清少納言真是個志得意滿之人。雖然非常賢能，寫了很多的真字（漢字），但是細看起來仍有許多不到位之處。

但是，畢竟宮中對女性而言還是有難捱的一面。日記裡有一些可視為女性論的部分。式部說道，必須儘可能低調，即使稍稍有點出風頭，如果人品端正的話還情有可原，一旦被盯上以後，就算是行走經過的背影也會被品頭論足。可見同僚對女官批判的舌鋒多麼銳利！

淨土信仰的胎動

方才留意到「罪」字的表現。究竟是什麼牽引著她，這在後半會有所交代，那是對當時逐漸普及之淨土信仰的傾斜。

式部提到說，父親在教授兄長漢籍時，曾拿式部與記性差勁的兄長比較，並感嘆說如果式部是男兒的話該有多好。雖然具有包含現世的漢才等才華洋溢、能夠成就諸事的能力及自負，卻深刻感嘆自己處身之地並不是本來應該在的位置，但是又不一直線地朝往阿彌陀信仰。式部誠實地寫下，自己安於在現世的生活與信仰傾斜之間搖擺的躊躇，那樣的「搖盪」

54　原文「からごころ」。

之中：

「我對世間可厭之事已無些許戀棧之處，因此絕對不會懈怠出家修行的生活。」但是，「即使一心一意出家了，直到阿彌陀佛來迎接我之前，我的決心都有可能會動搖。因此，我安於那樣的躊躇。」

所以，她認為優柔寡斷的自己是「罪孽深重之人」，看透了自己因「前世」（前世以來的宿命）而導致的界限。

如此，從紫式部的日記我們可以得知，舊佛教與個人的救贖已然沒有關係，而淨土信仰彷彿代之填補那個縫隙似的，牢牢地擄獲了貴族們的心。

政治的思想——日本律令的成立及其變質

在《土佐日記》，我們從表層探討到背後的意義；在《源氏物語》和《紫式部日記》，我們也來看一下未被正面描寫出來、與實務上的公事有關的事情。

大化革新是繼承唐朝政治制度及法體系的一大契機，而七世紀後半至八世紀初葉是日本律令的形成期。歷經天智天皇朝的近江令、天武天皇朝的淨御原令的編纂，文武天皇時制定了大寶律令，以及元正天皇時編纂施行了養老律令。[55]大寶律令雖已散逸，但仍可從《續日本紀》的記載，窺知其成立的背景。此外，養老律令雖然部分散逸，但透過逸文整體上已大致復原。

《弘仁格式》的序文提及：「上宮太子親作憲法十七條，國家制法，自茲始焉。」認為國家的制度始於聖德太子，不過律令的體系性吸收應該是在大化革新之時（井上光貞）。

律令以律與令構成，律是刑罰的規定，令則規定了官位、官制、職員規程、神祇、僧尼或是稅的規程等行政法，還包含部分的私法。日後，朝臣的習慣法與武家法也都是在律令的影響之下制定的。最重要的是，一直以來，律令從未公開被宣告無效，甚至明治維新還具有回歸古代律令體制的復古面向（太政官制及職制），可見律令對後世的意義重大。

律令的精神在十七條憲法中初見開端，並且展現在大化革新進一步闡明的公地公民制上。這樣的精神歷經「三世一身法」（七二三年）及「墾田永年私財法」（七四三年），逐漸變得有名而無實，這是眾所皆知的事實。到了平安時代，「格式」取代律令，成為了法典。「格」是律令的修正法，「式」則是律令以及格的施行細則。這個稱之為「三代格式」。此外，天皇的詔敕也是了解政治思想的一大線索。

拔擢菅原道真、並在後世有「寬平之治」美譽的宇多天皇，在讓位時授予其子醍醐天皇

55「近江令」是天智天皇七年（六六八年）命藤原鎌足編纂的令。「淨御原令」全名為「飛鳥淨御原律令」，係天武天皇十年（六八一年）下令編纂，並於持統天皇三年（六八九年）實施的法令。其中，令二十二卷成為大寶律令的基礎。「大寶律令」是大寶元年（七〇一年）文武天皇命忍壁親王、藤原不比等等人制定的法典，律六卷、令十一卷。「養老律令」係藤原不比等等人修訂「大寶律令」而成的法典，律一〇卷、令一〇卷。養老二年（七一八年）制定，天平勝寶九年（七五七年）施行。

的《寬平御遺誡》（八九七），是一部記載公事儀式、任官敘位時的注意事項以及人物評比的書。這是了解當時統治形態的絕佳史料。其子醍醐天皇徵詢臣下意見，而由三善清行提出的《意見十二箇條》（九一四）呈報了僧侶腐敗、口分田分配不公、時節進用舞妓過度奢華等改善意見。這些都如實傳達了律令體制變質為攝關制、即將崩解之前的政局。

另外，對於了解攝關期的政治內情，藤原道長的《御堂關白記》（九九八～一〇二一）是一部恰當的史料。

惠信僧都源信與淨土信仰

紫式部及道長的時代，在都城裡，人們的心已著迷於淨土信仰。這部分源信的功勞很大。在此，引一段源信以假名寫成的短篇《橫川法語》：

> 夫一切眾生逃離三惡道（六道中的畜生、餓鬼、地獄）而生為人，是一大慶喜。此身雖賤，曾遜乎畜生？自家雖貧，猶勝於餓鬼。心之所望雖不成，仍非地獄苦難之比。世間不如意事無可厭，眾人身形卑賤是祈願菩提（悟道的智慧）之所證。故生人間，尤須慶喜。
>
> 信心雖淺，本願（指阿彌陀佛在法藏菩薩之時所立的四十八願）自深，故衷心祈求，必得往生。念佛雖倦，一心誦念必得來迎（臨終時阿彌陀佛由淨土前來迎接），功德莫

大也。此故，得遇本願，可喜可慶。

下面這段話雖然不是直接對紫式部說的，卻彷彿是向她的「搖盪」心境述說一般。源信說道，糾結於妄念的優柔寡斷是凡夫俗子不可避免的心態，必須懷抱妄念而精進於念佛：

又，妄念本是凡夫與生所俱，妄念之外別無他心。直至臨終，自覺妄念凡夫，一心念佛，終得來迎、登乘蓮台時，必翻轉妄念，獲開悟之心。妄念之中念佛不住，如出淤不染之蓮，必得往生，不可有疑。不厭妄念，只嘆信心之淺，須持志堅定，常念名號。

淨土信仰的滲透

惠心僧都源信（九四二～一〇一七）是比叡山的僧侶，之後與法相宗在一乘思想的可否上一決宗論的高下（《一乘要決》），其學識和才能有很高的名望。九八五年撰就《往生要集》（全十章三卷），完備淨土信仰的理論架構。雖然仍是停留在天台教學裡面，但源信不滿足於密教的咒術及學問，把祈禱自己及他者的救濟、並且以阿彌陀佛信仰為中心的淨土思想加以體系化。《往生要集》序文指出，在「濁世末代」裡「念佛」（淨土教）才是任何人都應皈依之教，以往顯密之教的實行對於「理智精進之人」並不困難，但是如自己「頑魯者」距離往生極樂甚遠，故依據「念佛一門」來完成經論。《往生要集》亦傳至宋朝，在中國聲名遠播。

自從圓仁歸國以來，念佛已納入天台的修行之中。十世紀被稱為「市聖」的私度僧空也（九〇三～九七二，出身等不詳）一邊誦念阿彌陀佛，一邊遊歷各地並施行土木工程以致力於傳道。這是與知性的源信兩相對照的傳教方式。或者，此時已有慶滋保胤（？～一〇〇二）的念佛結社「勸學會」（僧俗所參加的法會。受到白居易的影響，主持了進行法華經講、念佛、作詩等文人風雅的集會）等活動，淨土信仰已一點一滴地滲透開來（《日本往生極樂記》、《池亭記》）。在比叡山開始比較直接的念佛修行，是九八八年以橫川首楞嚴院的僧侶為主而結成的二十五三昧眾，而且源信也參與其中。

淨土信仰、阿彌陀信仰的由來是佛教傳說裡提到，阿彌陀佛當時還是法藏菩薩時，立下即使得佛、若不能拯救眾生即不取正覺等四十八願，而有相信阿彌陀佛、往生阿彌陀淨土的信仰出現。在源信那裡同樣重視觀佛（思念佛）與念佛（口念佛的名號），之後在法然等提倡的淨土信仰裡，則以中國淨土教的善導等人所集大成的稱名念佛——亦即口中誦念南無阿彌陀佛名號——作為主要的修行方式。

不管是紫式部或藤原道長都入信阿彌陀信仰。之所以能夠在紀元一〇〇〇年前後如此滲透至貴族社會，末法思想具有不可忽視的影響力。該思想認為，釋迦圓寂後將會經過正法（教、行、證被正確遵行的時代）、像法（僅存教、行的時代）、末法三個時代，而佛的教、行、證（教誨、修行、悟道）也將逐一消滅。在日本，廣泛相信一〇五二年（永承七年）是僅存「教」的末法時代來臨之時。在道長極盡榮華的時代，地方上已有與貴族體現不同風俗及人性觀的武士嶄露頭角，乃至關東的平將門之亂等，莊園制之下的攝關體制已經逐漸顯露破綻。時代的不安，如實地反映了淨土思想的興起。

第二章　中世

1 歷史物語、中世歷史書的思想——貴族的榮華與武士的登場

武士的登場

在貴族浮誇榮華之際，地方上已出現武士這個具有獨特生活形態的新存在。在這裡，將聚焦那些探討以平安中期以來的武士為主角的歷史展開中，沉浸在過往榮華的懷古中、或是看透新的武士登場是歷史必然結果的思想作品來進行討論。

自古以來即存在承擔國家武力的集團，至於武士是在何種契機下浮上檯面的，歷史學上有幾個不同的說法。武士成為影響中央政治的勢力，是在平安中期莊園的土地私有化、律令體制行將瓦解之時，並作為對抗國司等中央權力的勢力而嶄露頭角。另一方面，律令官吏的國司也開始武士化，在各地紛紛成立武士團。之後，武士開始扮演在中央護衛貴族的腳色，並且逐漸統合成桓武平氏與清和源氏這兩大勢力。而最早讓中央知道武士實力的例子是九一五年因氏族內鬨而在關東引起的平將門之亂。他自稱「新皇」、嘗試獨立的權力，結果於九四〇年敗戰身亡。之後還發生過藤原純友之亂（九三九年）。

在攝關體制的鼎盛時期，國司與地方豪族之間的爭鬥雖然未曾停歇，但在一〇五一年的前九年之役（陸奧的安部氏興起之亂）以後，武士所掀起的爭亂變得愈發頻繁。之後，待平清盛實際掌握權力時，便開啟了源平兩氏錯綜複雜的爭亂。底下將介紹的《愚管抄》裡提

到保元之亂（一一五六年）以後成為「武者之世」，那是由於爭亂以都城為舞台發動而有此論，其實在貴族榮華的背後，武士已經確實地鞏固其權勢地位了。

榮華的記憶——《大鏡》及四鏡

貴族的榮華即將接近尾聲之際，開始出現一些描寫榮華記憶的物語作品。首先是《榮華物語》，這個作品由正篇三十卷（一〇二八～一〇三七年前後完成）及續篇十卷（一〇九二年以後完成）構成。正篇的作者以赤染衛門這名女性為有力說法，續篇則是作者不詳。以假名文描寫自宇多天皇至堀河天皇（白河上皇的院政期）為止、十五代二百年間的歷史。繼之有《大鏡》、《水鏡》、《增鏡》、《今鏡》等四鏡這些作品。亦有「世繼物語」之稱的《大鏡》據說是在白河院政期（十一世紀後半至十二世紀前半）完成的。內容講述一〇二五年在紫野的雲林院舉辦了菩提講，由一百九十歲的大宅世繼及一百八十歲的夏山繁樹講述文德天皇至後一條天皇之十四代的歷史，並由三十歲左右的年輕侍從點評，再以「筆者」筆錄的形式呈現。最大的主題是藤原道長的榮華，接著陸續是天皇紀、藤原氏的列傳（攝關二十代）、藤原氏的物語（鎌足以下十三代）及種種物語（昔物語）。

先行的《榮華物語》之所以推定出自女性之手，是因為該書雖然被當作公事的指南，但文章的敘述僅限於宮廷內部及京都裡面，並沒有觸及到國家較大的事件等議題。相對於此，《大鏡》則儼然有正史之姿。但其實際的內容，一方面是闡述道長等人榮華的由來，一方面是將和泉式部的事蹟，以及《蜻蛉日記》的作者等貴族生活的內情，包括謠言等內幕予以故事化的作品。

說書人不尋常的年齡顯示了作者細數過往榮華的回憶、緬懷有餘的心情。老翁鉅細靡遺地述說道長的榮華富貴，包括道長四個女兒——彰子、妍子、威子、嬉子進宮為后，兩個兒子——賴通、教通的飛黃騰達。此外，極力稱讚道長的膽識，指其「臨事而作的詩及和歌等」的旨趣，甚至是白居易、柿本人麻呂、凡河內躬恒、紀貫之等人都望塵莫及的。或者，「春日行幸」之際的道長被人們「尊奉為佛」（道長上），讚美其有如佛陀一般云云。

藤原氏歷代所興建的寺院也是作者讚美的對象。其中，出家的道長所興建的無量壽院（一〇二〇年落成，法成寺的前身）壓倒元白，「有如極樂淨土現身此世」一般的宏偉壯觀。《大鏡》將道長出家後的事蹟也描繪得有如現世榮華一般。

這部以彷彿仍置身榮華之中為寫法的《大鏡》，幾乎對支持榮華的制度及歷史不感興趣。繼之而起的鏡物語也有這個共通的傾向，不過有逐步加深榮華已遠逝的意識，這點與《大鏡》迥異其趣。

《今鏡》（亦有「續世繼」之稱）的體裁安排是，自長谷寺參拜乃至踏上大和古寺巡禮之旅的作者，從《大鏡》的說書人大宅世繼之孫的老婦那裡，聽取後一條天皇至高倉天皇為止計一百四十六年間的物語。值得矚目的是這個物語有一些獨特之處，包括對院政期的讚美、對和歌文學的關注，以及隱者意識的出現等。

《水鏡》（平安末期至鎌倉初期完成，傳為藤原忠親所作）則是仿效《大鏡》，採取由修行者聽取仙人講述神武至仁明天皇為止的見聞，再由老婦聽寫自修行者的方式。在開頭的地方，論述將末法思想納入更大的佛教時間循環（主張成住壞空的循環、遠大時間周期的四劫觀）中、並且設法將其克服的主題。這種榮華已遠逝的意識，以及對末法深刻切實的認識，與《大鏡》大相逕庭。

《增鏡》是四鏡的令終之作，於一三三八至一三七六年間完成。此部已邁入室町時期的作品以聽寫老人講述的方式，描述從後鳥羽天皇的誕生到後醍醐天皇自隱岐行幸歸來的經過。本作繼承鏡物語的旨趣，以追憶中世期貴族社會內部的主題貫穿全篇。

2《愚管抄》與《平家物語》

王法與佛法

《愚管抄》是一部與鏡物語涇渭分明，具有自覺的歷史意識以及哲學探索的著作，因此後世會被稱為「道理物語」也是其來有自的。在此，對於這部在歷史學上公認為重要史料的作品，就其思想核心部分來討論。

本書作者慈圓是九條兼實的胞弟，深具實力並曾三度出任天台的座主。雖身居貴族社會之中，他與源賴朝亦過從甚密，甚至有一說法認為他希望透過本書來勸諫企圖以武力反叛鎌倉政權的後鳥羽上皇。若照此說法，本書乃完成於承久之亂（一二二一年〔承久三年〕）之前的一二二〇年。

慈圓幼時父母雙亡，在兄長九條兼實的撫養下進入宗教界。此時延曆寺正值學僧與堂眾之間對立深化的時候，慈圓成就了千日入堂之行、戮力修行，一度還決意隱居避世（出家這件事本身即可稱為隱居避世，但中世期有時出家後會更進一步隱遁，以專心致力於更加純粹的佛法修行。這與寺院本身已世俗化的背景有關）。但是，鎌倉政權誕生後使原本即與源賴朝關係密切的九條兼實踏上了政治的大舞台。另一方面，慈圓也成為天台座主，並出任後鳥羽院的護持僧，進一步涉入政治（王法＝現實的政治秩序。王法與佛法成對使用）。

《愚管抄》認為「武者之世」的來臨是歷史的必然並提倡公武相宥和睦，與這一族的基本地位也有關係。史家認為慈圓著作本書是為了讓率領反幕勢力的後鳥羽上皇能夠回心轉意，而相信王法與佛法的終極一致並積極地參與政治，此舉與佛法靜寂間的夾縫之處正是本書所揭示思索根源的場域所在。

慈圓著作《愚管抄》刻意使用口語、俗語，並夾雜直接敘述法，而且不使用「真名之文字」（漢字漢文）而「偏以假名」書寫。他認為通曉漢籍的人對日本歷史無知，而且假名正是「大和語言之本體」，為了僧俗貴賤同樣能夠了解「本國風俗」的變遷，這樣的文體毋寧是最合適不過的（卷二末尾）。這樣的寫法近似淺近滑稽，但是他認為這是為了描寫生動歷史而採用的方法，而且如有必要，希望讀者能參照其他內外典的原著。正是這種在方法上極為自覺的敘述，讓這本書成為將國風文化餘暉中吹進的新時代氣息描寫得淋漓盡致的思想作品。

共七卷的《愚管抄》在內容上分為三大部分：卷一、卷二是皇帝年代記，卷三至卷六是自神武天皇至承久之亂前的歷史敘述，而卷七則是經世論及歷史哲學的部分。

卷三至卷六是具體的歷史敘述，而其大半篇幅都落在「日本國的亂逆」之始「保元之亂」以後的內容上。對生於亂事前一年的慈圓來說，這個時代正是末法的時代。認為前此的歷史敘述作品往往僅記載「好事」的慈圓，則是以貼近象徵時運下降的各種「惡事」來描寫該時代。對事實的貼近卻不代表是對毀滅共鳴式的投入。因為慈圓認為，在惡事的形成之中也明顯存在著盛世再現的道理，因此必須從歷史的根源來正確地觀察才行。

事中顯露的道理

據說慈圓在著書之前曾做了兩、三次的奇夢，而這樣的體驗使其對歷史的思索更加深化。如果說描寫攝關體制榮華的《大鏡》等歷史物語是對未竟之夢的追求，那麼《愚管抄》可以說是透過作夢而不抱幻想地正視活生生的現實。不管如何錯綜複雜，事實終究具有其真確的意義存在。慈圓將此表達為「事的道理」、「物的道理」。這是來自事理相即之天台教學的見解，也可說是天台事理論的應用哲學。我們來看卷三的開頭：

慈圓首先揭示他執筆的意圖，說道：「日復一日，年復一年，始終思索物的道理。除了聊慰老年的午夜夢迴，隨著一生盡頭將屆，閱世已久，更覺古往今來光陰流轉，世間道理感慨猶深。」神武以降「百王」（與末法思想同時流傳，將在「百王」時滅國的看法）為終的歷史「已所剩無幾，在八十四代之際」發生了「保元之亂」。描寫此間歷史的雖然有「世繼物語」（《大鏡》）等著，但沒有繼續撰寫。雖然耳聞有若干存世，自己卻未曾親見。但是，這些皆是「僅欲記錄好事」之作，而「保元以後皆為亂世」，故「眾人厭惡此等惡事，不願載錄於冊」。慈圓自己早有「為文敘述世間流轉衰亡道理」的想法，並且自認所思確有所據，故「為了安撫自己思索已久之心」，決定提筆寫下。

構築《愚管抄》思想核心的是其理法觀。慈圓善用「道理」這個用語，總計使用一百三十八次之多。難怪後世稱之為「道理物語」。原本屬於佛教用語的「道理」一詞在中世是一種流行語。《大鏡》裡有「窮凶極惡之事只要在山階寺裡發生，眾人亦啞口無言，正所謂山階道理」的用法，具有私人集團常規（從外人看來卻是強迫於人）的特性。《貞永式目》這部武家法也使用「道理」，指的是武家集團的習俗、習慣的規範化。從中可以窺見中世世界裡諸集團之間的對立抗爭，以及扮演調停角色之「道理」的存在。

《愚管抄》中的「道理」在歷史的進程中與漸次產生的多樣事實一起出現，被描繪為即事而具有多樣意義的道理群。這些道理具有確實的歷史連續性，但也會順著新的事態而更替具體的內容。朝臣與幕府之間實際的協調也在道理變化的範圍之內。換言之，武內宿禰最初就任大臣是「臣下可出道理」的開始，之後由於藤原鎌足輔佐天皇的事實，奠定鎌足子孫輔佐朝政一事。還有，藤原良房就任攝政也是「藤原北家」成為攝政這個道理的彰顯。不可否認地，道理儼然成為追認攝關體制的道理了。

但是，武士既已出現，道理也變身成為將朝臣與武士協調正當化的道理。之所以慈圓會有「武士之世」的認識，也是因為認為這是符合武士協助攝關輔佐天皇之「今」的道理。在對立的利害之中，慈圓始終追求「公家道理」的態度，這一點使《愚管抄》具有將自己的出身門第相對化的特質存在。歷史有善惡的相繼產生，而且將逐步增強惡的部分。另一方面，良善道理所引導的人類事蹟也依然存在不墜。

歷史下降的必然與超越性的存在

在《愚管抄》裡，作者將那些與歷史事實所顯現之「事的道理」異質的、超越人為的歷史必然也稱為「道理」。那被稱為「劫初劫末的道理」，歷史透過以佛教四劫觀之時間意識為背景的道理，將經過「中間」的興亡循環而整體走向下降的趨勢。如果與這個長遠的宇宙規模時間系的生成與毀滅來比較，從正法到末法的時代只是生成與毀滅周期中瞬時的下降局面罷了。如此一來，末法意識在《愚管抄》裡面，被視為壯大的宇宙時間中、一個「中間」時期的問題而成為被相對化及克服的對象。

此外，《愚管抄》將有關歷史的超越存在稱為「冥眾」。「事的道理」之所以揭示於人，也是因為冥眾化身為人（例如聖德太子）、在歷史之中教導道理（冥的道理）而來的。但是，即使這個冥眾也不能抵抗「劫初劫末的時運」而帶來「利生」。終究有賴「歸於善」的人類在倫理上的經營，其「利生」才屬有效。

大抵上下之人的命運或三世（過去、現在、未來）的時運，是法爾自然流轉之事。了解此理，事情將通曉明白。然而亦有認為此不合道理之人。但是，若參照貫穿三世之因果道理，則知其道理與法爾之時運乃本自調和，事情亦將順道而行或者倒行逆施。（卷五）

另外，支持「冥的道理」之冥眾的本體，比起佛來說，神（「宗廟社稷之神」）更處於優越的地位，這點也是《愚管抄》必須思考的問題。慈圓所作的歌「誠是諸神明，導引佛指南。云神是垂跡，何由為此談」（《拾玉集》）與他對日本歷史的看法，例如這個國家的制度骨幹是神所創立（神才是佛的指南）、佛是守護此制度的存在等見解是息息相關的。從本地垂迹[1]的角度來看的話，可以窺見他具有反本地垂迹的歷史觀及理法觀。

作為中世人的慈圓

慈圓與後鳥羽院在祈禱及和歌上有密切的關係，本身作為歌人也有多首作品選入《千載集》、《新古今集》中。還有，親鸞是在慈圓門下出家的，而《徒然草》則是提到慈圓曾援助《平家物語》的作者信濃前司行長。

另外，法然接受慈圓胞兄九條兼實之請，撰寫了《選擇本願念佛集》。然而，對於其兄傾向於念佛的事蹟，《愚管抄》裡隻字未提。另一方面，慈圓對於武士這個新的人物形象有所共鳴，曾經感人肺腑地描寫賴朝的武士們在出席東大寺重建落成儀式時，在風雨之中靜候主人的身影。這方面，令人深刻體會中世人慈圓的姿態。

《平家物語》——諸行無常

上一節提到《徒然草》裡記載《平家物語》一書出自信濃前司行長之手，但是現在這個說法並不是定論，作者仍是未詳。一般認為源平合戰剛結束後逐漸形成紀錄傳承，再透過琵琶法師將之形塑推敲而成，這個說法是較為妥當的。現存版本不一，並分成說唱本及讀本兩大系列而有各種系統。原型究竟是什麼面貌尚不明確。《平家物語》屬於所謂「軍記物」這個系列，其他同屬這個系列的還有《保元物語》、《平治物語》、《承久記》以及室町期的《太平記》等作品。

《平家物語》描寫透過保元之亂等戰事崛起的平家一門，從鼎盛時期到逃離京城，最後在壇浦遭源氏滅亡為止的故事。開頭的一段極為有名：

> 祇園精舍之鐘聲，有諸行無常之響；沙羅雙樹之花色，顯盛者必衰之理。驕奢者不得永恆，彷彿春宵一夢；跋扈者終遭夷滅，恰如風前微塵[2]。

1　佛或菩薩的本尊（本地）為了拯救眾生，化身為神或人等姿態出現（垂迹）。

從這一節可以看出所謂無常觀的表現，而《平家物語》的無常與身為戰鬥者的武士如何看待其命運有關係。有別於貴族世界看待自己「宿世」人生的界限和短暫，武士表現出來的是迫在眉睫的事情，不管是敗北或死亡，都要正面以對的態度。

一般認為這整部物語貫穿著「怨親平等」的思想。確實，任何人物的描寫都流露出感嘆榮華與沒落「悲哀」的基調。而且，這同時也是透過琵琶法師向廣大民眾傳播時、聽眾情感的一種反映。〈灌頂卷〉描寫平家倖存的女院（清盛之女德子，建禮門院）為平家一門悼念祈福、自己也得以成佛的身影。因此，《平家物語》本身即是一部鎮魂的物語。這一點也是貫穿整個思想史面對敗者思想的一種呈現。

3《神皇正統記》——正理與歷史

神國日本

以「大日本者神國也」一句開宗明義的《神皇正統記》（以下簡稱《正統記》）從神代以來的日本歷史中導出：皇位的繼承正如天照大神所定，唯獨傳行於天皇家「一種姓」之中的「正統」觀念，以及皇位雖偶傳於旁系而終將為有德的皇族所繼承之「正理」的觀念。在南北朝的對立之中，闡述南朝後村上天皇的正統性、並喚起讀者效忠南朝的這部書，與《新葉和歌集》可謂同為南朝——吉野朝——所孕育之王朝文化的最後餘暉。

作者北畠親房是北畠師重之子，生於一二九三年。得到後醍醐天皇的信任，並受託養育世良親王，在親王辭世後，於三十八歲時出家。隔年，倒幕計畫洩漏，後醍醐天皇被流放隱岐。之後，後醍醐返京推行建武中興之際，他以出家人之姿趕赴其麾下，並且奉義良親王之命前往陸奧，策畫東國的經營。《正統記》應該是這段期間所寫成的。

幾部傳本的封底內頁或前言有一節提到，此書是為了出示於「某童蒙（幼童）」而寫的。據說這名童蒙是十二歲即位的後村上，或是親房在東國說服支持南朝的結城親朝。不管其真實對象是誰，本書獲得廣泛的讀者是不爭的事實，其中也有部分北朝人士。傳本之中有對本文施予添加、刪除、變更等版本的存在，即印證了這一點，《續神皇正統記》是其中一例。

蒙古來襲的對外危機促使中世世界產生神國日本的觀念。卷首的一節與當時的時代思潮息息相關，而《神皇正統記》的特徵在於將神話與連綿不絕的皇位繼承聯繫起來這一點上。日本之所以為神國是由於天祖——國常立尊開基，繼而天照大神指定由自己的子孫繼承皇統而來。因此，從神到人皇的皇位繼承限定於「一種姓」之中而不有亂，所以是較當時普遍世界裡的唐土及天竺更為優越的神國。

2　鄭清茂譯，《平家物語》（台北：洪範書局，二〇一四），上冊，頁三八。

親房接獲後醍醐駕崩消息時悲痛萬分的描寫廣為人知，這種與天皇之間深厚的情誼與他訴說繼位的後村上天皇的正統性是互為表裡的。但是，如果在一種姓之內的皇位繼承是正統性的根據，則不僅限於南朝而應該也適用於北朝。但是，支持《正統記》的正統的根據是「在一種姓中縱使有傳入旁系之時，亦自然復歸於純正嫡系」。其歷史敘述是清楚辨別因一時之運而繼承皇位的旁系與皇位繼承之純正嫡系的。

正統與正理

所謂正統，並不單單只根據其血統連綿不絕這個事實而已。「無德的子孫」敗壞祖先的功績而使其斷絕，這也是歷史的理。正如「我國皇統雖無更易，政事時而有亂，曆數不長」所言，正統性的另一個原理在於皇帝有無安撫「民憂」之德。如此，正理與皇位終將由有德皇族繼承的認定有密切的關係。

「天地之始以今日為始」是《正統記》中的一節。追根究柢，《正統記》之正統性的邏輯對於皇位繼承的實際正統與否，其判斷並不在當事者身上，而端賴於後世的評斷。《正統記》對於這個邏輯性的陷阱，藉由將其轉化為現在此時的倫理性來排解。

「當今存世」的三種神器，鏡、玉、劍分別代表著正直、慈悲、智慧之德的本源，而更進一步之終極的德性則是心無一物的無私。「有天地、有君臣，善惡之報如影隨形」的歷史意識，在邁向未來的實踐之中也跳躍為對於狀況之無私的參與。

對後世的影響

與《愚管抄》一樣，《正統記》裡也表現出時代的下降意識。將光孝天皇以後視為「中古」而如今乃是末代的下降史觀，呼應著藤原氏攝關體制的崩解。在這個意義上，該書也屬於國風文化餘暉的作品。但是，在這之中仍存在著對新時代的準確觀察眼光。述說男人從事農業、女子從事紡織，為己為人是「人倫大本」之類對生活、風俗的眼光，甚至可以說是近世型的。可以說它是上溯神話世界，亦通於伊勢神道，而且眼光又望著近世而綻放其中世歷史思想的一部作品。此外，也可說它是中世佛教世界的精神性已緩緩轉換至神道的現世性這一時期的作品。

整部作品顯露出，作者具有品味而孤高的姿態令人印象深刻。但是，本書藉由挖掘某種極度深刻的事實，而成為政治正統論的基礎，因此影響後世極為深遠。另一方面，《愚管抄》在結構上佛教味道濃厚，因此在中世以後因缺乏思想的後繼者而告終。在近世，它不是被當作悲憤慷慨的書，就是當作經世論著來讀。其歷史哲學的面向再次受到矚目，則是進入近代以後。

相對於此，《神皇正統記》具有很大的影響力。該書在近世水戶藩編纂《大日本史》時受到高度評價，甚至因此而被視為神道的聖典。山鹿素行、賴山陽、新井白石等儒者和歷史家自不待言，除此之外也廣泛被徵引。明治以後作為教科書使用，被利用為天皇制國家的思想。然而，如此的看法卻不一定是對《正統記》的正確理解，從國家主義宣揚者甚至竄改其內容一事即明白可知。

另外，除了以上所介紹者，中世的歷史書還有將神武天皇至堀河天皇為止的時代，以佛教相關的事項為中心並用編年體（漢文）寫成的《扶桑略記》（皇圓，平安末期）；歷史物語則還有《太平記》（一三七一年前後，作者不詳）等作品。《太平記》是以和漢交雜文體描寫南北朝爭亂的軍記物，從室町期開始由說書人（「太平記讀」）抑揚頓挫地朗讀傳頌。江戶時代初期，在民間也非常盛行。

繼之有大量歷史書及史論的出現是在江戶時代。《讀史餘論》（一七一二，新井白石）、《大勢三轉考》（一八四八，伊達千廣）等從武家立場出發的作品，採用與中世有許多相異之處的時代區分及立場來描寫歷史。

伊勢神道

《神皇正統記》的思想背後，有著鎌倉期形成並在南北朝期集大成的伊勢神道存在。奈良時代的神宮寺和神前納經是將神也當作佛教救濟的對象。到了平安時代，出現了佛和菩薩化身為日本的神之神佛習合的形態（本地垂迹說）。「權現」是指佛和菩薩權宜顯現的意思。如此一來，逐漸形成個別的佛與神的對應關係，例如天照大神是大日如來的垂迹等等。武士階級廣為信仰的八幡神原本被視為應神天皇的垂迹，在中世其本地卻變成阿彌陀佛或是釋迦佛。

平安時代已出現用佛教理論將神道理論化的山王神道（天台），以及所謂的兩部神道（真言），到了鎌倉時代後更進一步傳播開來。

伊勢神道一方面根據以密教理論定位神祇的兩部神道，另方面伊勢神宮外宮的神官（禰宜）度會氏希望藉此對峙奉祀天照大神的內宮，來提高奉祀豐受大神的外宮的地位。這個意圖在其將內宮與外宮分別視為胎藏界與金剛界，藉由陰陽五行說將外宮視為水德之神，內宮的天照大神視為日——亦即火之德，並且主張水德的地位優於火德等方面顯露無遺。伊勢神道具有將神視為本地、將佛視為垂迹之反本地垂迹的傾向。伊勢兩宮之中，外宮（豐受大神宮）的祭神是掌管食物、生產的神，故強調其作為農耕、生產守護神的地位。另外，亦有度會神道、外宮神道等名稱。

伊勢神道的理論根據的是所謂「神道五部書」之叢書，也就是《天照坐伊勢二所皇太神宮御鎮座次第記》、《伊勢二所皇太神御鎮座傳記》、《豐受皇太神御鎮座本紀》、《造伊勢二所太神宮寶基本記》、《倭姬命世記》（《倭姬命世記》在江戶初期曾一度在伊勢神宮遺失，一六六九年為伊勢神道的中興之祖度會延佳所發現）。這些書是鎌倉初期至鎌倉中期所寫成而被假託為古代的著作（偽書），並且被視為伊勢神道的經典，敘述伊勢神宮和祭神的由來，以及祭祀和禁忌等內容。透過這些創作的經典及理論，伊勢神道主張「心即神明之舍」以及「正直」的重要性等，大大地提升了神道的精神層面。集大成者度會家行（一二五六？～一三五一？）與北畠親房有所深交。

另外，南北朝期天台宗的慈遍（生卒年不詳，出身卜部家而據說是兼好法師的兄弟），根據本覺思想及陰陽五行說來闡述開天闢地及神祇，並且將伊勢神道理論化，宣揚反本地垂迹說（《舊事本紀玄義》等）。這些神道在室町末期為吉田神道所繼承。

4 淨土教與鎌倉佛教的思想

鎌倉的新佛教——淨土信仰與法然

平安末期到鎌倉時代，時值末法時代的意識擴散、僧院也涉及爭鬥的時代，天台的修行僧之中，輩出了許多用心思索佛法的理想形態、並且盡心教化的佛教者。

以下將探討以捨棄念佛、禪、題目等多餘裝飾的修行為主的佛教新動向，以及其背後諸祖師的思想內涵。

平安時代的淨土信仰分別在宗教和政治上歷經末法的來臨與源平的兵荒馬亂，愈發興盛了起來。

佛教的特徵在於，大乘僧侶一方面追求自己的信仰而不停思索，同時也謹守本分，以菩薩僧之姿為世間眾人的教化盡心盡力。鎌倉佛教祖師們的姿態正是以如此的菩薩僧當作目標。

淨土信仰、淨土思想由於一〇五二年（永承七年）將進入末法之世的說法（入末法說），以及與此同時開始的社會變動，在對末法裡人類慧根的懷疑之下急速地擴散開來。鎌倉佛教之一系列宗教上的改革首先從淨土思想發軔。

首開鎌倉佛教先端的是法然（一一三三～一二一二），生於美作（岡山縣），在九歲時，其父遭夜盜殺害。據說瀕死的父親告訴他，復仇是無濟於事的。法然在十三歲入比叡山，十五歲時出家。十八歲時成為黑谷叡空法師的弟子，改名為法然坊源空。之後，歷訪南都諸寺，極力探求佛法的真髓。在接近二十年徬徨探索之後，四十三歲時由於善導《觀無量壽經疏》中「一心名號阿彌陀名號」的一句話而開悟，遂皈依於專修念佛。其後將根據地移至東山的吉水，在此向貴賤宣揚淨土念佛。

《選擇本願念佛集》

法然受託於九條兼實而寫就的《選擇（せんちゃく）本願念佛集》（一一九八，真宗系習慣讀作「せんじゃく」）是在兼具日本佛教原本具有的、比較考量各種立場而選擇其一的「選擇」，以及接受包容其他立場而不棄、並且涵攝於自身之中這兩種態度的傾向當中，屬於追求純粹性的稀有運動之作。源自於中國佛教的「教相判釋」（辨別眾多大、小乘經典內容及完成時期並對其加以評價）通常會主張自己所依據經典及信仰立場優於其他宗派，然而也具有包容不同立場而不捨棄的靈活性。在這樣的傳統之中，法然所採取的卻是明確而直接地捨棄舊佛教的立場。這一點與其他鎌倉佛教的祖師們有共通之處，可以說簡明直接的態度是出現武士之世這樣的新人物形象的一種時代反映。

法然本身並沒有超越天台宗的框架而樹立新宗派的意圖。但是，他在念佛與末法思想結合，不止天台也擴及三論宗等奈良佛教這樣的情勢之中，不採兼學或併修，而是主張純粹一心一意的念佛，在這點上可說是明確地奠定了新佛教的典型。

《選擇本願念佛集》卷首揭示一句：「南無阿彌陀佛，往生之業以念佛為先。」以下，搭配內外的經典，主張「當今末法，現是五濁惡世」，認為在此末法之時唯有以淨土信仰才能得悟，並且闡述在佛法教說的諸多系列中，透過「選擇」來選取阿彌陀信仰，以及純粹將信仰完全寄託在稱名念佛上的緣由。

稱名念佛之行

以下，法然一面引證中國道綽禪師的《安樂集》以申論己說。道綽是隋唐時代的僧侶、淨土教的祖師。一開始皈依於禪，六〇九年看到曇鸞（北魏至北齊時代的僧侶，公認為淨土五祖第一，著有《淨土論注》）的碑文後，回心轉向淨土教。

法然問道：一切眾生皆由佛性，為何如今仍無法脫離迷惘？接著，根據聖道與往生淨土二道中，聖道是「今時難證」一文，主張「當今末法，現是五濁惡世」的今天，唯有淨土信仰才能得悟。在諸多教說系列中，透過「選擇」以採取阿彌陀信仰，並且純粹地選取全心全意稱名念佛的信仰。

法然從大乘、小乘的區別入手，並且批判地回顧法相宗（肯定現象與本體）、三論宗（視現象界、本體界為空）、華嚴宗（採取一乘的立場，立於一即一切的教義）、天台宗（將自己定性為圓教，提倡包容性的教說）、真言宗（綜合顯密）等諸宗派，以及中國的達磨宗（禪），最後認為道綽禪師的淨土宗才是「攝一切」聖道門及淨土門的完整教說。往生淨土門以三經及一論為主，三經指《無量壽經》、《觀無量壽經》、《阿彌陀經》等所謂淨土三部經，一論則是天親（亦譯世親，健陀羅地方人，四〇〇左右～四八〇，梵名Vasubandhu的漢語譯名。最初信仰小乘佛教，後轉信大乘並奠定唯識思想）的往生論。法然的「選擇」如圖所示。

- 佛教
  - 聖道門
  - 淨土門
    - 雜行
    - 正行
      - 助業（誦讀、觀察、禮拜、讚嘆供養）
      - 正定業（稱名念佛）

不是聖道門，而是選擇淨土門，並捨去雜行而取正行，而且必須捨去助業，僅取正定業

的稱名念佛，這就是法然所揭示的「選擇」。

法然引證《觀無量壽經》，強調「三心」，認為眾生如果想往生淨土，就有必要發三種心，即至誠心（真誠的心）、深心（深信的心）、迴向發願心（迴向所有成就的善行、祈願往生的心）。

淨土教認為，諸佛皆有願，但阿彌陀佛在仍是法藏菩薩時，向世自在王佛所立下的四十八願特別有其深意。法藏既有才德，意志亦強而聰明。法藏得知世自在王佛所開示的國土而發下宏願。例如：「（世尊啊）假設我得以成佛，如果我的佛國土（淨土）還有墜地獄界、餓鬼界、畜生界者的話，我不取正覺（完全得悟、成佛之意）」（第一願）等所示的四十八願。在這些願之中，第十八願尤其重要。被迎往各個國土必須以布施、持戒、精進、禪定等作為條件，阿彌陀透過第十八願明確揭示了只選取念佛：

> 設我得佛，十方眾生至心信樂，欲生我國乃至十念，若不生者不取正覺。
> （〔世尊啊〕即使我得以成佛，如果所有眾生真心信仰喜樂而想要生在我國，乃至〔法然解此為一生之意〕念佛十遍，卻無法往生淨土的話，我將不取正覺。）

在上一節所看到的源信那裡，是以觀想阿彌陀佛世界的觀佛為主。在法然則是以口唱名號——亦即稱名念佛——作為主要的修行。法然認為，所謂「選擇」既是選取，同時也是一種捨棄。如此，透過法然，於焉開啟了離開包容性的立場，強烈主張純粹而簡明信仰態度的鎌倉佛教。

親鸞——絕對他力的信仰

親鸞（一一七三～一二六二）出身京都日野的中級貴族之家，九歲入比叡山，度過二十年左右的堂僧生活。二十九歲時下山，閉門在六角堂內而得到聖德太子的託夢，之後入當時在京都東山傳教之法然的門。有關託夢一事，有說法認為是指親鸞誦念「聖德太子之文」時出現了觀音，並告訴他：「行者宿報設女犯，我成玉女身被犯。一生之間能莊嚴，臨終引導生極樂。」

親鸞此後的活動詳情並不清楚，但在舊佛教一方屢次控訴停止念佛及迫害之中，終於因為某事件而惹怒後鳥羽上皇，結果法然的兩個弟子被判死罪，法然等四人則遭到流放。法然和親鸞分別被流放到土佐及越後。親鸞得到敕令赦免後仍停留越後，之後移往常陸（茨城）繼續傳教。一二三五年左右返回京都，主要著作《教行信證》即是此時的作品。在越後的時期娶妻成家，並自稱「愚禿」，以在家僧侶之姿開拓了新佛教的道路。

當代我們得以知道親鸞的名字，大多拜其言行錄《歎異抄》所賜。這部在近代以前被視為密書的作品，光是以此還無法窺見親鸞思想的全貌，不過的確是日本思想史上重要的一部書。雖然《教行信證》才是親鸞的主要著作，但以內在邏輯來說，《歎異抄》與《教行信證》有極多相通之處，就這點來說，其在思想史上的意義是不曾或減的。

惡人正機說

《歎異抄》是弟子唯圓所筆記而成的作品。《歎異抄》最名聞遐邇的是所謂的惡人正機說：

（親鸞）說道：「善人尚且得往生，何況惡人乎？然世間人常謂：『惡人猶往生，何況善人乎？』此條姑且似為有理，實背離本願他力之意趣。其故在自力作善之人乏一心祈求他力之心，此非彌陀之本願。然若捨棄自力之心，仰求他力，則可得真實報土之往生。（阿彌陀佛）憐吾等煩惱具足，不論如何修行亦不可脫離生死，立願本意在為惡人成佛，仰求他力之惡人最是往生之正因。故善人尚且往生，況惡人乎？」

（《歎異抄》第三章）

書中描寫，親鸞藉一反常識之言將其所有信仰全盤托出的模樣。根據親鸞所言，阿彌陀的大願是為了那些以其他方法終究無法得到往生，受煩惱所苦，澈底無力而被封閉於界限之中的吾等眾生。對於那些留有些微的自力性、具有自信可以自救的人來說，到底是沒有關係的願望。所謂善人是自傲稍有自力性資質的人。如果是這樣的話，那麼不具任何可能性的惡人正是符合彌陀的本願。

只有念佛才是引導這些人往生的唯一之道。但是，親鸞認為就連念佛也不是己方的行為。例如他說：「念佛者，於行者言，非行非善也。非以我意行之，故謂非行。」或說：「非我計而行之善，故謂非善。」因為這完全是由於「他力」——也就是阿彌陀的大願業力——所為，所以是「非行非善」（第八章）。

親鸞的「地獄一定（確實）是吾居所」那種對罪業深重的自覺昇華到絕對他力的思想——即便是念佛也是阿彌陀的廣大力量所催使的。《歎異抄》裡所表達的自己沒有任何弟子、或是不曾念佛迴向父母的思想，與這一點是一脈相連的。自己的無力同時也代表他者救濟的無力。親鸞在比較聖道（淨土以外的佛道）的慈悲與淨土的慈悲的第四章曾提到這一點。也就是說，聖道主張應以慈悲憐憫化育萬物。但是，現實上幾乎不可能如願地拯救苦難中的他者。相對地，淨土的慈悲是急速成佛，進而以大慈大悲如願地救濟眾生。親鸞認為，與不夠澈底的半調子慈悲相比，念佛才是一貫的大慈大悲心。

往相的迴向、還相的迴向

在《教行信證》（原漢文）裡，可以看到親鸞進一步深化的信仰內涵。《教行信證》如標題所示，是引用內外淨土教典及佛論以分述教、行、信、證（開悟）的一部書。教卷開頭指出：「謹按淨土真宗，有二種迴向。一者往相，二者還相。就往相迴向，有真實教行信證。」換言之，本書辨證了往相迴向——持救濟眾生之願，祈禱皆能往生阿彌陀如來淨土。他以曇鸞《往生論注》裡迴向的兩種說法為基礎，詳細地闡述。

親鸞對阿彌陀經的四十八願做了獨特的解釋。這是對將第十八願視為精髓之法然理論的進一步闡發，當中並描寫了親鸞「三願轉入」的信仰體驗。所謂三願指的是第十八願、第十九願、第二十願。前面已引過第十八願，其他兩願如下：

〈第十九願〉

設我得佛，十方眾生發菩提心修諸功德，至心發願欲生我國，臨壽終時，假令不與大眾圍繞現其人前者，不取正覺。

（即使我得以成佛，假如所有眾生既發心願想要得到正悟，又修行各種功德，由衷立願想要生在我的國土〔淨土〕，在迎接其臨終之時，如果我沒有與所有比丘眾出現圍繞在其人面前的話，我將不取正覺。）

〈第二十願〉

設我得佛，十方眾生聞我名號係念我國殖諸德本，至心迴向欲生我國，不果遂者，不取正覺。

（即使我得以成佛，假如所有眾生聽到我的名號、繫念我的國土並立功德，並且由衷將功德迴向於佛，發願想要生在我的國土，卻終不能成就的話，我將不取正覺。）

親鸞認為，第十九願仍是進行自力諸行的立場，而第二十願則是離開諸行而修行念佛，但是依舊停留在自力念佛的階段。因此，「設我得佛，十方眾生至心信樂，欲生我國乃至十念，若不生者不取正覺」的第十八願裡所揭示的，才是離開自力、皈依他力的真實（化身土卷）。他主張，第十九願、第二十願的迴向是往生化土。道綽和善導認為淨土中有報土（因行為果報而得到的淨土）及化土（為了眾生而暫且顯現的淨土），而源信、法然、親鸞等人也有同樣的理解。

親鸞將此捨棄自力皈依本願稱為「橫超」，而「豎超」則是以自力修行而立即成佛的主張，並且認為淨土真宗是橫超，而豎超指的是華嚴、天台、真言等宗派。

絕對他力

晚年的親鸞對他力的皈依尤其強調「自然法爾」。而且，這不是指真實如實之意，而是如「所謂自然，自者謂自然而然。非行者之計，然者使其然爾之謂也。使其然爾者，非行者之計。以如來之力故謂法爾」（《末燈鈔》）所謂，到底是阿彌陀的「計」（他力）所致。這就是所謂絕對他力的由來。

親鸞如此說明自己信仰的根據：「彌陀本願如為信實，則釋尊說教絕非虛言。」而且，他闡述自己的信仰說道，如果釋尊之教是真實的，那麼善導和法然大師的開示豈能是虛偽的？法然大師的開示如果是真的，那麼親鸞所言也不能說是假的。

法然在《一枚起請文》裡提到自己所主張的稱名念佛「並非唐土或我朝諸高僧所論之觀

念之念」，故除非自己毫不懷疑地出聲稱頌南無阿彌陀佛並發願往生，「別無他由」。由此可知，鎌倉時代一方面是神國思想高漲的時代。但是，不只淨土教，鎌倉佛教的祖師們卻是輕易地跨越國界、尋求真正的佛法。

親鸞的思想在進入近代以後，再度受到高度的評價。不僅藉西洋哲學來對真宗做近代性的理解，例如哲學家三木清即傾倒於親鸞的思想，其對知識分子所及的影響非常大。

另外，淨土教系列裡，還有以一句「誠心稱頌，不論佛或是我，一切皆無，南無阿彌陀佛，南無阿彌陀佛」聞名遐邇的一遍（一二三九～一二八九）。一邊舞蹈一邊念佛的「舞蹈念佛」因其運動之狂熱而遭來激烈的非難，但是卻對日後的藝能造成許多的影響。

道元——修證一等

道元（一二〇〇～一二五三）以其華麗的文體而聞名，主要著作《正法眼藏》（有七十五卷本、十二卷本、六十卷本等多種版本。直到晚年仍修改不輟的是十二卷本。今天一般將十二卷本與不重複的七十五卷本視為套書來理解其精髓，亦有異議存在）也以難解的哲學語言出名。

道元的父親是內大臣久我通親，母親是前攝政關白松殿基房之女。兄長證空師事於法然。三歲喪父，八歲喪母。一二一二年，在比叡山出家。之後離開天台，師從建仁寺榮西（日本臨濟宗祖師）的法嗣——明全——學習大陸禪。一二二三年入宋，遇天童山的如淨，從其修行，之後據說在一二二五年因體驗「身心脫落」而大悟。令修行進程中的道元煩惱的是，既然所有的人都有可能是佛（「本來本佛性，天然自性心」或是《涅槃經》的「一切眾生悉有佛性」），那為何還需要再修行而求悟道呢？如前所述，當時的天台宗盛行本覺思想，認為人類生來本是開悟的存在。

弟子建撕所寫的行狀記《建撕記》提到：「顯密二教均談：『本來本佛性，天然自性心。』若是如此，則三世諸佛緣何更發心而求菩提乎？」在探索解答之際，終於領悟到窮究禪學的必要。在榮西處學習之後，道元在一二二三年渡宋修習曹洞禪。另外，道元曾說自己景仰弘法大師。

其主要著作《正法眼藏》雖然以假名書寫，但卻是利用當代的中文來呈現其思想表達，這一點確實與弘法大師有共通之處。宋代是俗語極為發達的時代，道元的文章也受到口語體的影響。此外，如同已有人指出的，姑且不論他是否意識到這一點，不過搭配中文的文章有時確實會產生相反的意思。那或許是他有意透過語言，從內部來破壞被語言固定的、對世界的常識性掌握。

事情一定有其意義存在，平常我們不大會懷疑這件事。道元的參禪正是要顛覆事情固定的意義，意圖從根源處撼動我們固定地掌握固定的世界這種形態。

但是，那並不是指將當下的現象視為虛幻而排除掉。甚至可以解釋為，道元對世界的掌握方式毋寧是與如實承認現象世界的天台思想一脈相承的。也就是說，將在此展開的現象世界視為開悟的世界，並說它是「現成公案」（〈現成公案〉）。

有時佛者將眼前的現象斷定為假象，認為真實並不在此。道元說道，說「法性」（真如、不變的本性）不是現在的森羅萬象，是一項邪惡的計謀。但是，對於森羅萬象與「法性」究竟是「同異」抑或是「離即」，道元則認為是超越於此的。說森羅萬象是「法性」，的確與「本覺」思想是相異的，這並不是現實肯定。試從《正法眼藏》舉一例說明：

凡見山水，隨種類而有不同。有視水是瓔珞（以玉或貴金屬編成的首飾）者。雖然，非視瓔珞是水，彼視之是水，於吾等則何？彼視為瓔珞，吾等視為水。有視水是妙華者。雖然，非用花如水者。鬼視水是猛火，是膿血。龍魚視之是宮殿，是樓台。或視之是七寶摩尼珠，或是樹林牆壁，或是清淨解脫之法性，或是真實人體，或是身相心性。人視之是水，殺活之因緣也。既是隨類所見不同也，且可疑著之。

（《山水經》）

試引玉城康四郎之譯文（《日本之名著7：道元》，中央公論社）如下：「凡是看山或水時，會隨著境界的種類而有不同的看法。在天上，有將水看作是瓔珞的。但是，這並不是將瓔珞看作是水。天上看作是水，對我們來說是何種情況呢？天上看作是瓔珞的東西，我們看作是水。還有，在天上有將水看作是花的。但是，並不是將花當作水來使用。……相對於此，人將這個看作是水。看作是水，或者不這麼看，都是由於各自境界的因緣。」

這裡說人將水看作是水是因緣所致。的確，水從魚的角度來看的話，並不是我們所說的

「水」。但是，這樣的相對化，其目的不僅僅只是將眼前對事物的固定看法相對化而已。如同「即心是佛」所言：「心者山河大地也，日月星辰也。雖然，此道所取，進則不足，退則有餘。山河大地心者，山河大地而已也。再無波浪，無風煙。日月星辰心者，日月星辰而已也。再無霧，無霞。……即心是佛，不染污即心是佛也」，以此心即可看作是世界，藉由如此掌握，可使心超越去追求其他真實的傾向。

對道元來說，時時刻刻都是修行。〈辨道話〉裡說道：「夫謂修證非一者，則外道之見也。在佛法，修證是一等也。」（認為修行和悟道不是一件事，這是外道的見解。佛法裡，修行與悟道是同等的。）

道元礙於既成佛教的壓迫，在越前建立永平寺作為根本道場，在此實踐「只管打坐」。並且，以追求「身心脫落」，視參禪（修）即是悟道（證）之「修證一如」為宗旨。另外，重新回歸「百丈清規」之禪林規矩，而且在永平寺固定下來以後，開始強調出家主義。之所以主張捨棄臨濟禪的公案，也是由於為了貫徹「只管打坐」。其教團的嚴格修行以及道元的姿態，至今在弟子懷奘的《正法眼藏隨聞記》裡依舊歷歷在目。

道元的思想在鎌倉佛教裡面是主張自力型的佛法的。

此外，禪宗裡面還有道元早年親受其宗風的榮西（一一四一～一二一五）。曾在二十八歲及四十七歲時二度入宋。雖然受到比叡山的打壓，卻是最早得到鎌倉幕府皈依的禪僧。以公案（師父為了測試引導弟子所給予的問題、問答）作為悟道的階梯。榮西也導入密教的祈禱等，有其折衷的一面。主要作品有反駁朝廷宣旨禁止榮西禪宗的《興禪護國論》（一一九八）。

日蓮──《法華經》的行者及題目

現代的新宗教之中，屬於日蓮宗的占絕大部分，這與祖師日蓮（一二二二～一二八二）有很大的關係。究竟日蓮是什麼樣的人物、主張什麼樣的佛教思想呢？

日蓮生於安房小湊的漁夫之家，是屬於「釣人權頭」──使喚數名漁夫的中級漁民的家世。他一輩子都稱自己的出身是「貧窮下賤」、「旃陀羅」（天竺身分制中最低階級，被視為不可接觸的賤民）。十二歲時被託付給房總的天台宗清澄寺，並在十六歲時受戒出家，稱「是聖坊蓮長」。最初在鎌倉學習淨土宗，之後西上比叡山、在橫川[3]度過十二年的修行時光。如前所述，承久之亂發生在他出生前一年的一二二一年。權力鬥爭持續在鎌倉如火如荼展開之時，鎌倉佛教的祖師們陸續來到這個人世間。他在三十二歲時回到清澄寺，改名日蓮，口誦「南無妙法蓮華經」的題目，開始步上《法華經》行者之路。

回顧日蓮的教說時，須注意兩大要素。一個是對末法時代意識的強烈自覺，另一個則是對《法華經》的強烈皈依，而兩者之間有著密切的關聯性。否定念佛、主張皈依《法華經》並離開佛寺的日蓮，開始在鎌倉傳教。時值天災地變頻仍，他以此為背景、並且刻意批判法然而寫就了《立正安國論》。日蓮的目的在建立依循《法華經》的正確佛法，並且將世俗世界變成安穩的國度。他主張如下的宗旨，並將此書奉獻給北條時賴：天災地變之所以發生，是因為菩薩及善神捨棄日本遠去所致；外國的侵略是無可避免的；念佛者的主張誹謗了《法華經》；只要排除念佛者即可獲致安泰。因為這個事件，日蓮被流放到伊豆伊東。

接著，來看日蓮對《法華經》的皈依。前面已屢次提到，《法華經》是天台宗的主要經典。在日蓮的理解裡，釋迦佛捨棄方便，闡述了真實的教說。依靠以往的教說難以救濟的聲聞乘及緣覺乘即將獲救。此外，《法華經》的佛不是歷史性的存在，而是從永遠的過去即獲得完全的智、並且闡述真理的久遠佛。《法華經》的一字一句無不是佛。不過，《法華經》裡沒有描寫受持、讀誦、守護《法華經》的菩薩。在經文中途，從地底湧現了四名菩薩，這四菩薩（上行菩薩、無邊行菩薩、淨行菩薩、安立菩薩）對眾生授以題目，而這「南無妙法蓮華經」的題目裡正完全包含了《法華經》的精神。只要守護這五字（「妙法蓮華經」），釋迦佛就會給予我們因果兩大功德。我們必須成為實踐《法華經》教義的行者。

對《法華經》的皈依裡，有著天台智顗「一念三千」的思想存在。《觀心本尊抄》等經典裡如此說明教義：「夫一心具十法界，一法界又具十法界，百法界。一界具三十種世間，百法界即具三千種世間。此三千在一念心，若無心而已。介爾有心，即具三千。」不只是佛，眾生內心裡也具有佛界、具三千世界。行者所稱誦的題目正是此一念三千的實踐。

他宗的批判——四箇格言

日蓮計畫再次奉獻給北條時賴，但不僅不被接受，還差一點在龍口遭到處刑，所幸正好

3　構成比叡山延曆寺三大區域的三塔之一。

出現瑞兆而免得一死。之後，被流放到佐渡。

一二七四年（文永一一年）蒙古來襲，對馬等地慘遭肆虐，而蒙古計畫對九州本土的攻擊則因大風而頓挫撤退。日蓮認為這次的國難肇因於佛者不相信《法華經》。如此對他宗的批判卻是伴隨著日本佛教史上亦罕見的激烈攻勢：「真言亡國、禪天魔、念佛無間、律國賊」通稱為「四箇格言」。他大力非難真言、禪及律宗，並且說念佛將墮入無間地獄。

從佐渡返回後，日蓮隱居於身延山。從日蓮的角度來看，《法華經》的行者遭受迫害是《法華經》所預言的事情。《法華經》的行者來世必將生在釋迦常在的靈山淨土，並且得以成佛而引導父母。

明治的基督徒內村鑑三著有《代表的日本人》一書。內村在書中舉了西鄉隆盛、上杉鷹山、二宮尊德、中江藤樹及日蓮，並且稱讚說：「他的獨行和獨立使佛教得以成為日本的宗教。」以及評論道：「削除爭鬥性之後的日蓮，是吾等理想的宗教家。」由此可見，他將日蓮純粹的憂國感情投射為明治期宗教性日本人的理想型了。或者，身為虔誠日蓮宗信徒的宮澤賢治的詩作《春與修羅》裡，也可以看到一念三千世界觀的詩的形象化。

如以上所述，鎌倉佛教呈現了多采多姿的開展，包括自己雖不曾登天台卻以天台出身僧侶為師的一遍，均以天台作為母胎，並且擺脫其包容性及融合性，建立簡明直接純粹的佛法，獻身於修行及傳教之中。而且，為日本思想的歷史帶來了一大轉捩點。

另一方面，相對於鎌倉新佛教的運動，舊佛教一方也有活絡的教學展開。叡尊（一二〇一～一二九〇）及忍性（一二一七～一三〇三）等人透過戒律的復興及慈善事業，謀求佛教的東山再起。叡尊是真言律宗的祖師，結合戒律與真言，並且以奈良西大寺為中心開展菩薩僧的社會救濟活動。忍性則是其高徒。另外，明惠（一一七三～一二三二）一面依循於華嚴，一面致力於教化，其批判法然的《摧邪輪》以及記錄自己夢境的《夢記》特別出名。

5　藝道論與室町文化

室町期與思想、文化

首先，來看一下中世中期之南北朝至室町時代的思想及其藝能的思想背景。這一時期不似前後的時代那樣，有格局宏大的思想家輩出。但是，這個時期所完成的文化和藝道至今仍舊規定著我們的美意識。

如果以一般將織豐政權的成立時期視為中世的終期這個觀點來看的話，朝廷分裂為北朝及南朝而相互對立的南北朝時代和室町時代則算是中世的後期。尤其，與室町期絢爛的文化相比，在冠上個人之名的思想上面並沒有什麼大名氣的人物出現。相對地，此時卻是建築物及繪畫等藝術，或者是花道、茶道、能、狂言、庭園等至今仍流傳於日本文化中的各種範疇所成立的時期。

這個時代是公家[4]風格與武家風格融合的時代。此外，一三六七年異民族統治的元朝滅亡、明朝伊始，日本與半島、大陸之間的人物、海商等交流也變得更加頻繁。因此，此時也是日本對遭元朝（一二六〇～一三六八）所滅亡的南宋（九六〇～一二七九）以及明朝等中土學問文物的愛好再次高漲的時期。

本節將留意這些多樣的文化範疇及背景，並討論其思想的梗概。

中世歌論的美感意識——和歌與幽玄

在將目光轉向室町期文化和藝術所呈現的思想時，先簡單介紹一下對中世整體的藝術思想產生莫大影響的「歌論」這個領域。幽玄、「物之哀」等中世美學的概念常被說是日本之美。雖然應該將其置於鎌倉時代，不過在此首先探討這個及於室町期的王朝美學，並從中世的世界來思考近世的美學觀點。因為，這件事與室町期各種文化範疇的規範息息相關。

如前所述，歌論創造了日本思想史上堪稱哲學性的獨特範疇，並且下逮於近世。歌論所揭示的理念影響了其他的藝術。在此，暫時先回溯時代，提一下院政期極為活躍的藤原俊成（一一一四～一二〇四）。他編撰獻上了《千載和歌集》，並且以幽玄體的歌風為古典歌風及其後的《新古今集》搭起了銜接的橋梁。這裡來看一下俊成的歌論《古來風體抄》（一一九七，建久八年）。

前面提到「やまとうた」（和歌）在《古事記》裡有古層的出現，但是體系性的作品仍

屬《萬葉集》為最早。先前也說過，歌的形式不限於短歌而有若干種形式。《萬葉集》以降，中間隔著漢詩興盛之以漢風為文化中心的時代，爾後完成了最早的敕撰集《古今集》（九〇五年）。《古今集》裡有多種形式的歌，不過仍以五七五七七的短歌為典型。《古今集》附有假名序及真名序（漢文序）。對峙於「からうた」（漢詩）之「やまとうた」（和歌）的自我意識業已為《古今集》序、特別是紀貫之所作的〈假名序〉所揭示出來。在唐風文化影響裡開始的平安朝的變遷之中，一方面參照漢詩的詩論、確認沒有脫離其規範（《詩經》的六義），另方面以和風的方式接受它並以此闡述和歌的本質。可以這麼說：王朝社會所流行的「歌合」（歌人分為左右兩組以競爭所詠詩歌的優劣），以及判別其優劣的「判詞」，產生了論評歌的優劣美善的歌論的表現。《古今集》是以國風文化的生成為背景的和歌集，是歌論成立的端緒。其後有藤原公任的餘韻之論等歌論的大量出現。

在院政期，一方面發展回歸《古今》序的精神、並闡述和歌變遷及本質的歌論，同時還開拓嶄新歌風的人物，正是藤原俊成。他以歌人及歌合的判者奠定了名聲，並且以《千載集》的編者而聞名。其歌論作品《古來風體抄》的初撰本是應式子內親王之求而奉上的。他說此書的旨趣是為了回顧「自萬葉始，而至古今，後拾遺集」之和歌的歷史，並且記下歌「隨時世之遞嬗，姿態和用詞也跟著變貌」的「細微之處」。同時，他還揭舉了自己選出的優秀和歌以作為參考。以回顧和歌傳統的形式，來掌握「心」及「姿」、「詞」的樣態，也

4 朝臣貴族。

就是自古以來「風體」的變化，這種歌論的傳統意識、歷史意識的形式不限於此後的歌論，還成為藝術論的一個骨幹，並從中世一直連綿延續到近世。所謂不可或缺的和歌教養，也是一種將自己的位置有意識地定位在傳統之中、那種知識與感性的樣態。

《古來風體抄》開頭首先揭櫫《古今集》的序對歌的定義：「既以人心為本而成各種歌，探尋春花、欣賞秋紅，若無歌的話，則無人知其花色及芳香，又如何見其本心乎？」這裡的闡述可以舉出兩點較大的特徵。第一，將歌視為是對春天的花、秋天的紅葉等自然、花鳥風月情趣更加深入的欣賞方式。換言之，花鳥風月如果沒有歌這個手段，既無法具象化，也無法對象化。

第二點是佛教的點綴增色。和歌的變遷本身即揭示了和歌的真正意義，歌論則述說其與天台止觀談論佛法的生成及法的傳入是相同的事情。從佛教的角度來看，和歌是虛偽而不真實的東西，然而正是這樣的東西才能顯現出以此為緣的佛教之法、煩惱即菩提的真義，也就是說，彰顯兩者相反之物能夠圓融而不二的佛智。事實上，俊成對於和歌的歷史由來，並不只是單純對照歌集而已，還揭舉在佛教史上扮演重要角色的聖德太子、行基、空海、最澄等人的歌，並且描述其成立的次第，主張佛法與和歌是緊密相關的。

眾所周知，這篇歌論中的一節「（雖然不同於美麗如錦的女紅）歌只要開口朗讀吟詠，就能聽出其優美而饒富情趣的韻味」（《古來風體抄》）最能代表俊成的歌觀。在這部書中沒有出現「幽玄」這個詞，但是之後這個部分被替換為「優美而幽玄」，進一步提出了「幽玄」的概念。幽玄在《古今集》真名序中即已出現，而原為漢語的「幽玄」含攝了「哀（あはれ）」等先行的美感意識，並且作為帶有新意涵的價值語彙而成為和歌論的中心概念。此一概念帶有「隨語言而生發幽微而深遠的情趣」的意義，一方面具有時而具象化、具體指涉王朝的美感意識等面向，另一方面這個中世的美的理念也延伸至其他的藝術領域，並且不斷變化而延續至近世。

將幽玄視為是和歌以及與和歌息息相關的藝能思想的核心，如此的中世美感意識，在主張「有心體」的藤原定家（一一六二～一二四一）那裡獲得了更進一步的深化。其和歌得到父親俊成的指導，在十餘歲時即出席歌合並嶄露頭角。與西行法師及平忠度等人交遊。十八歲時遭逢源平二氏的爭亂，但在其十八歲起筆、寫了五十六年的日記《明月記》裡的一節：「世上亂逆追討雖盈耳，不注之。紅旗征戎非吾事。」這句廣為人知的話充分顯示了他的藝術至上主義。定家的《近代秀歌》、《每月抄》等歌論作品揭示了更為嶄新的當代意識及感覺。

定家指出：紀貫之喜好「詞句強勁而姿態優美的」歌，但是時代變遷，在這「人心不古」的當世，有必要追求「姿態、詞句的情趣」。此時，使用的詞句雖然是古老時代的語言，但是要在舊瓶裡添入新酒。他說：「詞雖慕古，心則求新」才是正道。具體來說，他認為仿效「寬平[5]以往的歌」，自然能夠詠出好的和歌。

定家是《新古今集》、《新敕撰和歌集》的編撰者。自有名的古歌中節引詞句至自己的

5 宇多、醍醐天皇朝的年號，八八九～八九八年。

作品，這種「擷取本歌」的做法自《新古今集》開始普及並興盛於鎌倉期，然而這卻是符合定家的宗旨的。定家重視選詞及連帶關係的歌風成為講究技巧的方法，所謂的新古今調在此後興盛一時。

定家一方面繼承先父的遺言，一方面揭舉「和歌本來形態」的十體，其中尤其高度評價「有心體」（《每月抄》或〈定家卿消息〉）。相對於無心的有心，指的是內心及語言可以雙管齊下一併表現的意思。正如定家說有心的其中一種形式是幽玄，可知其意義非常廣泛。有關「和國之風」的和歌，他教導說：「靜心閱覽萬葉以還的敕撰，細心體會其變化的姿態」，要歌人不要拘泥於個別的歌，而應該宏大地俯瞰歌的興廢，並且提醒萬葉風的「古體」須在「反覆練習之後」等注意事項。他對初衷、磨練及反覆練習的強調，可以說已初具歌論之「道」的原型。《近代秀歌》等作品裡收錄了「立春是徒名，冬雪仍深覆。吉野山朦朧，今朝能見否？」等秀逸和歌的例子，並且例示了定家自己編撰的《百人一首》裡所收錄的幾首歌。定家有關擷取本歌的論述及有心的主張，可以說已經切入了和歌的本質：距離原始和歌切實況味已遠的詠歌者，如何立足於虛構而做出真實且能引起共鳴的和歌？

這些歌論從中世到近世反覆地為人所讀及引證，而獲得了古典的地位。後面將提到的鴨長明既是實作者、又有歌論存世，而《徒然草》也讚美了王朝的美感意識，同樣也在這些歌論的系譜上。進入室町期以後，中世美感意識一方面改變形式，一方面得到二條良基的連歌理論書及世阿彌能樂的藝能論等理論所繼承。閑寂（わび）、樸實（さび）及芭蕉俳句的理念，也都是在這個脈絡下出現的。

還有，近世國學的歌論，是將中世歌論所具有的佛教色彩逐漸解構而形成的。本居宣長在其歌論裡說當代人想要吟詠古今風的歌，結果詠出了卻是新古今風的。時代更晚的富士谷御杖則主張，謳歌吟詠者的切實況味才是和歌的本質，認為《百人一首》絕大部分作為歌是沒有價值的。

《徒然草》與無常觀

《徒然草》是遠近馳名的，表現無常觀之隨筆式的文學。吉田兼好（一二八三？～一三五〇？）本名卜部兼好，是鎌倉末期至南北朝時代的知名歌人。最初侍奉於宇多天皇，不久後出家，據傳隱居於雙岡一地。兼好法師的《徒然草》（一三三〇～一三三一年間）雖然完成於鎌倉時代，但是從室町式感性的成立這個意義上來看，說它是為室町初期增色的作品或許較為合適。在此，順著這部作品，來探討「無常」這經常為人所用的語詞的意義。佛僧屢屢以無常來述說人生及世界的種種。無常既是佛教所說的理法，也是表達人世遞嬗頻仍的用語，也用於最具象徵性的事情，表達死的必然及驟然到來。

從日本的思想脈絡來看，死的到來是任誰都自明皆知的道理，因此在生的面前不應該特別去討論它，這樣的論法在此後朝向近世有顯題化的情形，不過在這部《徒然草》裡已初見其端倪。

同時，也可以說：無常從佛教作為把握世界之根本的無常**觀**，逐漸變質為情感的無常

感，這個事態早已包含在無常觀裡面了。

《徒然草》裡的無常，指的是世間所有事物的榮枯盛衰，以及雖無定式但一定會降臨在每個人身上的生老病死（四九段）。更直接地說，是「終命之大事」（一三四段），也就是死之到來的不可確定性。由於其到來的不確定性本身是具普遍性的，所以必須視為是「變化之理」（七四段），即所謂的法則來看待。

但是，這個哲理並無法超越眼前所展開的光景（忘卻無常的「世間」以及人們的百態，例如邊觀賞祭典邊在樹上打盹的和尚等），或者是無法在這之外去具體地理解它。或許可以說是一邊眼前望著無常的光景，並且一邊彷彿透視般地在眼簾背後想起它。兼好主張，由於無常，故「跟隨世間」並「與人交往」是無意義的，認為拋棄「諸緣」、「離緣身閑，不與事而心緒安然」（七五段）才是樂，並且勸人不要為人情世界所束縛或拘泥其中，而應該進入佛道的修行。此外，還引述《摩訶止觀》說：「停止生活、人事、技能、學問等諸緣。」

但是，這些並不直接等同於一味的棄世。《徒然草》認為人的理想典型是「誠實之人」或是「賢人」，所謂「誠實之人」是指活在俗世、無常光景的漩渦中，卻能規律自己人生的人。也就是說，只要活在俗世之中便不可能全然自外於名利、欲望，相對地，能夠以節制的形式而生活的意思。兼好在二一七段介紹了某位有錢人（「富裕之人」）的教誨，並說那有錢人列舉做人必須留意：千萬不可感受「無常」，不可滿足所有的欲望，不能用錢如「奴僕」，必須正直，不可盡情宴飲、聲色（享受杯觥交錯、陶醉於美聲、追求美色），不可裝飾住宅，如此一來就可永遠心安地樂在其中。而且，兼好還評論說，這個強調「不可觀無常」的富者之教，與了悟無常的生活方式是一致的。

悟知無常

所謂悟知無常，指的是與現世保持一定的距離；既然「良好」典型同樣也是這人世間事，因此在對現世執著的否定與一定程度的肯定之雙重意識之中，保持「凡事勿涉入太深」（凡事不要深入參與），或者是「等閒」（灑脫的、適度的、不牢牢掛心。一三七段）而住才是最理想的。

這樣的無常的雙義性，在《徒然草》裡與全篇對世俗旺盛的關心結合，乍見之下給人「拘泥」或是執著於無常之世的印象。兼好本人指出最低限度必要的東西是食物、衣物、住宅、醫療及藥品；如果說在「拘泥」的地方所形構的是《徒然草》流的美感意識的話，可以說他一貫的關注是對藉由規律化而建立形式之生活箇樸的美所投注的關心。他對典章制度具有濃厚的興趣，與其說是美好時代的復古或尚古，毋寧說他是認為藉由想起這些典章制度而將自己的生活規律化，這件事當中是有其意義存在的。換言之，對兼好來說，作為世俗的世間是無須牢牢掛心，但又必須以仍未掛念的形式來加以規律的場所。

對世間之如此形式的關心，與其對圍繞世間之花鳥風月等自然的態度息息相關。自然的空間與無常亦非完全無涉。與死的到來的不確定性比起來，自然猶有其「序」（順序、秩序）存在。在佛教的世界觀裡，無常原本即包含意味著「有情世間」（生命體）的毀滅與「器世間」（作為容器的物質宇宙）的毀滅這兩者的必然，所以對花鳥風月的愛好可以說是對「有情」與「器」的界限裡，所謂「環境」世界的相對恆常性的依戀。這個作為中世隱者的無常之器的宇宙空間整體的構造，在其世界理解中並沒有清楚地揭示出來。但是，例如下面這一節可以窺其端倪：

人者天地之靈也。天地無所限。人性又何異？寬大而不極之時，喜怒不障此，不為物煩。

（天地寬敞豁達而無界限的時候，喜怒等感情不會成為本性的障礙，也不會因為外物而煩擾。）

無常的世間是以無限的天地＝宇宙空間為背景，在抵達相對恆常的自然及被其所圍繞的世間這樣的空間，從不可視到可視、從漆黑到可視的明亮為止的濃淡中，以最逼近的近景之姿凸顯而現。

人的視線是在無常的世間之內，一方面從有「序」的自然獲得一定的慰藉，一方面又在其背景裡透視預定毀滅之無常世界、虛無空間的延伸，並且希冀在其深奧之處看透那產生無常的、非無常之物（「理」）。在無常漩渦中的生活，不管是佛道的修行，或是日常與他者發生關聯的形態，都會產生一定的規律。有規律的無欲的「反無常」的福者，在繞了一八〇度之後會與悟知無常的知者站在相同的地平線上。

自然的慰藉與無常

中世後期的無常裡，除了述說不確定之時的到來，還有另外一個面向：時間之直線性的到來將為季節的周而復始等循環性的時間所緩和。在循環之中，時間與空間融為一體，不，毋寧說時間匯聚到空間的延伸裡面，而時間的無常將被對無常中具有一定常「序」的自然的親近感所緩和下來。這一點可以在同樣是無常文學的《方丈記》（一二一二，鴨長明）等作品裡窺知一二。書中描寫大火、大地震、不尋常的饑饉凶年，並且如此描寫無常：「房子主人與房子互爭無常之模樣，無異於朝槿與葉片上之露珠。」同時又寫道，一方面將自己對「春日欣賞藤花」、「夏日聆聽杜鵑鳴啼的」草庵，以及「以絲竹、花月為友的」恬靜的執著理解為「（從佛的教誨來看的話）如此地深愛這幢草庵也是一種罪行」，一方面又執著於此，這當中自然的空間顯然是對峙於無常的（《方丈記》）。

這些並不以自覺的思想表現而揭示出來，恰如兼好也是採用文學性的表現。這件事如果放大來看的話，與東亞裡的「無常」問題是息息相關的。蘇東坡（蘇軾，北宋詩人，一〇三六～一一〇一）的〈前赤壁賦〉（一〇八二）裡，對於「造物者之無盡藏」，揭示了將無常相對化、以及無常才是「常」的觀點。這個或可說是朱子學式世界理解的先驅，在日本思想史除了道元等少數案例，在佛教裡並沒有明確地將其當作世界理解的問題而予以顯題化。

道元在《正法眼藏》的〈溪聲山色〉裡稱讚東坡居士蘇軾，並且提到蘇東坡在聽到谷川的水聲而悟道之際所作的偈言（經典中採用詩句的形式，並且讚揚教理及佛陀、菩薩的語言）。萬物沒有恆常的實體，悉皆受到時間的限定。在道元認為一枝梅裡凝聚著宇宙的全時空的想法裡，也能窺見似有將時間轉化為空間的方向存在。可見這並不單單只限定在日本的思想，而是關係著東亞自然空間的掌握方式這個廣泛的問題。

隨著這種方向之下的無常的緩慢消失，與之並行的是主張人倫關係重要性的思想傾向的出現。室町中期至末期，人們提升了對生活的關注，並且在此後與朱子學的關係之中，在近世思想裡終於形成了一大主題。

世阿彌與能的思想

《徒然草》的世界揭示了一個方向，亦即從那般強烈的佛教來世志向，逐漸轉向人們的眼光投注在現實層面的關注上的中世後期此一過渡期思想的方向。同時，吾人也可得知，生活在這動亂期的人，一方面經常回顧古典的規矩，一方面追求著自己的生活形態。

接下來，看一下這一期的藝道，以及可以窺見諸如此類思想之完成體的世阿彌的藝術論。世阿彌生於南北朝爭亂未休的一三六三年，是帶領申樂[6]劇團（「座」）的觀阿彌之子。深得三代將軍足利義滿的寵愛，完成申樂能的大成之業。現代我們都是透過在江戶時代成為武家的「式樂」[7]、被稱為「能」以後的形態來欣賞的，其實原本申樂是以古來的模仿藝能等多樣藝能作為基礎，之後逐漸從這裡分化為樂劇及滑稽科白劇（狂言）。樂劇最初有田樂及猿（申）樂，不久田樂衰微，而申樂的能成為了主流。世阿彌的時代，各地都有許多附屬於寺社的座，他率領的則是人稱「大和四座」[8]的申樂流派之一的結崎座。另外，現在的五個能樂流派（觀世、寶生、金剛、金春、喜多），除了江戶時代出現的喜多流，都是起源於這個時代的大和四座。

世阿彌在七十二歲時遭將軍義教流放到佐渡，晚年返京後在一四四三年辭世。身後留下許多作品及藝道論（《世阿彌十六部集》）。

《風姿花傳》

來看一下世阿彌在三十七、八歲時所寫的《風姿花傳》序文：

> 夫長壽延年藝能之申樂，其源流或謂起於佛在所（佛所住的地方，即天竺），或謂神代以降流傳至今，時移代隔，難及追究其實。近來世人所常道者，謂推古天皇朝，聖德太子為天下安全及諸人快樂，命秦河勝設六十六番遊宴，號為申樂以來，代代之人假風月之景以為此遊之資。爾後，彼河勝遠孫傳承此藝，任春日、日吉之神職。故和州、江

6　能樂的舊稱，亦作「猿樂」。

7　儀式時所用的音樂，主要指江戶幕府的能樂。

8　圓滿井（金春）、結崎（觀世）、外山（寶生）、坂戶（金剛）等四座。

州（有力之座所在的大和，指近江。其他的座分布在近畿一帶）之申樂者務兩社神事，盛之於今。

然則學古賞新之際，萬不可視風流藝能為邪道。唯可謂之言語不卑、姿態幽玄，傳承此道之達人哉！思窮此道者不可行非道。惟歌道乃風月延年之飾，最可用之。

大凡少時以來見聞所及之演練條目，記其大概也。

一、好色、博奕、大酒，三重戒。此古人之成規。

二、演練必謹，勿生情識（慢心）。

世阿彌如此描述申樂的歷史由來。姑且不論其細部史實的真確與否，這裡值得注目的是他在開拓新的申樂能時，意圖回溯到過去以來的傳統、古老的形態去摸索其作為基礎的內涵。而且，其演出的戲碼雖然也有取自當代的題材，但是多半是取材自故事，並且正確地根據古歌來編寫詞章。

能是一種綜合了詞（科白及謠）、樂曲、動作及舞蹈的舞台藝術。當時，各地的座在神社舉行祭典時，甚至有幾個座分別演出自家的戲碼，互別苗頭、對抗競爭的情形。而這部意識著看戲的觀眾、娓娓道出演練須知的《風姿花傳》，由於其既具體又高度抽象化的內容，構成了極具張力的藝道思想。

時分的花、離見的見

其中，最為人所樂道的是，以「花」這個語言來描述不同年齡的演員所相應的演練形態。

世阿彌從七歲左右的演練形態開始論起，指出十二、三歲是「時分之花」[9]而不是「真實之花」[10]，由此來論說演練的側重之處。還有，十七、八歲時身體變化之交所相應的演練方式；邁入全盛期開端的二十四、五歲，以及全盛期之三十四、五歲的演練方式；花顏不再的四十四、五歲的形態；以及雖已無計可施但已獲得真實之花，故仍是「老骨花猶存」的五十歲過後的形態，世阿彌如此分別論述各個階段的修練形態。

我們可以說，世阿彌透過花的表達，對於這個要求臨場鑑賞的藝能，闡述了極度藝術性地提高其即興性的功夫。據世阿彌所言，能是建立在「眾人愛敬」之觀眾的目光以及演出者內在緊張之間的。演員過度凸顯其主觀性（「我見」）將無法令眾人感嘆，但如果一味貼近眾人之意則演技將漏洞百出。世阿彌將這種建立在微妙關係夾縫中的境界稱之為「花」，而演員的意識則稱之為「離見之見」（在離自己一步之遙處觀察自己的見識）。

與其他的藝能一樣，能也視「幽玄」為「上果」（最高的藝術層次）。這種對幽玄的強

9　年輕演員所顯露之一時的朝氣活力。

10　經由鍛鍊及窮究功夫所顯現之藝道的真實況味。

調，與藤原俊成以來的中世和歌論有著深刻的關聯性；然而，世阿彌將其進一步擴張至身體的幽玄、詞的幽玄、舞的幽玄等具體的場面上，主張如同公家貴族的姿態一般，「唯有美麗柔和之體，才是幽玄的本體」（《花鏡》）。

能的所謂詞章並不冗長，如果以左右兩面印刷的話，至長也不過三、四頁。而這樣的詞章卻是根據《古事記》、《日本書紀》乃至歷代的和歌集，或是源自中國古典的故事、語言，並且將其自由地融入本文的敘述之中而一氣呵成。世阿彌本人也意識到，集過去所有藝能之大成的這個特性，與詞章本身所具有的思想意義是相互重疊的。因為它包含了作為接受方的民眾，以及在背後擔任庇護者的上流階層，是如何看待登場人物的喜怒哀樂並且予以共鳴的這個面向。而且，不管作品的登場人物是歷史上的人物，抑或是一般人的命運，並無二致。中樂能的樣式自不待言，詞章本身也能夠成為思想史研究的對象，正是由於這一點。

從〈井筒〉的觀察

在此，從世阿彌的作品之中舉〈井筒〉為例。〈井筒〉是採用世阿彌所創作的夢幻能的形式。前半出場的主角（シテ，仕手）在後半以其本來的姿態出場（後〔のち〕ジテ，後仕手）。[11]此外，在能樂裡面，「脇（ワキ）」是指與主角對手的配角，「連（ツレ）」是指主角和脇的同行者。「間（アイ）」則是間狂言的簡稱，指擔任串場說明的角色。

〈井筒〉是以《伊勢物語》（第二十三段）為底本。脇是遊歷諸國的修行僧，路過在原寺時憑弔追思在原業平夫婦。這名僧侶的台詞是：「吟詠那首『風吹白浪起，行至龍田山』（此刻夜已深，一人獨自攀），應是在此處。」（《伊勢物語》二十三段之歌）此時出現一名村姑（前仕手），並述說其對佛法的皈依（「讓我牽住佛陀手上的五色繩，導引我前往淨土吧！」）。脇的旅僧向對著古塚憑弔的村姑詢問其身世，而此女則表現出懷念「昔男」業平的模樣（地謠：「昔日令人懷念不已，昔日令人懷念不已。」）之後，以《伊勢物語》之歌為背景（「筒井筒兮井筒量，而今身高已過昔，不見阿妹兮幾時光？」[12]新潮日本古典集成《謠曲集上》譯文：「昔日與井柵互比高度的我，在許久沒有見到你之間，已經長高了。」返歌是：「比丱髮兮互較長，今已過肩非同昔，結髮為誰兮君豈詳？」[13]譯文：「我那與你互比長短的頭髮已經長得過肩了。除了你，我還會為誰結髮呢？」），村姑敘述了業平與紀有常之女在幼時所萌生的純愛及戀情的實現，而在結為連理之後，業平一度移情別戀，但因妻子所詠的歌：「（風吹白浪起，行至龍田山。）此刻夜已深……」而回心轉意的始末。然後，

11 「仕手」是指能樂或狂言等劇種裡的主角，「後仕手」則是後半場出現的主角。

12 林文月譯，《伊勢物語》（台北：洪範書店，一九九七），頁六八。另外，豐子愷，《伊勢物語：在五中將的日記》（新北：遠足文化，二〇一二，頁四八）譯作：「當年同汲井，身似井欄高。久不與君會，井欄及我腰。」

13 林文月譯，《伊勢物語》，頁六八。豐子愷前揭書譯作：「當年初覆額，今日過肩身。此髮倩誰結，除君無別人。」

道出自己是人稱「井筒之女」的紀有常之女，並消失在那口井邊。之後，村夫（間）回答僧侶的問題，述說業平與井筒之女的故事，並且要求為其祈福。僧侶期待能夠夢裡相見而就寢，果然夢裡出現身穿業平遺物服飾的有常之女（後仕手），然後以舞蹈表現其對業平一心一意的愛及思慕之情，並且將身影投射在井上，現出懷念業平的姿態。僧侶的夢境至此告終而甦醒。

諸如此類，作者忠實地根據《伊勢物語》的故事及其古歌，並且運用相關語（緣語）、雙關語（懸詞），將其中的情趣與當下的情景重疊，或是返回故事的現場，將男女的愛戀之深、一心一意的人情之誠呈現在舞台之上。以上是以世阿彌本人的作品為例，其實不限於他的作品，題材也不僅止於文藝，更廣泛跨及中世世界的傳說、中國的故事等，而且仕手的心情也非常多樣，包括怨恨、依依不捨、憤怒、悲傷等等。這點與《平家物語》的道白有著共通之處，在詞章中流露出對人性以及心情的深刻洞察。

能的世界重視「序破急」[14]。世阿彌說，序破急既是每一個演技的緩急，也是作品內的緩急，同時還是一整天公演內容組成的緩急。另外，申樂能由於其角色模仿的要素，會與同出一源的狂言組合演出。狂言是所謂的現代劇，而且不僅止於人物滑稽的一面，還包含著深刻的人性洞察。例如〈月見座頭〉這部狂言作品的情節描述，與外出賞月的座頭（盲人樂師）偶遇的男子，一開始兩人和樂融融地把酒交歡，最後男子竟然狠狠地痛毆了座頭後離去。

古典劇的能與現代劇的狂言兩者的絕妙搭配也饒富興味。觀眾可以在每個演出節目中體會感情片段的流露，並且在一整天公演的內容組成中獲得一定的起承轉合而圓滿完結。

鎮魂的形式

在古老的形式裡面，會以神的能起始，並在全部的演出結束之後（通常會在中場插入狂言而演出五場能劇，但在世阿彌的時代也有演出超過以上場次的情形），謠曲伴唱會在尾聲演唱〈高砂〉的最後一節：「千秋樂撫民，萬歲樂延命。相生松風，樂颯颯聲。」（演奏《千秋樂》以祈求百姓安寧，舞蹈《萬歲樂》以禱告國君長壽。相生松林所吹之風颯颯作響，人們悠然陶醉其中。）在此，再次向深刻體會人情、感同身受的觀眾演唱〈祝賀〉來總結閉幕。

如同許多作品所顯示的，這項藝能具有依託特定的個人來達到安撫無法滿足的孤絕之情與魂的功能。雖然僧侶會以脇的角色參與鎮魂，但是能這項藝能可以說是採取有別於既成宗教的形式來達到相同的功能。不僅能及狂言，藝術藝能裡面有許多出場人物是神的作品。這個也是中世鎌倉期以來神佛習合發達的一種展現。

能劇在鎮魂的尾聲，會祝賀祈禱在可喜可賀的今天，國泰民安能夠長長久久。室町將軍所愛好的申樂能也深獲信長、秀吉喜愛，並且在德川時代獲得了武士「式樂」的地位。源自於大和四座的四個流派加上喜多流共五個流派，在明治維新之後失去了武家的庇護，卻持續努力不懈而流傳至今。在今天無疑也是探究日本精神史的好材料。

14　能樂的結構及演出理念的三階段：徐緩的導入部、細微表現的展開部、變化急促的終結部。

歌論與連歌論

世阿彌能樂論中的「幽玄」原本是自歌論衍生而來的。如前所述，由於藤原俊成將其用於歌合的判詞中，而成為了重要的歌學歌論用語。其內容很難一律地下定義，不僅表示淒涼的美、優雅的美、餘韻盎然的美，也包含了深刻滲透對象之中的表現態度等面向。俊成之子藤原定家揭示了「有心」（蘊藏思慮情緒之意），這點可以說與幽玄也有其關聯存在。

幽玄歷經正徹的歌論（《正徹物語》，一四四八～一四五〇前後）、二條良基、心敬的連歌論，以及世阿彌的能樂論，往室町式的華麗之美演變發展，至今仍是日本文化美學理念之一。此外，室町期除了廣泛的文化解放，口傳、祕傳等形式的殘留也是不可忽視的一面。尤其，所謂「古今傳授」的《古今集》解釋祕傳化的隆盛也是這個時代的特徵。「古今傳授」指的是將《古今集》裡難讀和歌的解釋以祕傳來傳授的方式。平安末期乃至鎌倉期興起於和歌權威者的家傳，之後由二條家、京極家、冷泉家等擔任這項祕傳的旗手。室町期，二條家的東常緣將其傳授給連歌師宗祇，而其流派遂為正統。江戶期的國學是以批判古今傳授毫無意義而開始的。學問思想從祕傳走向公開的康莊大道同樣必須等到德川時代。

連歌是在一定的規則之下，由不同的人分別詠唱和歌的上句及下句的詩歌形式。雖然也見行於鎌倉時代，但是從末期乃至南北朝時始告興盛。連歌的隆盛大致與申樂能的興盛及完成期重疊並行。代表的歌人有二條良基，《菟玖波集》（一三五七）即為其所撰的連歌集。日後透過被稱之為連歌師的人廣泛地加以普及，成為了貴人、武人的技藝素養。一四九五年有

《新撰菟玖波集》的編撰。

水墨畫、庭園、茶湯、花

雪舟（一四二〇～一五〇六？）是曾在相國寺修行的禪僧，同時也是著名的水墨畫家。曾得到大內氏的庇護，之後遠渡中國（明）學習中國的畫法。作品多為中國風的水墨畫，畫題也以山水畫為主，同時也留下一些花鳥畫及肖像畫。他學習宋元乃至明代浙派的畫風，並進而奠定了日本獨自的水墨畫風。現存庭園中相傳也有雪舟的作品。室町時代興築了許多的庭園，大都極為重視禪味的意境。

自古以來庭園即甚為重要。平安時代完成的《作庭記》是寫於院政期的祕傳書，在理念相異的中世以降也頗受重視，其影響更是及於後世，據傳是橘俊綱（一〇二三～一〇九四）的作品。該作是將見聞及體驗貴族庭園施作的情形，根據彙整當時口授的紀錄加以編輯而成。書中對於寢殿造系庭園的形態及設計，舉凡整體的土地區劃，乃至石子、池塘、中島、瀑布、引水、湧泉、樹木等都有實踐性的敘述。另外，還記載了庭園施作上的禁忌。在庭園施作上採取順應自然的想法以達到令人聯想「先天的山水」的目的，尤其尊重自由的意象。

《作庭記》一書描寫了平安初期寢殿造的庭園，平安中期（十世紀）以後則是在住宅之中興建佛堂，或是佛寺同時扮演別墅的功能，而以淨土庭園為主流。藤原道長的法成寺、賴通的平等院等建築為其代表。

接著在十二世紀末，禪宗自宋朝傳入日本。同時也跟著引進喫茶的風習、禪宗寺院的樣式及庭園，而庭園則是從十三世紀左右被接受改變為日本風、並以此固定下來。其中的靈魂人物是夢窗國師（夢窗疎石，一二七五～一三五一）。夢窗國師愛好自然，在各地興造了許多名園。尤其，西芳寺（苔寺）的庭園被視為體現禪宗世界觀的傑作。自十五世紀後半起，京都、堺的町眾[15]間開始流行茶湯，茶庭以契合茶道精神的田園情趣為表現的主題而大為盛行。

連歌、茶湯、插花（立花。「花道」與「茶道」一樣，是江戶時代的命名）、能等，以和歌的素養為媒介，包覆著禪的濃厚氣息相互地產生關聯。在茶方面，「侘茶」的開祖、亦是連歌師的村田珠光有口授之作——《珠光心之文》。茶湯在日後由千利休集大成。在花方面，則有記錄活躍於一五二三年至一五四三年之交的立花名手、池坊流的大成者——池坊專應的口授，且是插花的祕本《專應口傳》等著。

民間的藝能及歌謠集

除此之外，點綴室町期的藝能還有御伽草子（《浦島太郎》等）、神佛混淆的說話集《神道集》，以及說唱故事的「說話」、「說經節」（《小栗判官》、《苅萱》）等盛行一時。《閑吟集》（一五一八）等民間的流行歌也是理解當時人們精神史不可或缺的文本。該書收錄了流行歌「小歌」為主的田樂及狂言歌謠等共計三百十一首之多。例如〈一生如夢唯狂乎！〉等，詠嘆獨特的無常感覺，以及現世和人生的剎那虛無。

另外，禪僧一休宗純的「風狂」（禪宗所重視之逸於佛教本來戒律等常軌的行動）、能狂言裡亦有所見的「婆娑羅」（奪人耳目的花俏裝扮或人）等，離經叛道、脫離既定秩序的人物等，這個時代有著多樣的人物形象，至今亦饒富興味。

五山的思想與文學

所謂五山（經過數次改定，最終定為天龍寺、相國寺、建仁寺、東福寺、萬壽寺。鎌倉則是建長寺、圓覺寺、壽福寺、淨智寺、淨妙寺）是指鎌倉末期開始，模仿南宋的制度，分別在鎌倉和京都選定五座臨濟宗的禪寺，並給予位階的制度。這些禪林盛行漢文學，同時不僅法語及偈，也著作詩文、隨筆、日記等文類。義堂周信、絕海中津或是一休宗純等人名氣較大。

但是，鎌倉末期以降，與大陸一時中斷的往來又恢復盛行。進入室町時代，由於明朝的建國，加上勘合貿易等的興隆，中日的交流更加活絡。在這樣的背景之下，禪僧也活躍於外交的場合。在學問方面，南宋新興的朱子學（宋學）為禪林所接受。一休宗純擔任住持的紫野大德寺當初是五山之一，並在之後成為「十剎」[16]之一，而且在一休入山主持時捨棄十剎

15 在京都、堺等都市組成「町」之自治組織的商業者、手工業者。

16 臨濟宗寺院位階次於五山的十座大寺。

的地位。禪僧的氛圍在下一章將提到的路易士・佛洛伊斯的《日本史》中也可窺知一二。江戶時代的儒者大都是五山禪僧（藤原惺窩等），或是在五山的氛圍中成長的人（林羅山等）。

室町期並不是偉大思想家輩出的時代。但是在其背後，確確實實地已經開始能夠感受到，例如五山的禪僧間興起儒教新動向的宋學、朱子學的知識等，連接下一個時代的學問思想的氣息了。

下一章將從天主教徒的思想開始看起。天主教徒來到日本的時期仍舊是保有些微中世氣息的時期，同時也是將吹起近世之風的時期。天主教本身即保有西洋中世的舊氣息，同時又裹著近世的新衣。因此，不是在中世的這一章，而是放在近世思想一章的開頭來討論。

第三章　近世

1　天主教[1]的傳來及其思想

基督宗教向東亞的傳播

近世──德川時代──是一個新的知識與學問多樣發展的時代。

本章首先探討其前史，亦即對近世思想帶來隱性影響的天主教宗教思想，以及在近世學問之中扮演官學角色的朱子學的興隆及其思想。天主教的傳入到禁教為止的時期，在思想史上與近世儒教的學問成立期是重疊的。

基督宗教傳入日本是在方濟各．沙勿略（Francisco de Xavier）從鹿兒島登陸的一五四九年。沙勿略之所以前來日本，據說是在馬六甲遇到日本人彌次郎、並對其知性深受感動之故。新教在歐洲興起的宗教改革喚起羅馬天主教的危機感，遂於各地展開傳教活動，教圈遠及印度及馬六甲。其中，耶穌會（一五三四年，騎士出身的依納爵．羅耀拉與六名同志在巴黎大學成立）的態度尤其積極，計畫到遠東的島國來傳教。在中國，義大利出身的耶穌會士Matteo Ricci（中國名：利瑪竇）在一五八二年抵達澳門，並成功進入中國大陸，成為明末基督宗教傳教的先驅（稱為「天主教」）。順帶一提，朝鮮方面雖然在文祿、慶長之役時有一名耶穌會士入境的紀錄，但是正式的傳入則是在十八世紀後半。眾所周知，這個時期的基督宗教及信徒稱為「切支丹」、「吉利支丹」、「耶穌」或者是「きりしたん」（kirishitan）等等。之後，沙勿略雖然離開日本，但是傳教士與日本人信徒的天主教信仰，則是往後到一六三九年幕府完成鎖國為止，影響了日本約百年的時間。

天主教走過起初充滿曲折的困難時代，在一五九〇年代急速地拓展勢力。在各地興建學校及教會，並且帶來印刷的機械技術乃至音樂、藝術、天文學等學問。或許可以說，這是時值安土桃山的開放文化大肆綻放的時期幫了大忙。當然，與日本固有的文化及宗教之間並非沒有發生過摩擦。天主教與傳統之間的齟齬，在一五七九年范禮安（Alessandro Valignano，著有《日本巡察記》）來到日本之後，修正了之前過度否定傳統的傳教態度。一五九〇年代的盛況也是拜這樣的改弦易轍所賜。

天主教的教義

現在的基督宗教有多數教派（羅馬天主教、新教諸派、英國國教派、東正教等），在教義上也有若干異同存在。信仰上是以舊約及新約聖經（諸本）作為根據。大致共通的教義裡有所謂三位一體的神這樣的概念。也就是既具有天父之神、其獨子耶穌基督、聖靈這三個位格（persona），又同屬一體的神。

透過猶太的處女瑪利亞的懷孕而誕生了神的兒子基督並開始傳教，在羅馬的統治下，基

1　原文「キリシタン」，指天主教或天主教徒。

督受難並釘死在十字架上，之後死而復活並啟示罪的救贖，藉此揭示人類將從始祖墮落所犯的原罪中獲得救贖的道路。人類因為信仰而得到救贖、並獲得永生，但也各因其罪而受到審判（私審判）。在世界末日時，神將再度降臨，而人類將接受審判（公審判）。

由於傳到日本的基督宗教是天主教，因此賦予聖母瑪利亞神性，視其為與神之間的「中介」[2]；教會認定的諸聖人也被視為神與人之間的中介，成為祈禱的對象。此外，死後的世界除了地獄與天國，還設定了煉獄作為靈魂淨化之處。馬丁路德的宗教改革闡明了「唯靠聖經」作為信仰泉源的立場；相對於此，天主教將來自教會傳統的聖經解釋及典禮都納入教義之中。還有，相較於新教以「萬民皆祭司（信徒皆祭司）」作為教理的立場，天主教在教導一般信徒的教會制度上，有將羅馬教皇及教皇所敘任神職人員的階級（主教、司鐸、執事）視為是神的聖事（Sacrament）所建立的職制這樣的特色。

上帝與神

基督宗教在與異教的接觸中所凸顯的象徵之一是其信仰的超越性存在（神）的稱呼。一神教的神與日本神道的諸神無法相提並論，這點是傳教士們很早就認識到的（George Schurhammer，《耶穌會傳教士眼中的日本諸神》）。沙勿略將KAMI（神）只用於指稱日本固有信仰的諸神，並且為了使日本人更容易接受他自己信仰的超越性存在，初期採用了密教裡大日如來的「大日」這個用語。但是，因為在佛教徒之間產生誤解，特別是真言宗大肆撻伐，之後便直接以原文（拉丁語）「上帝」（Deus）來稱呼。信徒之間亦曾使用「天道」、「天主」等稱呼，然而在天主教版的書籍印刷開始的一五九〇年代便貫徹了原文主義。

光從神的名稱這一點，就可以發現天主教的傳入並不單單只是翻譯的問題，同時也是可以映照出日本的宗教傳統與新進異教的宗教性之間，比較文化及比較思想的接觸，或者是對決的樣態的一大事件。在天主教的教義書裡，愛被譯為「（御）大切」等，可以看到其中佛教用語及日常用語與原文之間微妙的混合。還有稱來世為「後生」（ごしょう），或是稱救贖為「解脫」等，可以看到使用已慣用為日常語言的佛教用語，並且適時夾雜原文等變通的方式。試引一五九〇年代的教義書《どちりいな—きりしたん》（Doctrina Christiana，論天主教義，「どちりいな」是doctrine、教義，亦作「どちりな」）的序文為例：

主耶穌基督在世時教誨弟子的事情中尤為重要的一件事，如同我教導你們的，是「弘揚作為一切人類來世救贖之道的真正戒律」這件事。這個也就是學者們所說的，一切盡在三件事之中：一是抱持信仰；二是一心盼望；三是端正勤勉。所謂抱持信仰，就是「Fides」（ひいです）這件善行。（中略）

為了迅速理解神的教理，這裡採用了師徒問答的方式。因此，這個教義是為了所有的天主教徒，並且是為了救贖的篤信不移之路，所以任誰都有必要知道和通曉。如此一

2　原文「御とりなし手」。

來，就可以遠離迷惘的黑暗，迎照真正的光芒。

（《論天主教義》）

在以師徒之間問答方式展開的教理說明裡，使用了「來世」（後生）、「篤信不移」（安心決定）等佛教用語來說明自己的教義。此外，基督宗教裡的信、望、愛三德，在這裡分別用「抱持信仰」、「一心盼望」、「端正勤勉」等練達的日常用語來說明。另一方面，「Fides」（信仰）等重要的語詞則是採用以原文的拉丁文或葡萄牙文來表示的方法。例如前述的三位一體，也使用原文來說明：「真正的上帝除了神聖一體以外，別無其他。每個天主教徒都必須理解及信仰這就是Pater（ぱあてれ，聖父）、Filius（ひいりょ，聖子）、Spirito Santo（すぴりつーさんと，聖靈）。雖然是三個Persona（ぺるさうな，位格），卻只是神聖一體的上帝。」

在這當中吸引我們現代人注意的是「愛」這個概念。在這部《論天主教義》裡面，對作為愛的善行「caridade」（カリダアデ，愛）的實踐，翻譯為「大切」。整體來說，對相當於現在的愛的意思，會以「大切」這個日文來表示。其中，「御大切」用來表示神的愛或是對神的愛；「大切」則是用在鄰人之愛、同胞之愛、夫婦之愛上面，兩者有所區別。同時，有時會將「大切」用於愛欲或利己的自我之愛等意思上（「諸惡根源之身的大切」，《神聖受難的觀念》〔天主教徒間流傳的修養書〕），可以說涵蓋了現代我們所使用的「愛」的廣泛意涵，並在用語上會窮究與教義之間的關係而做極為細膩的區分使用。

這些只是其中的一個例子，其他如「自由」（意志的自由）的用法等，現在多半從與近代語之間的關係來說明翻譯語，而天主教時代的翻譯歷史可以說能夠進一步地來探照這些用語的淵源。天主教在傳教時會對準備受洗的信徒要求了解最低限度的教義，這點的確傳達了這個重視教義的宗教的一大特徵。

無的宗教與天主教

在此，試著從日本思想史的觀點來看天主教。

一五五一年，Cosme de Torres[3]神父等人在山口一帶傳教的情形凸顯了人們的傳統宗教性與天主教之間的問題。據傳人們向神父詢問是否能夠使那些在天主教傳入前離世的近親者得到救贖，而在得到伴天連（バテレン，源自神父之意的葡萄牙語padre）回答不可的答覆後悲泣萬分（小澤萬記，〈山口的討論〉，小堀桂一郎編，《東西の思想闘争》〔東西的思想鬥爭〕）。天主教在與這些庶民的傳統心性碰撞之中傳播開來，而這同時也是教義乃至世界觀層面的對決。

在理論的層面上，首先與天主教碰撞的是佛教。佛教方面對天主教的幾項教義展開了攻擊，但路易斯．弗洛伊斯（Luis Frois）等人認為「靈魂不滅」的問題才是傳教時最重要的

3　原文「トーレス」，一五一〇～一五七〇年間，與方濟各．沙勿略一同在日本傳教的耶穌會傳教士。

事情。因為在一五六九年，弗洛伊斯、羅連素[4]了齋（單眼的琵琶法師，在山口由方濟各・沙勿略主持下受洗，成為首位日本人耶穌會修道士〔irmão，葡萄牙文〕，一五二六～一五九二），以及佛教僧日乘上人等人當著織田信長的面進行宗論（針對教義的討論）時，最受到佛教方面反擊的也是靈魂不滅的問題。弗洛伊斯曾發表感想說，日本人似乎是靈魂不滅的反對者。從當時廣泛滲透民間的輪迴觀以及中世淨土信仰的普及這點來看，基督宗教教義裡的靈魂不滅、天國與地獄、來世的賞罰，這些觀念本身照理說應該是日本人所容易接受的。對於之所以受到強烈抵抗的理由，和辻哲郎曾舉出：最初與傳教士接觸的是信奉佛教「空」的哲學的禪僧們；從信長火攻比叡山一事可知這是新興武士間排斥迷信的態度表現等（《日本倫理思想史》下）。

在上一章曾看到，室町末期到江戶時代初期之間的確有來世信仰趨於薄弱、排除迷信的傾向增強的情形。室町時代的歌謠集《閑吟集》（一五一八）等作品所流露的感性之中，可以看到人們在這雖然短暫無常卻有著濃厚人情味的此生裡，冀求讓感情自我完結的精神傾向；在江戶初期的開運書（「雜書」）、特別是敘述都市日常的作品裡，也有一方面描寫寺社的祭典活動、開龕禮拜的人氣、人群的聚集，一方面刻畫人們參拜的虔誠信仰亦有著「僅止於今生之事」（只限今生）諦念的心性（戶田茂睡，《梨本書》等）。

具體揭示日本的宗教情勢與日本人的宗教心性之間關聯性的好史料，首推路易斯・弗洛伊斯的《日本史》。路易斯・弗洛伊斯（一五三二～一五九七）是一五六三年來日的葡萄牙籍耶穌會士。作品除此還有《日歐文化比較》（一五八五）、《日本二十六聖人殉教記》（一五九七）等報告書及書信存世。除了一度歸任澳門，一直到一五九七年死去為止都停留在日本。作為報告書而撰寫的《日本史》裡，描述了與信長及秀吉等人的晤面等天主教史上極為重要的事件。

該書生動地描寫了日本整體籠罩著禪式情景、無神論式情景的狀況，以及各個宗派及信眾們的樣態。書中曾敘述信長表現了「蔑視偶像」的態度，並且「在若干方面依循禪宗的見解，不承認靈魂的不滅以及來世的賞罰等觀念」（《完訳　フロイス日本史》〔全譯本　弗洛伊斯日本史〕全十二卷，中公文庫版，第二卷，以下引用皆出自這部《日本史》）。

對宗派具體形態的視線與宗論

弗洛伊斯如此記載：例如，描寫天台宗「在都城裡具有極大的勢力。他們既富裕又有名望，裡面的佛僧多達三千人。因此，他們被大家所敬畏」。但是，那個比叡山名為大泉坊的老僧說：「人在懷孕以前，無所謂起源」，並說死後「同歸於無」，「即使聽到有幾名雄辯的說教師誇誇其談、口若懸河，詭辯勸民眾相信真有來世，希望您了解那完全是為了欺騙無知之人的謊言、假說及權宜之計而已。所以，老衲認為您們的教義是真實的，並且是立足在相當適切而合理的證明上的」（《日本史》第一卷，以下同）。

4　原文「ロレンソ（Lorenzo）」。

此外，描寫真言宗的佛僧們說，天主教所說的「上帝與我們自己所崇敬的大日（如來）完全相同，不同只在語言上的差異罷了」。還有，對於宗派的東寺，弗洛伊斯說：「該僧院給人自高自大的印象。內部有著被稱為庭、相當美麗的綠色庭園……」讚嘆其豪華壯麗的樣子。

或者，關於臨濟禪的「紫野僧院」，他描寫有數名禪宗僧侶曾喬裝成公卿登門拜訪，他們那些禪僧一面說：「『我心非有，亦非非有，無住，無來，無留。』自己清楚知道生前為何、現在為何，以及死後為何。因此我不是來聽自我救贖所需要的事情，我只是為了消遣時間……」一面卻是為了聽天主教教義而來的樣子。還有，他們禪宗人士會說自己稱作「本分」（ホンブン），以冥想來體察的混沌（chaos），與天主教的上帝是相同的存在。大德寺的佛僧則是提到：「在日本屬於最高貴的一群人，是高位之人，也是貴族，最為人所尊敬。」並且評述他們的實際生活：「會在同一個地方彼此住得很近。他們不在意自己靈魂的救贖或是來世的事情，在現世只追求自我的幸福、安慰及娛樂。」弗洛伊斯評論他們是「專心致力於彼此房屋住宅的優雅、清潔，並且精於庭園的技巧」。

另外，有關在民眾之間擁有勢力的法華，他寫到街上的法華宗信徒「決心務必要說服伴天連，開始連續三天與他進行宗論」。還有，他對淨土系的信徒也有所描述：該宗信徒膜拜阿彌陀，「手持串珠跪著達半小時，並且舉起雙手、表達能夠顯示之最大限度的虔誠態度。小鐘響起時，人們均以大聲而感動的聲音——一部分人甚至噙著眼淚——毫不中斷地誦念『南無阿彌陀佛』。」對於信徒，他提到：「對於現世毫不在乎，唯有專心致意於自我靈魂救贖的老人們為了表現其虔誠的信仰，會持續呼喊……阿彌陀的名號，直到筋疲力竭死而後已。」其他，關於神道方面，他描寫京都祇園的祭典、住吉大明神的祭禮等活潑的動態，凡此皆映照出當時宗教界的情況。

知性人物的群像

弗洛伊斯的《日本史》值得我們關注的是，在當時這些宗派的動態之中，有一群深具素養的人既通曉那些教義，又是以一種冷靜的眼光來觀察，並且抱持相對主義的知識態度，書中還描寫到他們對天主教抱持興趣、並且對其皈依的情形。弗洛伊斯寫道：「日本具有如此相異的宗派及各種對立的見解，對我們來說是很有利的一件事……如果所有的日本人都團結一致地信仰唯一的宗旨，大概很難讓他們接受我們的教義吧！」

在弗洛伊斯的《日本史》裡，可以看到當時人們在個人選擇宗派上有相當的自由度，這在沙勿略傳教初期的書信裡也可以窺知一二。沙勿略留下了很有趣的報告，當中提到：「在日本，不管男女或是夫妻、小孩，都擁有依照其個人意志選擇皈依某宗派的自由。」（五野井隆史，《日本キリスト教史》〔日本基督宗教史〕）

除了那些精通各個宗派的文化人，還有一些不滿於任何宗派，抱持著相對主義態度而具有宗教情操的人存在。其中，弗洛伊斯提到一名醫師作為初中期改信天主教信徒的例子。此人生於若狹[5]，名為養方軒保羅（Paulo），精於日本的語言。他生性善良，並有拯救自我靈魂的熱誠，故在成為天主教徒之後，將妻小留在故鄉而遠赴南境（九州），陪伴司鐸們生活。耶穌會得以編纂《日本文典》等卷帙浩繁的辭典，很大部分是得力於他成為耶穌會會員後的協助。在這段時間裡，向異教徒解說天主教教理書的完成也是有賴於他的協助，他向傳教士們傳授他通曉的日本諸宗派及其掌故的知識（アンティグイダーデス）。（《日本史》第一卷）

或是像山田肖左衛門（山田ショウ左衛門）這個人物，他精通日本各個宗派，並且殷切期盼能夠在這些宗派中的其中一個得到內心的平安。但是，他對天台一派的行為舉止感到不滿；對淨土宗嗤之以鼻，認為不值學識之名；對真言宗認為「大日」與天主教所說的「原質」（神）相似，卻不願成為信徒；對神道及禪宗則認為其對來世的生命毫不關心，並在四大（組成物質的地、水、火、風四元素）之外將第五的本質稱為「無」。據說他因為弗洛伊斯所提倡的天主教教義，亦即「第五的本質在古代稱為『天』，但仍舊是被創造出來的元素。上帝是最高而完整的本質。人類被賦予不見而不滅的實體，也就是理性的靈魂」這個教義而下定決心改信天主教。

天主教與日本思想

在這些知識人之中有巴鼻庵（ハビアン，Fucan Fabian，一五六五～一六二一）這號人物。他原本是京都臨濟宗大德寺的僧侶，一五八三年在京都受洗，成為耶穌會的日本人會士。自稱「不干齋」，之後又選擇棄教。存世的紀錄顯示，他曾在一六〇二年與林羅山有過論爭。著有護教論書《妙貞問答》，以及棄教後所寫的反天主教著作《破提宇子》。他歷經入教到棄教這個過程，是一個頗令人感到興趣的人物。在此，為了了解天主教對日本思想的貢獻，來看一下不干齋巴鼻庵在一六〇五年所著的《妙貞問答》（根據チーリスク〔Cieslik，切希利克〕《きりしたん要理》〔天主教要理〕本文）。

《妙貞問答》一書設定的旨趣是：寡婦女尼「妙秀」向亦是女尼、信奉天主教的「幽貞」詢問宗旨而展開問答。在今天已喪失了解天主教教義如何被當時一般信徒所接受的線索之中，本書是一部重要的文獻，從中可以窺知身為耶穌會士的日本人作者接受天主教的方式。書中設定妙秀本人是淨土宗的信徒，而丈夫是儒者，這是天主教傳教士對其教義最感興趣之宗派信徒的設定。

該書上卷以佛教總論與佛教各派的教說、以及從天主教的教義來進行反論的內容為主，其核心在於指出佛教的宇宙觀、世界觀如何地荒唐無稽，以及那荒唐無稽的世界觀無助於來世。中卷討論了儒教、佛教、道教等三教以及神道的教義，並且與天主教進行比較。幽貞揭舉了儒教、佛教、道教的「萬物之根源」的詮釋方式（太極陰陽、虛無、無為自然），指出這些都不具「作者」（創造主），並主張天主教的優越地位。關於神道，則是對其諸流派進行分類，並且針對創世神話指出其經由男女之神交媾所產生的諸神及海山草木這樣的神話甚為無稽；對於菅原道真信仰則是否定其視人為神的根源性，認為如此不可能得到「現世安

5　今福井縣西部。

穩」或「後生善所」，並且申論如果要得到這些，必須認識「此天地有主的存在」、「天地萬像的神聖作者」。

在以上的基礎上，下卷申述了天主教的中心教義。內容安排採用幽貞向傾向天主教教理的妙秀講述「宗旨」、並且回答疑難的形式。相較於其他的天主教教義書，本書施力點的方式有所不同。在這裡，針對視所有生命為等值的佛教，探討了動物、禽獸與人類生命之間差異的問題。

該書指出，萬物（「萬像」）是世界的創造主所「作」，所有的存在都是四個元素（「四大」，地、水、火、風。亞里斯多德以來的中世自然神學裡的四大說）所組成的。由「四大」所創生的是四種存在，也就是人類、禽獸、草木、其他無機的存在。並且主張，在這之中唯有人類具有理解物的道理、能論是非的「Anima-rational」（理性靈魂），又是唯一能夠「往生」（前往天國）的存在，所以人類的生命才是最優秀的。而且，在這個意義上的靈魂還關係著「我非人，人非我，各有其別……」這個作為個別存在的人類的尊嚴問題。這裡強調，人在上帝之前皆為平等，且人是根據神的形象並擁有自由意志而創造出來的。此外，在《妙貞問答》對基督宗教的理解上，缺乏了透過耶穌受難而死來達到人類罪惡救贖的觀點。總之，本書對知識人與基督宗教的問題提供了許多的啟發（釋徹宗，《不干斎ハビアン》〔不干齋巴鼻庵〕）。改信天主教的人應該對天主教的靈魂觀以及「自由」的概念有新鮮的感覺。還有，領主大名等武士階層強調的捨身道德也與天主教主張歸一於神的思想有所契合吧！

新的世界觀

天主教的傳入既是對新的世界觀的接受，也是對西洋人文素養的引進。耶穌會對當時的科學秉持相對的善意（據說在笛卡爾曾就讀的耶穌會黎賽留〔Richelieu〕學院，曾慶祝伽利略發現木星的衛星）。天主教傳授揭示新的地球觀、宇宙圖像的天文學以及醫學等西洋的學術，並且帶來了西洋的繪畫藝術音樂、印刷技術等（皆川達夫，《洋樂渡來考再論》等）。

從信徒顯著增加的一五九〇年代的文獻當中，已經可以大量看到講述有關死的準備、心理建設，以及瀰漫殉教預感的書籍和記述出現（《丸血留之道》等）。天主教的思想歷經各種曲折，結果最後遭到禁止和鎮壓（禁教令。最初的禁令在一六一二年，一六一八年再度發布禁令），在沒能廣泛傳播之下告終。

天主教的登場和衰退正值近世儒教的胚胎期。天主教當初的論爭對手主要是佛教，進入德川期以後則有儒教與其對峙。林羅山根據朱子學的世界觀來駁斥地球球體說即是一代表的場面（林羅山，《排耶穌》〔一六〇六〕裡有拜訪過巴鼻庵的紀錄）。但是，具有與東亞的思想相異的思想、信仰形態的天主教，其存在的記憶在日後相對於政治的禁壓，不管在儒教思想的展開上，或者國學等學問上，都有如陰影般不斷地被意識著。

之後，即使已鎖國仍時而發現天主教徒（例如：大鹽平八郎曾參與一八三〇年在大坂揭發天主教徒的事件，或是浦上一帶曾三度揭發天主教徒），還有在幕末發生長崎等地出現大量潛伏的天主教徒等事件（浦上四番崩[6]，一八六七年）。有人建議，稱呼恢復信仰今日天主教的信徒為「潛伏的天主教徒」（潜伏キリシタン），而稱呼那些不恢復而保有原本信仰的為「隱匿的天主教徒」（隠れキリシタン）。〈天地始之事〉這篇在近代（一八六五年以後）被發現的文章，描寫了在「隱匿」的期間，原本的天主教信仰是如何轉變形態而傳承下來的情形。這是要考察日本人的宗教性非常重要的文獻及現象。

此外，不亞於天主教的禁壓，幕府的宗教箝制更及於佛教各派的統管與日蓮宗不受不施派的鎮壓等，這是思考近世思想極為重要的事項。從信長對一向一揆[7]的激烈對應開始，乃至德川宗教政策（宗門改、宗旨人別帳[8]等）建立的過程以及邪教、邪宗觀的形成，至今都對日本人的宗教性、或是對宗教的排斥感在深層處留下了痕跡。幕府採用這樣的宗教政策與近世對朱子學的接受有著密切的關聯。

2 朱子學派的登場

從禪到朱子學

首度以儒者之姿出仕德川幕府的林道春（羅山）留有曾與日本人irmão（修士）不干齋巴鼻庵在京都南蠻寺問答的紀錄（《排耶穌》，一六〇六）。羅山秉持朱子學的地球方圓說，與出示地球圖並主張地球球體說的巴鼻庵發生激烈的論戰。對於認為萬物皆「有上下之理」的羅山來說，巴鼻庵指出由於地球是球體故往東不斷前進即至西、往西即至東的說明，簡直是膚淺至極。已讀過利瑪竇（Matteo Ricci）以中文著作的教理問答書《天主實義》（一六〇三）的羅山，針對儒道及佛教與巴鼻庵爭論，並質問天地觀和靈魂觀，以及天主教認為人的靈魂有始而無終的說法，甚至詰問天主（上帝）與朱子學所說的「理」孰先孰後。

羅山曾在五山學習，並立志成為僧侶。關於五山，已於前章的後面簡單地提到過。戰國時代至江戶初期，正值佛教、儒教及天主教思想交會之際，朱子學並從這當中崛起，而初期的儒者大多都是五山禪僧（藤原惺窩等人），或者是在五山的氛圍中成長的人（林羅山等）。

藤原惺窩

江戶時代，朱子學被置於官學的中心。要了解其中的始末，必須將眼光聚焦在初期的

6　一八六七年的幕末，在今天的長崎市浦上地區所發生的大規模天主教徒鎮壓事件，「四番崩」指第四次的檢舉事件。

7　室町、戰國時代，一向宗的僧侶和農民門徒與新興的小領主、當地豪族聯合起來對抗守護大名（在任地展開勢力並逐漸成為封建領主的守護）的武裝起義。

8　調查各戶各人的宗派，並由菩提寺證明該人為信徒，再將其調查結果每年由村裡製作成帳簿（宗別人別帳）。

儒學者、思想家。被視為近世儒家思想鼻祖的藤原惺窩（一五六一～一六一九）是冷泉為純之子，生於播磨國[9]細川莊，是藤原定家十二世孫。幼時剃度為僧，十八歲時遭受土豪襲擊而同時失去父兄及領地，遂以此為契機上京，並進入五山之一的相國寺。惺窩在此學習佛典及儒學，之後逐漸專治於儒學。一五九三年，受邀謁見德川家康並向其講述唐代的政治論著《貞觀政要》。此時惺窩刻意穿著儒服。這件事毋寧揭示了在戰亂頻仍之中，深受其害的百姓及為政者都在摸索戰亂平息之後的處世方法。一五九六年（慶長一年），為了尋求儒學之師，惺窩企圖渡海至文化昌盛的明國而失敗未果。兩年後，遇到了在慶長之役被俘的朝鮮朱子學者姜沆（著有記錄約三年俘虜生活見聞的《看羊錄》），並受到其學問的影響，不久還俗而成為儒者。惺窩寄給姜沆的文章裡有一段話說：

> 予自幼無師，獨讀書自謂：「漢唐儒者，不過記誦詞章之間，纔注釋音訓，標題事迹耳，決無聖學誠實之見識矣。」唐唯有韓子之卓立，然非無失。若無宋儒，豈續聖學之絕緒哉？
>
> （《惺窩先生文集》十四　問姜沆〔卷之十〕——韓子是唐代的韓愈，被視為宋學的先驅）

這裡是在敘述惺窩在赤松廣通處，根據朱子學來為四書五經加上訓點的原委，文中批判以往只專事音訓之學的儒學，提出宋學才是繼承聖學（聖人之學、儒學）正統之學的主張。惺窩晚年隱遁於京都北郊的市原山莊，門下有林羅山、松永尺五、那波活所、堀杏庵等人。

從其與林羅山之間的書信可以看出，他信奉朱子但亦不排斥與朱子對立的陸象山（南宋的思想家陸九淵，提倡「心即理」，為日後陽明學的先驅，一一三九～一一九三），並排除佛教作為討論的對象等，有其折衷性質的一面。著有《寸鐵錄》、《大學要略》、《文章達德綱領》等。

松永尺五

讓我們試著從弟子松永尺五（一五九二～一六五七）的文章，來看惺窩自佛教轉向朱子學的思想背景。以下是引自名為《彝倫抄》——亦即恆常的（彝）人道（倫）——之書的文章：

夫天地之間大道有三，儒、釋、道是也。儒者孔子之道，釋者釋迦之道，道者老子之道也。我朝釋迦之道繁昌，而上下盡歸依之。儒道雖有之，然盡鑽研文字言句，或以為讀書作詩是儒道，而毫無宣揚普及理學之舉。因此，三綱五常之行遂絕，孝悌忠信禮義廉恥之法遂頹。然不讀四書五經，不知文字，難以入儒道。熟讀四書五經、通曉義理，非如大唐之法，自八歲入小學始之，難以成之矣。

（《彝倫抄》）

9 今兵庫縣西南一帶。

尺五在這段文字之後提到，在天主教徒的島原之亂（一六三七～一六三八）裡有「數萬之人」喪失性命，實屬「不憫之事也」。這裡明確地揭示了他對德川初期思想狀況的理解，以及日本雖有神道、佛教，為何應該「選擇」儒教的看法。之後的林羅山也是一樣，德川儒教的發展可以說是從對其他思想傾向或學問的寬闊眼光中所產生的一種選擇性的受容。

此外，對尺五而言，日本是「神國」這件事是自明之理。一般認為他是忠實傳達惺窩學問中較為寬待、優容一面的弟子。在這部書裡，他一方面與佛教等思想做比較，一方面從三綱五常（儒教的重要概念，三綱指的是君臣、父子、夫婦之道，再加上長幼、朋友之道，則為五倫〔人倫〕；五常是仁、義、禮、智、信這些人之所應常行的五項道德）論及到命、性、情、心、意、誠、敬等概念，並且講述了天人一理、善惡應報、五倫之道、太極與理氣、鬼神生死、冠婚葬祭之禮等朱子學的學問概要。尤其，該書認為人倫關係中各人的角色是「萬民悉須曉悟之事」，深入淺出地闡述是其一大特徵所在。

林羅山與朱子學

林羅山生於京都，初入建仁寺，但拒絕為僧而返家。獨自學習朱子學，在二十一歲時向友人講述《論語集注》（朱子注釋《論語》之書），並根據朱子學為「四書」（朱子學以來尤受重視的《大學》、《中庸》、《論語》、《孟子》四部書）加注句讀訓點。二十二歲時，入藤原惺窩門。翌年的一六〇五年，在惺窩的斡旋下，出仕德川家康。此時，依循室町幕府以來

的慣例，羅山剃髮而以僧形出仕。以後出任侍講直到四代將軍家綱為止。他負責撰寫外交文書、法令的草案等，實際參與了幕政。不久，羅山還俗，位於上野忍岡的家塾變成了幕府學問所昌平黌（しょうへいこう，之後更名為昌平坂學問所，即湯島聖堂），第三代的鳳岡蓄髮出任「大學頭」（だいがくのかみ），以後均由林家世襲該職位。

羅山是推進朱子學在幕府裡官學化方向的儒學者，然而他的著書種類非常廣泛，包含漢籍注釋、儒學入門書、神道、排耶穌、排佛的思想、國文學的注釋、字典、隨想、紀行、草子類等。他的學說根據朱子學，認為人性分為本然之性及氣質之性，純善的本然之性也會因物欲而產生氣質之性，所以強調修德功夫的必要性。他以「讀書」與「持敬」來論說內外修養努力的必要性，至於理氣之說一開始較偏向陽明學（「理氣歸於一耳」），而有折衷的一面。底下，簡單回顧一下朱子學是怎樣的一門學問。

儒教的展開與朱子學

儒教是孔子（紀元前五五二～四七九）創始的學問及思想。在英語裡，由於孔子（Confucius）的英譯而稱之為Confucianism。主要講述有德的君子所推行的政治，也就是建立在仁及禮之上的政治。孔子追溯德治主義的政治理想起源於古代中國傳說中的聖人堯、舜，同時認為周王朝、特別是周公旦實現了這樣的理想政治。孔子的時代尚無「四書」（《大學》、《中庸》、《論語》、《孟子》），而以「五經」中的《詩經》、《易經》、《書經》為主要文本。

《春秋》和《禮記》稍晚也成為了儒教經典。之後，孟子進一步發展學說，並主張性善說，為五倫五常建立起體系架構。雖然在秦始皇時受到焚書坑儒等壓迫，但自漢代起融入中國社會，之後更居於中心的地位。從隋代至清朝為止，官吏晉用考試的科舉均將儒教列為必備的素養。

儒教與漢字一起傳入日本，並包含在漢學廣泛的素養之中。從《十七條憲法》也可以窺見儒教的影響。在律令體制之下，儒教被列為教育機關大學的科目，在平安時代更以「明經」之名與「明法」、「文章」以及「算」同列為四道之一，之後便逐漸家學化。江戶初期曾發生林羅山公開講授《論語》而遭到清原家控訴的事件，可見此舉在日本是違反傳統的。朱子學則是在中世時期由清原宣賢（一四七五～一五五〇）等博士家引進的。

在宋代，朱子等造就儒教獨自的發展，其中不乏佛教的影響存在。其學問主要為當時的士大夫階級（科舉及格之有教養的文化人）所接受。朱子之前還有影響極大的程明道和程伊川，故據此稱之為程朱學或是宋學。

朱子學的學說包含了「理氣二元論」的宇宙論、「性即理」的人性論，以及「格物致知」的知識態度等方面。而且，認為存在貫通宇宙天地的一理，主張「無極而太極」（既是無極又是太極），然後太極的運動造成陰陽二氣、並發展為五行（木火土金水）而形成外部的世界。雖然是一理，但是貫徹於物質之氣，人類也在此體系之中。人類具有心性，與其他的存在有所區別，若從理的觀點視之，則心可分為性與情（「心統性情」）。性（「本然之性」）是內化於心之理，情（七情，或者情欲，「氣質之性」）因為氣而有所蒙蔽，所以人必須儘可能克制情欲，並陶冶作為理的本然之性。因為宇宙之理（天理）內在於人之中，只要窮究物理即可臻至完善的知，也就是「格物致知」這一大課題。

所謂格物致知是「格物以致知」[10]，指窮究個別的事物及外界所具備的理，而其理得以與內在於心中的理「貫通」，達到知的完善境界（《大學章句》）。為了達到這個目的，其主要的手段是專心一致以窮究理的「居敬窮理」，以及集中精神端坐而閱讀經典的「靜坐讀書」。如此，將每個人得之於身的德推展至人倫的關係上，則成為實踐性的課題。

朱子學與陽明學

明代的王陽明（一四七二～一五二八）主張心之全體即是理，反對辨別心性而純化一理的朱子之說，其思想被稱為陽明學。心本身即是理，並且具備良知（不經思慮而能知萬物的天賦能力，陽明學稱之為心之本體）。推展心的良知，則可通貫外物、外界之理。在王陽明那裡的理，是「理是氣的條理」，理與氣被視為是一體的。如同「心外無理，心外無事」（《傳習錄》上）之言所示，是陽明學被稱為「心學」——也就是主觀性的學問——的道理所在。還有，之後在異民族統治之下的清朝，由於政治的理由等因素，比起追求思想性的學問，廣泛收集資料並且根據嚴密的證據進行實證學問研究的考證學較為發達。另外，在朝鮮

---

10 原文「物に格（いた）り、知を致（いた）す」。

半島的李氏朝鮮（一三九二～一九一〇）時代，朱子學進入了全盛時期。越南也扮演了支持儒教文化圈的角色之一。

朱子學出現以後，倚賴朱子的注釋來讀四書這件事遂成為朱子學者的學問態度。日本引進朱子學也是在這樣的方向下進行的。此外，林羅山除了朱子學之外，對於批判朱子學、業已傳入日本的陽明學也做了選擇性的接受。可以說羅山的思想歷程是，一開始具有陽明學式的理氣觀，之後從儒佛一致的五山思想轉而捨棄佛教、捨棄心學而到達了朱子學。

羅山認為，朱子的太極與理的運動並不僅止於人性，也及於人類所形成的五倫等關係，並且具體展開體現在士農工商的秩序上。「天在上、地在下者，天地之禮也。此天地之禮是人生而得之於心者，故萬事有上下前後之次第。將此心推廣於天，則君臣、上下及人間不紊。」（《三德抄》）這是順應幕藩體制，並且澈底排除佛教出世的志向，為現世秩序定性的主張。他主張，以仁義禮智信之五常陶冶心性並且持治己身、捨棄利欲（明德）而教導人民（親民），是成就國家安治的做人理念（同上）。

羅山一方面批判佛教，另一方面非常重視神道，並主張神道與儒教的一致（理當心地神道）。他認為，國家的根基是伊奘諾及伊奘冉二神所創，並由天照大神所揭示，根據神道而來。

之後，朱子學在幕府箝制其他的儒學（異學）之下逐漸官學化，另一方面朱子學以外的多樣學問也頗為興盛，可以說在德川初期的朱子學裡已有其胚胎萌芽。至今仍以其原本的面貌坐落在湯島的湯島聖堂，昔時不僅武士，就連町民也能在此學習。朱子學者多數成為藩校[11]

裡的指導者，除此之外還有各種不同的發展。例如：以思想家自成一派的山崎闇齋（一六一八～一六八二）。

山崎闇齋及崎門派

山崎闇齋是京都人，早年入妙心寺為禪僧，其後在土佐師從谷時中學習朱子學，並且還俗就儒。回到京都後開塾授徒，之後更出任會津藩主保科正之的侍講。

闇齋厭惡林羅山既學朱子以前的古注又參照陽明學的學說、那種折衷式的學問，志在學習純粹的朱子學。舉凡其闇齋之名乃是取自朱子晦庵之號，現實生活也穿著朱色服裝，他極力想要與朱子一體化並且祖述朱子的學說。據說他對弟子們的態度極為嚴厲。《闇齋先生年譜》裡記載著他的話，說道：

> 吾意朱子之學，居敬窮理，即祖述孔子而不差者。故學朱子而謬，與朱子共謬也，何遺憾之有？是吾所以信朱子，亦述而不作也。汝輩堅守此意而勿失。

闇齋三十歲時著作《闢異》，批判佛教及老莊思想，並且闡述朱子學的正統性，猛烈批

11　江戶時代，各藩為了教育藩士子弟而設立的學校。

評以訓詁注釋為主的儒者為俗儒。在其著作裡，只要是朱子學相關的著作都如同上引文所說的「述而不作」，摘錄拔粹朱子學系的諸書，然而其中也自然顯露出闇齋的學問特徵。例如他對「敬」的重視即是一大特點。

闇齋依據朱子的「居敬窮理」但較不重視窮理的層面，而強調修養法的「居敬」。敬原本是對天或君、父母、他者的虔敬恭敬的心情，朱子將此視為心對待自己的態度，並發展為自我變革的修養法。闇齋的理解繼承朱子，並且認為敬應該解作謹慎、畏懼（「戒慎恐懼」），而且這個是自天地之始流傳至今的「心法」。闇齋與朱子不同的地方在於，他不將敬視為是與心的關係，而認為是身的問題，也就是說，與修身是相同的意思（高島元洋，《山崎闇齋》）。如果是敬身的話，日常的行為舉止及容貌的「整齊嚴肅」就顯得極為重要。敬是不讓心放散，「此心不使其放散恍惚，平生屹然省照者謂之敬」（《敬齋箴講義》）。闇齋的看法是，以敬持身是與治國平天下相互貫通的。

至於心的方面，與朱子比起來，闇齋較傾向於將其理解為本身不具積極作用之空虛場域的「神明之舍」。這個與闇齋向神道傾斜一事息息相關。天理與心貫通，而儒教的天人一致則與神道的神人一體重疊。

闇齋透過保科正之結識了神道家吉川惟足（一六一六～一六九四），從他那裡得到了吉田神道的傳授。吉川惟足是神道家，以養子的身分在江戶日本橋的魚商家庭長大。一六五三年（承應二年）立志深入鑽研神道而師事卜部兼從，獲得神道道統的傳授。闇齋主張天照大御神及其天皇子孫的統治之道即為神道，並將居敬與猿田彥[12]的教說「謹慎」（つつしみ）結合，提倡了重視「正直」這一內心操持方法的垂加神道。

闇齋所提倡之實踐性道學的儒教在整個江戶時代具有廣泛的影響力。代表著作有為婦人、孩童而寫的《大和小學》等。門下弟子有淺見絅齋、佐藤直方、三宅尚齋等人，被稱為崎門學派。但是，闇齋與不同意其神道論、堅持純粹儒教立場的弟子分道揚鑣。崎門在全國的藩校裡具有與林家匹敵的勢力。

3 儒教思想的多元開展——朱子學與反朱子學

對朱子學的懷疑——圍繞「理」的論述

朱子學由於林羅山的學問而占有一席之地。但是，另一方面，在十七世紀後半已出現對朱子學式的世界觀、方法等的真理性及正統性產生懷疑的論述。

還有，也出現了主張古義學、古文辭學等獨自的儒教學問的儒者。以下，就順著其代表性的思想家來看一下儒教學問的諸相及展開吧！這些學問所發展出的儒學理解是：對朱子

---

12 日本神話裡天孫瓊瓊杵尊降臨時在前頭開路，之後坐鎮於伊勢國五十鈴川上的神明。

學包含「理」以及人類的「性」論這一理氣論抱持懷疑，並且進一步批判其倫理性的嚴格主義，而反之從人類的「日用」中去探討學問的本來意義。

貝原益軒

貝原益軒（一六三〇～一七一四）一般以博物學者、藥學者為人所知。從祖父那一代起出仕於黑田藩，但由於父親的轉職而經歷過移居及流浪的生活。到了益軒又恢復出仕黑田藩。十四歲時學四書，二十八歲至三十五歲以藩費遊學京都，並與松永尺五、木下順庵等朱子學者以及中村愓齋（一六二九～一七〇二）等博物學者有所交遊。

或許是來自於廣泛的學問交流，益軒在四十多歲時便開始對朱子的學問本身產生懷疑。晚年寫就的《大疑錄》裡揭示了他開始轉而懷疑的思路歷程。益軒最不能夠理解的是宋學（朱子學）的理氣論，也就是以太極為無極、並視其為萬物存在的根源，建立在理氣二元論之上的理論。

> 宋儒之說，以無極為太極之本，以無為有之本，以理氣分之而為二物，以陰陽為非道，且以陰陽為形而下之器，分別天地之性與氣質之性以為二，以性與理為無死生。是皆佛老之遺意，與吾儒先聖之說異矣。
>
> （《大疑錄》）

益軒主張，理者「氣之理」即內在於氣的理，理與氣不可分，不適用於孰先孰後的議論（對朱子理先氣後說的批判）。益軒認為朱子的理氣論是受到佛教老莊思想的影響，而批判其非儒學本來的想法。由於理與氣非二物而為一物，所以益軒正是對朱子分理氣為二的這個學說無法「信服」。

對人類的看法也不一樣。朱子認為身體有生死，而性（本然之性=理）沒有生死。但是，益軒說，人死後，此理也會消滅。而且，他還認為與其講究朱子學「靜坐澄心」的修養法，應該率先建立「孝弟愛敬」、「文行忠信」這些實踐性的德，並主張這才是《論語》裡的「孔門」之教，「標準、古今之法則」。這樣的世界觀與益軒對藥草學及博物學的關注有直接的關係。某一植物的藥效是植物內在的「理」，這個可以說是經驗主義式的自然理解。益軒的思維裡確實地反映了其相對較晚開始學習儒學、在京都接觸了包容性的學風、親眼目睹上方[13]的商品經濟等面相。他的道德論或可稱為穩健型的快樂主義。代表著作有《養生訓》、《益軒十訓》、《大和本草》、《慎思錄》等。

---

13 京都及其附近（大坂等）的地方。

中江藤樹與陽明學

中江藤樹（一六〇八～一六四八）是出仕大洲藩[14]的武士，但以服侍母親為由脫藩而回到近江[15]，一邊務農一邊向鄰人教授儒學，世稱「近江聖人」。藤樹的思想可總括為重視日常倫理及回歸孔子這兩點。他在《翁問答》裡論「孝」，說道：

此一至寶在天則為天之道，在地則為地之路，在人則為人之倫也。元來無名，古之聖人為教化眾生，象其光景而命之為孝。（《翁問答》）

如此，孝既是世界的原理，當然與人的行為息息相關。藤樹說，人「以愛敬父母為本，推之愛敬其餘人倫以行道，此稱為孝，稱為順德……」，重視孝的實踐及其延伸。孝以對父母的孝為本，本來即包含對所有他者的愛敬，即愛惜並尊敬之。再者，藤樹還說：「縱其所行不似儒書所載禮儀節度，其事若符中庸之天理，其心無私心而合於聖賢之心法，則亦是行儒道之君子也。」主張人心內在的發現只要合乎天理，即使無學的一介庶民亦可為君子。

藤樹在三十七歲時接觸了王陽明的思想並為之傾倒，因此被視為日本陽明學之祖。晚年，在孝的基礎上添上了陽明所說的「良知」，可以說藤樹原本即以心的修養為基礎的心學傾向與陽明學產生了共鳴。他著有《翁問答》及《孝經啟蒙》等書。後來，新井白石甚至說自己立志向學是受到藤樹《翁問答》的啟發。

熊澤蕃山

熊澤蕃山（一六一九～一六九一）是流浪武士之子，生於京都，被收為水戶藩士親戚的養子，並出仕岡山藩主池田光政。四年後致仕（辭官職引退），移居祖母的鄉里近江，並入中江藤樹之門。之後，再回到岡山藩，但又再度致仕。後來遊學京都等地，但因講論陽明學而遭幕府幽禁於下總古河城下（一六八七年），並客死該地。幕府警戒蕃山最直接的理由是他在《大學或問》裡批評幕府的政策，另外也擔心他的心學可能會聚集朝臣公卿和流浪武士。

熊澤蕃山的思想基底有一「時、處、位」論。也就是主張必須依照時間、地點、地位來實踐事物，其主要的目標是在以中國為基準、並配合日本的國情來加以適用這一點上。之後，西川如見在《日本水土考》（一七二〇）等書裡，以十七世紀末以來所推展的經濟實力為背景，闡述日本的風土與漢土的差異，並主張日本才是中華的水土論。然而，以論述日本的個體性並強調脫離中國崇拜的主張來說，蕃山的時處位論、水土論是屬於較早期的說法。在這點上，他主張抑制貨幣經濟、武士解甲歸田，與西川如見的時代不可同日而語。

14　現愛媛縣西部。
15　現滋賀縣。

儒道、神道、佛道，皆睿智之人依其時處位所行之跡，非道之真也。
（《集義外書》卷十六〈水土解〉）

古代的聖人依照時、處、位而建立了禮法。禮法本是因時制宜之物，所以學習禮法形之於外的事實是沒有意義的，而應該學習聖人制定的心。但是，這個「非道之真」並不是說沒有普遍性的道，而是說普遍的呈現方式有所不同。水土論就是以水土（風土）來說明這呈現方式的差異。儒法、佛法、神道之法，都是根據各自的水土所呈現的「法」。之後，荻生徂徠與伊藤仁齋均高度評價蕃山，就是指這樣的看法。

接受忽視歷史狀況的學說是無意義的。蕃山基於這個立場，既不偏向藤樹，亦不偏向朱子或陽明。如同「聖經賢傳皆我心之注」之言所示，他的學問主張以心的主體性來選擇接受，確實有陽明學的影子存在。他的代表著作有《集義和書》、《集義外書》、《三輪物語》、《大學或問》等。

山鹿素行

山鹿素行（一六二二～一六八五）生於會津若松，後來跟從變成浪士的父親移居江戶。九歲時經由介紹入林羅山門，自幼學習武藝兵法，十五歲時師從小幡景憲、北條氏長等人深究甲州流兵學。學問上以朱子學為主，亦兼學神道、歌學以及老莊、佛教等。三十一歲時為赤穗藩主淺野長廣所延攬，但在三十九歲時致仕，並在江戶開始講授儒學、兵學。四十一歲時捨棄朱子學，開始提倡不透過朱子及後代學者的注釋而直接向古聖先賢的經書學習的古學。

對於朱子將宇宙本源的太極視為「理」的思想，素行秉持的立場是否定宇宙本源之理，只承認在萬物差別相裡作為條理的理。四十四歲時因刊行了批判朱子學的《聖教要錄》，在當時掌握幕府實權、信奉山崎闇齋朱子學的會津藩主保科正之的主意之下，被流放到赤穗一地。他的學問是在追求日常（日用）與學問之間無所懸隔。

> 書者載古今之事蹟器也，讀書者餘力之所為也。措急務讀書立課，以學為在讀書也。學與日用扞格（不相容）是唯讀書，不致其道也。（《聖教要錄》）

這裡的讀書，是指朱子說的學問修養、作為窮理手段的讀書（經典）。對於「理」的批判也是針對學問忘卻了即日用平常之事物而偏向於思辨。還有，當朱子主張理時，凡是不合乎理的人情情欲一概被否定。但是，素行認為人情情欲也是條理＝不得已的自然性而予以肯定（「凡人欲者人情之欲也，人物非未嘗無情欲」、「於飲食之口體，於男女之情欲，是不得已之誠也」（《山鹿語類》））。他與之後的仁齋等人被稱為「古學派」而有著共通的人性觀。素行將不得已的心情視為「誠」，並將其擺在實踐之學的中心位置。

素行脫離了朱子學並提出實踐之學的主張與他具有強烈的武士自覺息息相關。正如他將自己的學問稱為「武門之學」，他認為武士身為農工商三民之上的指導者，遂行其日用之職分即是實踐。從這個立場他提出了士道論，為武士的日常飲食、會話及舉措動作訂定了詳細的規則。

> 學問之極唯在窮致其事理日用。凡天下事物各有必然之理，出入起居應事接物之間，皆有事理有用法。（《山鹿語類》）

> 能為信（誠實）不偽，常思士之正義而不懈，斯全交之道也。（《武教小學》）

素行的著作除了上面引用的之外，還有《武教全書》、批判中國的中華思想並論述我國優秀之處的《中朝事實》，以及遭流放時作為遺書而寫就的《配所殘筆》等。

4　古義學、古文辭學的成立

伊藤仁齋

伊藤仁齋（一六二七～一七〇五）為商家之子，出生於京都堀川。十一歲時初次閱讀《大學》而深受感動，開始獨自學習宋學等學問，二十六至二十九歲之間，以朱子學的立場寫了兩、三篇的草稿。但是，從這個時候起患了精神疾病，遂將家業讓給胞弟，長達七、八年時間自閉獨處，過著幾乎足不出戶的生活。

這段期間仁齋逐漸遠離朱子學，並熟讀陽明學、佛教及老莊等，逐漸獲得自己對學問根據的確信。其後恢復健康，在三十五歲時組織了稱為同志會的研究會，並在翌年於堀川開設私塾（古義堂）開始教育門徒。仁齋終其一生未曾做官，專心致力於著述及教育。據說曾有超過三千的門人出入過他的私塾，而且也因為與朱子學者山崎闇齋的私塾距離僅咫尺之遙而經常被提及。

包括前面所看到的古學派，仁齋的古義學繼承了一般儒學重視現世秩序以及世俗的傾向。並且，仁齋將其往人倫（五倫）——亦即人際關係——的更進一步探討的方向深化。

人者何？君臣也，父子也，夫婦也，昆弟也，朋友也。夫道者一而已。在君臣謂之義，父子謂之親，夫婦謂之別，昆弟謂之敘，朋友謂之信。皆由人而顯。無人則無以見道。故曰：「人外無道。」

（《童子問》）

接著，仁齋指出：道者仁義禮智，人囿於其中而不得須臾離焉，故曰：「道外無人。」他充滿確信地說：

設令宇宙之外，復有宇宙，苟有人生於其間，必當有君臣、父子、夫婦之倫，而循仁義禮智之道。

（同上）

在這裡我們可以看到仁齋克服了老莊及佛教等出世傾向，表現出經歷各種思想後所得到的確信。

仁齋對人倫關係的重視同時也包含著對朱子學世界觀的批判。他認為，朱子所說的「理」，無法掌握天地生生化化的活物性。

理本死字，在物不能宰物。在生物有生物之理，死物有死物之理。人則有人之理，物則有物之理。然一元之氣為之本，而理則在於氣之後（仁齋採氣先理後說，反對朱子的理先氣後說）。故理不足以為萬化之樞紐也。

（同上）

仁齋接著說：「萬物本乎五行，五行本乎陰陽」，若問「陰陽之所以然」則只能歸之於「理」。但是，如果歸之於理，則將陷於「虛無」。因此，古代聖人絕不以理來說明天地。因為「惟聖人」知道「能識天地之一大活物」而不可以「理字」盡之。

如此，否定理的仁齋將人看作朱子學意義下的「氣質之性」，也就是將人所生來的素質視為活物看待。人的心也是活物，而且不管是什麼人都有「四端之心」，所以具有善性。四端之心是孟子的主張，人的內心原本即具備惻隱（憐憫疼惜之心）、羞惡（羞慚憎惡之心）、辭讓（禮讓之心）、是非（分別好壞之心）這四種特質，而且必須將此四端（端是萌芽之意）分別育成為仁、義、禮、智這完全的四德。這也是性善說一詞的由來。朱子繼承這個主張，並將仁義禮智視為本然之「性」，而「四端」則解作「情」，其顯出於外的端緒。朱子主張澈底地節制情而因此流於嚴格主義，相對地仁齋認為應該發揮個人的善性以拓展參與「道」的可能性。

道德的基本是仁，仁德廣大，如果「以一言盡之」的話，則「愛而已」。仁義禮智信這五常如果不是由仁而發的話，亦是偽。「我能愛人，人亦愛我。相親相愛，如父母之親，如兄弟之睦，無行而不得，無事而不成」，以臻人倫之完成。但是，實際在日常生活裡，人與人是有所疏隔的；另一方面，仁德卻是廣大的。這樣一來，個人在日常中得以實踐的，唯有向他者竭誠以待的「忠信」而已。然而，仁齋強調，實踐「忠信」以求達到接近仁德與道的目的，還必須有「學問」的支持。

仁齋通過批判朱子學開創了古義學這門新學問，同時也否定透過朱子的注解來閱讀經典。他稱《論語》為「最上至極宇宙第一書」，視《孟子》為《論語》解釋的「義疏」（注釋），並且通過解釋文本字義（古義），對朱子所重視之《四書》裡的《中庸》、《大學》進行澈底的文獻批判。朱子極為重視《四書》，但仁齋對其中的《大學》並不認同它是體現孔子之意的獨立著作，而僅僅是《禮記》的一篇，認為它是不識「孔孟」血脈者的述作。如此文獻學上的成就也獲得朝鮮朱子學者的高度評價。

如上所述，仁齋的思想也是建立在直接面對經典的立場之上。仁齋的倫理學及哲學揭示了不以神或超越者為前提所建構出來的、凝視人與人之間關係的思想極致。

白日十字街頭之學

仁齋主要著作之一的《童子問》採用先生與弟子問答的形式來闡述他的思想。其中有一節問及先生自己「學問之家法」，他引自己的著作《仁齋日札》來回答，曰：「儒者之學」應該要「明白端的」，正「若白日在十字街頭作事」一般。論道解經應該像光天化日眾目睽睽之下一樣，絲毫不可隱瞞附會，或是用非本來的替代品遷就，或是掩飾短處和媚俗。

仁齋將學問思想的基礎置於日常經驗裡人與人之間的關係，並且進一步豐富人際關係的場面，可以說充分表現出仁齋學的精髓所在（《童子問》下，四八章）。

在仁齋的古義堂裡，門人會定期地輪流講課，從這點除了可以看到町人、商人的勤奮好學之外，也能一窺儒教廣泛滲透至庶民教育之中的情形。

仁齋的學問對同時代產生廣泛的影響，包括以下將介紹的荻生徂徠也不在例外。仁齋的學統由長男伊藤東涯（一六七〇～一七三六）所繼承。

仁齋的著作除了《童子問》，還有《語孟字義》、《論語古義》、《孟子古義》等。

荻生徂徠

荻生徂徠（一六六六～一七二八）的出現被稱之為思想史上的一大「事件」（子安宣邦，《作為「事件」的徂徠學》〔「事件」としての徂徠学〕），正是由於他扮演了從內部破壞日本儒教的角色之故。

徂徠的父親方庵曾擔任之後成為第五代將軍的綱吉在館林藩主時代的侍醫。十四歲時，由於父親冒犯了綱吉而遭流放至上總國（千葉縣），一直到獲得赦免回到江戶為止，他隨父親在上總本納村生活了十一年的時間。日後，這段期間的體驗對徂徠的思想形成產生了極大的意義。他獨自學習儒教，回到江戶之後在芝增上寺附近開設私塾。三十一歲時學識受到肯定而獲得柳澤吉保的延攬，並且透過吉保參與了幕政。但是，在綱吉死後且柳澤吉保失勢之後，四十四歲的徂徠開設了私塾「蘐園」。八代將軍吉宗的時候再度獲得諮詢，他向吉宗提出《太平策》作為政治建言，還有《政談》一書據說也是為了向吉宗獻策而寫的。

徂徠的學問一開始並沒有超出朱子學的範疇，《蘐園隨筆》（一七一四）即是這個時期的著作。之後歷經學問變遷後的徂徠學則直截地稱為「古文辭學」。早在開設私塾的時代即口述完成了辭典《譯文筌蹄》（漢字的同訓異義、異訓同義的指南），徂徠原本就對語言有一定的興趣，認為正確閱讀四書五經必須具備古代中文的知識。他同時也學習了華音華語——亦即現代中文，這也是源自於對使用和訓[16]來閱讀中文——甚至是古代中文——的批判性看法。三十九歲時，徂徠接觸到中國明代的古文辭派，特別是李攀龍、王世貞的文集，對於其「模擬」古人詩文以提高文學格調的主張得到了很大的啟發。將文學上的這個主張運用在經典詮釋上面，這成為他批判朱子學以及將自己對仁齋學的隔閡感明確化的契機。據說徂徠因此而發現「古今之辭」的差異所在，並且進一步主張應將古代中文當作古代中文來讀。這同時也是對宋學、朱子學的主觀性批判。

首先，來看他如何駁斥朱子學的「理」吧！徂徠對理有以下說法：

> 理無形，故無準。其以為中庸為當行之理者，迺其人所見耳。所見人人殊。人人各以其心謂「是中庸也」、「是當行也」，若是而已矣。人間北看成南，亦何所準哉？又如天理人欲之說，可謂精微已。然亦無準也。辟如兩鄉人爭地界，苟無官以聽之，將何所準哉？故先王、孔子皆無是言。
>
> （《辨道》）

「理無定準」是眾所周知的一句話，對徂徠而言，朱子所主張的理是一沒有基準且帶有主觀性或感情的表現，無法自外於相對性。那麼，如果說理完全不具有效性的話，古代的聖人以什麼為基準呢？在這裡，徂徠所提出的是聖人制定「禮樂」（禮儀制度及音樂）這個事實。「聖人」不是朱子學所說的可學而至者，而是古代只出現過一次的為政者堯舜（「先王」）。

徂徠大幅地改變了過往的「道」概念，他認為聖人之道是「安天下」之舉，具體而言是指先王所制定的「禮樂刑政」（刑政是刑罰及政治）。在儒學裡，一直以來道即是道德的意思，並且以道德教化為主。對此，徂徠對儒學之道追求的是「安天下」這一政治性，並且進行翻轉，將有關個人內面的道德問題排除在儒學範疇以外。

這樣的主張是植根於他對人間及社會的理解，亦即天下之人以多樣的氣質降生，而且才德和本分也同樣是多元的（不像朱子學所說的那樣，人的「氣質」是無法「變化」的——《徂徠先生答問書》）。但是，人卻具有互相救濟彼此生命的一面，「相愛相生相成相輔相養相匡相救者」也是「人之性」所在。徂徠說，因此孟子才會說：「人也者，人也。合而言之，道也。」現實世界裡，士農工商無法孤立而生存，是「相助而食者」，即使是盜賊也有「黨類」。這就是人類生存的現實，而「君」正是「能合億萬人者」。換言之，「先王之道」

16 用日文（和語）來讀漢字漢語的方法。

就是「合億萬人」並幫助遂成人們的「親愛生養之性」，而且如此繼而不絕之舉正是得以成就「仁」的營為（以上《辨道》）。

如此，聖人即是置身於天的立場來安養天下之人的存在。這件事以古文辭寫在六經裡面，因此要明瞭此禮樂刑政就必須通曉古代中文，這是經由朱子學的注釋所無法理解的。

徂徠在思想開展的過程中，逐漸對曾經受到莫大影響的仁齋進行批判。仁齋批評朱子以仁義禮智為「本然之性」，解「端」為「緒」，視性的端緒顯現於外的主張。仁齋依循古注，認為「仁義禮智之德」並非先驗具存，而是必須經由「擴充」而形成，並且主張四端之心是「仁義禮智形成之本（基礎）」。對此，徂徠批判指出，仁齋說經由「擴充」來成就德，如此與認為原本即具備「性」的朱子有何不同？這樣只是圍繞在「性」或「德」的語詞之爭罷了（《辨名・德》）。這是將有關個人內面的道德問題排除在儒學範疇以外，進行思維翻轉的徂徠極具代表性的一個例子。

朱子特尊「四書」，仁齋尊崇《論語》、《孟子》，而徂徠則是以最完整保存古聖人所制定之禮樂，也就是「五經」加上《樂經》的「六經」為中心。原本合稱《易經》、《書經》、《詩經》、《禮記》、《樂經》、《春秋》為六經，但是除卻散逸已久的《樂經》而稱之為五經。

他的學派裡多才多藝的門人輩出，大大地席捲了當時的學問世界。門人的流派分為經學與詩文兩個系列，在經學、經濟思想方面以太宰春台（一六八〇～一七四七）為代表；在漢詩文方面則以服部南郭（一六八六～一七五九）等人為代表。晚近的丸山真男在徂徠學裡發現了「從自然到作為」這一近代人類觀的原型。

5 儒教的學問及教養的進展

多元的學問開展

以上所舉的思想家原本都是以朱子學的教養來形成學問的。除此之外，還有木下順庵門下的新井白石、大坂町人所設立的懷德堂（一七二四年在大坂町人的援助之下，以中井甃庵為代表所設立的學校，二年後獲得幕府的官許。學生以庶民居多，亦有居住大坂的武士入學。直至一八六九年閉鎖為止，俊秀輩出）的中井竹山等人是與徂徠同時代的思想家，稍後從懷德堂則出現了富永仲基、山片蟠桃等人。

新井白石

新井白石（一六五七～一七二五）是上總久留里藩士之子，在富足的環境中成長，十八歲時父親致仕，其後直至三十後半為止，一度侍奉於堀田正俊之外，均在貧困之中勤勉勵學。三十歲時入木下順庵之門，經其推薦在三十七歲時成為甲府藩主德川綱豐的儒臣。綱豐之後成為將軍家宣，白石居其左右參與幕政，並且主導「正德之治」。

新井白石算是一名朱子學者，然而因為其活動涉及的層面很廣，或可說他是一名具有朱子學背景的應用哲學者。從追求純粹的思想骨幹這一點來看的話，有人認為他並不是一流的思想家。根據其傳記所言，他在十六歲時接觸到中江藤樹的《翁問答》而立志於聖人之道。即使過著貧窮的浪士生活也不喪失向學之志，並且開創其獨特的思想領域，應該也是因為他是身處正規學統以外的獨學者的緣故吧。

除了歷史思想、政治思想、古代史及記紀神話研究、語言研究之外，晚年還跨足蝦夷地、琉球等人文地理學的研究。其學問思想的核心是試圖正當化並確認武士政治地位的歷史學。

《讀史餘論》是與《愚管抄》、《神皇正統記》並列為代表性史論的一部著作。對於時代區分，他認為「本朝天下之大勢，九變而成武家之代；武家之代五變而及當代」。該書以光孝天皇以前為上古並將其排除在敘述的對象之外，而從藤原良房就任攝政開始起筆，論述公家政治經歷九次的政權變遷後由公家政治轉為武家之世；武家之世從源賴朝父子三代來看歷經五變而成為德川之世，藉此描寫終歸於武家政治的必然性。

整體而言立足於儒家的名分論，雖然擁護武家政治的正當性，但是例如指出論述足利尊氏反叛原因的《梅松論》等說法是「為武家而潤色者」，他在歷史敘述上極力排除主觀的解釋而本諸於「事實」。

這樣的立場雖然時有合理性的評價，但是很難稱得上精確。在《讀史餘論》裡，人的行為與其家族的興衰息息相關，敘述上也可見天人相關的因果應報，就這一點可以說是文獻實證性的。他對於古代史、神話傳說的態度也一樣，例如《古史通》即明顯揭示了他的方法性態度。眾所周知，他對記紀有著「神者人也」的理解，白石接著說：「在我國的風俗裡，凡是值得尊敬的人均稱為神（カミ）。就這點而言，上古的語言與今天的語言是一致的，都是代表尊敬的意思。」對於《古史通》裡的方法，他說：「無論出自何書，於其事實無所違背，從其理義見長之說，是謂稽古（了解往昔）之學。」表現出朝向闡明事實背後「義理」、「道理」的思維，即使是看起來不合理的事情，也視為是人類事實的延伸，而給予符合秩序的理解。

不過，白石並不否定鬼神的存在，他認為「不可解者不可強造其理」，一貫秉持對理知的抑制，並不單純只是實證主義者或經驗主義者。對於包含那些不合理事物的人類與社會採取知性探討的方式，這個才是白石的精髓所在。其他歷史方面的著作還有《藩翰譜》、《東雅》（語言論）等。

《西洋紀聞》展現其對西洋文化接受的形態，此書對後世產生一定的影響。內容寫的是一七〇八年根據自身立場，四度對潛入日本的義大利人西多契（Sidotti）進行訊問時的紀錄與感想。從西多契那裡聽取西洋情事，其內容包括天主教的背景乃至整個基督宗教的教義及歷史背景，以及西洋諸國的語言、地理、政治體制、經濟、軍事等不一而足。這是一部最早冠上「西洋」一語的書籍，在鎖國的情況之下，極為正確地向國內傳遞西洋的情事，是部重要的著作。白石對西多契的人品抱持敬意，一方面驚訝於所謂科學的知識，另方面聞及基督教的教義時，白石的筆觸頓時丕變：

至其所論教法，無一言近道者。猶似智愚即刻易地，聽聞二人之言者。於茲可知，彼方之學唯精於其形與器之事。知所謂形而下（實物之學及技術）者耳，形而上（精神道德）者則未曾與聞。

（《西洋紀聞》一七一五初稿，日後增訂）

經由白石的訊問並傳遞西洋情事之後，在將軍德川吉宗時放寬了不涉宗教書籍的禁令。之後，蘭學者大槻玄澤將新井白石視為蘭學之祖，並說其後由青木昆陽、前野良澤、杉田玄白等人繼承，由此可見，白石是率先提倡接受西洋文化的先驅者。一方面倡導保持東洋精神傳統的優秀性，一方面引進西洋先進的文物及科學技術，這樣的姿態與幕末的思想家有一脈相承之處。

白石的《折焚柴記》（折たく柴の記）是日本最早的自傳，以典雅簡明的和文寫就，縷縷敘述在戰國遺風猶存的時代度過青春時代，並且談到忠厚老實的父親、教養豐富的母親，幼年、青年期乃至成為將軍的侍講，還有以幕臣身分參與擘畫政治，一直寫到日後遭吉宗罷免為止的事蹟才收筆。這本書揭示了白石作為武士精神（ethos）信奉者的一面。

求學之道不幸之事尤多，無有如我者。雖然，得以學有所成者，如前所述，緣吾常以難耐者為可耐之事，世人一之者吾十之；十之者吾百之故也。

（《折焚柴記》）

同時，他在自傳裡還提到應對事物必須採用「事變之權」（臨機應變之法），並說事物有常（不變者）與變（變化者）；處理事情也有經（不變的基準）與權（臨機的應對）。白石在面臨朝鮮通信使待遇問題（待遇的簡樸化、回信時把將軍的稱呼從「日本國大君」變更為「日本國王」等）及通貨改革等場面時，以行政官之姿採取了果斷的處置。

寬政異學之禁

松平定信在寬政的政治改革裡，面對與官學的朱子學相異的學問、特別是蘐園學派（徂徠派）的興隆，祭出了「異學之禁」，一方面扶植作為官學的朱子學，另方面禁止在幕府的學問所講授陽明學、仁齋學、徂徠學等異學，也禁止將其用在幕吏錄用的考試。

各地的藩校雖然有跟進這項禁令者，但並不是全部都遵守。不只朱子學，進入明治時代之後，儒學的各種學統、人脈仍舊具有一定的影響力。幕末至明治初期的西洋思想的引進也是立足在這樣的儒教教養之上的。

6　武士道與近世思想的諸相

武士這個存在

這些學問之所以能夠興隆，實與戰亂之世終於結束，與豐臣一方對決的態勢也幾乎底定，如此所帶來的慶長年間以降的和平有很大的關係（元和偃武）。政治上也開始摸索新的秩序。

在這個時代裡，昔日的戰鬥者，一直以來居於中心的武士階級有什麼樣的改變呢？

《三河物語》

大久保彥左衛門（一五六〇～一六三九）的《三河物語》（一六二二）是了解此時武士內部的絕佳資料。他是大久保忠員的八男，不過是庶子的身分。大久保家一族自松平氏三代信光在三河一地起家乃至九代家康，一直竭盡忠誠地侍奉，在譜代[17]裡面是尤具來歷的家世。彥左衛門本身自十六歲首度出陣旗開得勝之後，轉戰各地立下汗馬功勞而獲得直參[18]的身分。大坂夏之陣中因戰鬥時沒有豎立旗幟而審議掌旗者的缺失之際，彥左衛門獨排眾議主張「確實有豎立旗幟」，而讓家康有所為難。這樣的頑固性格也造就了日後在落語等藝能裡彥左衛門形象的形成。

彥左衛門有眾多親族戰死，一族男子之中唯獨他一人倖存。時代已過了戰國之世，輪到精於金錢算計的外樣[19]、戰鬥中逃亡的膽小鬼趾高氣昂的時代，竭盡忠誠的勇武者並不會得到主君（第二代德川秀忠）的任何「嘉勉」。說起德川家的家風，「這個家世第一精於武道；第二對臣屬情深義重，說話殷勤懇切；第三慈悲為懷，這三項是這個家世綿延流傳的家風。如果三個之中缺了哪一個，真是如此的話，這個家將無以立足……」。歷代的主君之中偶有「無情」的主君，即使如此，家臣仍持「前世因果」之念，獻身赴死在所不辭。

這本書密藏於大久保家，直到明治才公諸於世。彥左衛門一方面慨嘆遭時不遇，另方面仍舊告誡子孫不可與自私的外樣之輩同流合汙，「譜代之眾不管好壞都要當德川家的忠犬」，戮力效忠。人生雖如曇花一現，但他斷言道：「名（名譽）可有所替乎？人存一代，名留永世。」

此外，《三河物語》生動地描寫了家康與家臣的互動情誼。還有，雖然與家臣之間的關係和睦，但是在三河如果發生一向一揆，身為宗徒的臣屬依舊會加入一揆那方，面對家康的呼籲竟隱身於後等情景的描寫，在在生動地刻畫了當時的宗教環境以及近世初期武士的形態。

17　關原之戰以前即為德川氏家臣者。
18　直屬將軍的家臣。
19　關原之戰以後才成為德川氏家臣者。

《葉隱》

本書是佐賀藩士山本常朝（一六五九～一七一九）口述，由田代陣基（一六七八～一七四八）筆錄而成。比起大久保彥左衛門的時代已變得更加太平，武士作為戰鬥者的地位也面臨大幅的轉變。這本書有關年譜等記載的部分固然重要，其意義更在於以鮮明生動的語言記錄了戰鬥者武士的心得及典型。

> 武士道即是視死如歸，在面臨生死存亡時唯有求死一途。別無大道理可言，沉著而勇往直前是也。瞻前顧後或是平白送死等等的說法是上方之流驕傲自大的武道。生死存亡之際仍求凡事如願是不切實際之舉。吾人是喜好生存者，喜好者蓋有藉口。但若是誤做選擇而苟延性命，則是貪生怕死之徒。此間界線乃是毫釐之差。即使誤入險境而死，或有癲狂之譏，亦不至於羞恥。此是武道之要緊處。朝夕總以死為念，能以常住死身自居時，則可達武道自在之境，一生無有失策並能克盡家職矣。
>
> （《葉隱》聞書一－二）

自身在面臨生死存亡的選擇時，必須總是選擇死之一途。常朝如此反覆強調，對武士的自處主張須每日「事先考慮」並秉持決心，否則緊要關頭時將無法做出正確的決定。他還強調，武士之道無需忠或孝，要的是「必死奮進的決心，此中自然包含忠孝在內」，為了達到主君的「吩咐」是一概不需要「智慧藝能」或思慮判斷的。他把為「主君」的捨身比喻為即使死了也不為對方所知的「忍戀」等，將武士捨身赴死的道德推到一個極致的境界，至今仍聞名於世。

戀慕之極致是為忍戀。「戀慕死方休，化作一縷煙。終不吐衷懷，一片赤誠心。」如此之謂也。存命時若表露出來則非深重之戀。思慕至死的高貴情懷乃是無可限量。即使獲詢非是此意乎，亦言不做此想而思慕至死，方為極致。……主從之間此心澄明也。

（聞書二—三四）

武士的定位是近世思想裡一個重要的主題。在儒教方面，例如山鹿素行提倡所謂「士道論」，並把士定性為代替農工商三民以實現人倫之道的地位。在這裡，武士的定位並不是戰鬥者，而是一種人倫之中的本分。

武士道在昇平的時代產生了質變。但是，直到明治為止，包括切腹等武家特有的慣例和法令仍持續受到遵守。近代對武士道的再發現亦是其來有自的。

近世佛教的思想

在初期的國學以及西川如見的思想裡，可以看到德川前期的町人階層對佛教的極樂和地獄等觀念所抱持的距離感或反感。這正是世俗化的象徵，而佛教本身也無法自外於世俗化。天台本覺思想的學統中斷於十七世紀末，正是其中的一個代表現象。然而，這裡要提一下，在世俗化之中佛教界仍舊出現了謀求改革的僧人，例如鈴木正三（一五七九～一六五五）、盤珪（臨濟宗，一六二二～一六九三）、白隱（臨濟宗，一六八五～一七六八）、慈雲（真言宗，一七一八～一八〇四）等。

鈴木正三出生於三河松平氏家臣之家，曾在關原之戰以及大坂冬之陣、夏之陣從軍出征。四十二歲時出家。因胞弟重成在亂事[20]平定後的天草出任代官[21]，遂受邀在天草進行思想教導。他的思想主要特徵是在「世法即佛法」這一現世職業倫理中論述佛法的應然。他著有《萬民德用》（一六六一），論述若想增進「得利」必須用心學習「正直之道」。還有，在仍是武士身分時所寫的《盲安杖》（一六一九）裡，對於儒教指責佛教違背世法，他從禪佛教的立場加以反駁。正三等人的行動為現代重新思考趨於世俗化的佛教提供了許多啟發。

有關佛教與近世思想的關係也需要導入新的視野。學界有研究藉由關注提倡大乘論的律僧普寂（一七〇七～一七八一）的存在，試著從與近代佛教思想的接合這個視角來重新思考十八世紀的佛教思想（西村玲，《近世仏教思想の独創》〔近世佛教思想的獨創〕）。此外，有關宗派內考證方面的學問，反而是在江戶時代更為活絡。

7 國學的思想

何謂國學？

在儒教逐漸占據官學地位的同時，被稱為「國學」的思想也開始成形。國學這門學問主張日本的古典、特別是被認為未受佛教影響的《古事記》及和歌物語裡，充分展現了日本人原本的生活方式，進而加以研究。更直接地說，國學就是一門根據日本古典來探究日本人自古代以來獨特生活方式的學問思想。其在日後遭到批判是激進民族主義（nationalism）的源頭，但是這樣的批判不可否認地也是在歷經近代國民國家形成下的民族主義之後，基於這樣的眼光所投射的批判。這一章將從國學的誕生歷程這樣的視角來探討。

國學是在儒教思維業已成為人們通識的近世德川期之時產生，並且是打著反對儒教思維的旗幟出現的。但是，在其發生之時，與其說國學是與儒教對峙，毋寧說它有著以下的時代背景：亂世結束，近世社會成立，形形色色的人們在都會裡各自營生，社會更加地世俗化。

---

20 指一六三七～一六三八年在天草及島原，因抗議領主苛捐雜稅所引起的農民（多數為天主教徒）起義，史稱島原之亂或天草之亂。

21 幕府直轄地的地方官。

或者也可以說，中世的佛教已失去整體的構思能力，在此情況下如何面對佛教觀念喪失真實感的事態是一個巨大的時代背景。對整個佛教界有著莫大影響力的天台本覺思想，在江戶時代出現了被稱為近古天台之安樂派的妙立慈山（一六三七～一六九〇）及靈空光謙（一六五二～一七三九）二人，特別是靈空著作了《闢邪篇》（一六八九），使其思想步向終焉。這與戶田茂睡及契沖的時代是重疊的。

在這樣的時代背景之下，更加凸顯了人們及社會的紐帶為何的問題。身為初期國學者的這些人，是從靠近佛教的地方開啟他們的步伐的。在這個意義之下，可以說他們與新的儒教的成立有著部分共通的問題意識，卻有著別開生面的出發。

國學思想史始於戶田茂睡（一六二九～一七〇六）、僧契沖（一六四〇～一七〇一）等前期國學者這一群人，接著是荷田春滿、賀茂真淵（一六七九～一七六九）、本居宣長（一七三〇～一八〇一），再者則可舉晚一世代的富士谷御杖（一七六八～一八二三），或是平田篤胤（一七七六～一八四八）及幕末的國學者等人。

前期國學

被稱為前期國學者的這一群人有木下長嘯子（一五六九～一六四九）、木瀨三之（一六〇六～一六九五）、下河邊長流（一六二六～一六八六），以及前述的戶田茂睡、契沖等人。在這個時代尚無將他們的思想內涵稱為「國學」的用法，其稱呼趨於一般化是在十八世紀末左右。但是，這裡仍權宜依照過去的用法，稱之為國學。

這一群人物的共通點是，他們的生活方式都與時代有所扞格。最初所舉的戶田茂睡雖然是武士出身，但是卻在江戶淺草過著都會隱士風的生活。契沖是真言僧，據說曾自殺未遂，並且婉拒賞識其學養的水戶光圀的招聘，一直住在大坂的市井。他們都摸索著新的道路，另一方面卻顯露出無法依循既存思想之無依無靠的窘境。然而，那種無依無靠的感覺之中，卻同時具有確實而可掌握的東西。確實的東西是「情」（なさけ）、「感情」、「人情」，以及其極致表達的「愛戀之情」的心境，還有用以表達的歌（和歌）的意義。前期國學大致與元祿時代（一六八八～一七〇四。在元祿年間的大坂、江戶，尤其是在大坂，體現新興町人階層氣質的元祿文化大放異彩。俳諧、浮世草子、人形淨瑠璃、歌舞伎等類別的文藝、藝術盛極一時，代表人物有井原西鶴、近松門左衛門、松尾芭蕉等人）重疊。在此，首先討論在江戶「代表元祿時代」（佐佐木信綱）的人物——茂睡。

戶田茂睡

初期國學者的思想腳步是從對和歌的思索開始的。戶田茂睡在《寬文五年文詞》一文中說：「歌者既是大和之語，人之所言無不可入歌者。」認為《萬葉集》、「三代集」（《古今和歌集》、《後撰和歌集》、《拾遺和歌集》）裡所使用的「詞」皆可毫無顧慮地使用，批判中世以來堂上[22]歌學所主張的「制詞」、「禁詞」（不可用於歌中的語詞限制）。茂睡期待上古以來作為「古道」（ふるみち）的歌可以「廣行於世」，在這方面，他與木下長嘯子、下河邊長流等人被視為國學的自由古典研究及歌作的創始者之一。

還有，他的歌論中有容許使用「俗語」的特徵。對《萬葉集》重新投以關注的即是初期國學。《萬葉集》的注釋始於平安初期，而鎌倉時代的仙覺《萬葉集注釋》（一二六九）即是此間注釋的集大成。以歌人著稱的源實朝也有萬葉調的歌作。茂睡深深著迷於《萬葉集》及三代集，尤其他認為《萬葉集》是「今歌之難在於常用俗語之詞」，特別是長歌裡「平鋪直敘之語今多有滑稽之詞」，因此和歌中使用「俗語」是毫無妨礙的（《梨本集》）。他說，對和歌設限猶如是將「賤男賤女」亦嚮往的和歌的廣度，限縮到「一己之見」般的「關卡」（関所）一樣。

但是，茂睡的批判並不能與宣揚肆無忌憚之情感解放畫上等號。他雖然批判制詞，但仍強調和歌必要的規矩規範，同時也不排斥題詠（事先設題而吟詠詩歌）的形式。從茂睡的想法中我們可以看出，和歌所詠懷的人情表露是一種深刻的關懷，這樣的關懷是投注在開始形構某種普遍場域的、近世社會及人際關係的「共鳴」之上。和歌即使無法「出口成章」，「任誰聽聞也知其優劣」，因此最大的問題在於如何說明「聞之而知內心深刻、情感匪淺的」和歌的優點，以及如何能夠將其規範化（《百人一首雜談》）。

茂睡雖然批判藉由「祕說相傳」、「口傳」等形式來占有和歌的知識、並主張正統的堂上家，在另一方面卻高度評價同為堂上家，但是正確追尋「沿革來歷」，只要有疑問則不惜「尋問至遠國」並廣求知識的六條家歌學。錯誤的認知會阻礙人們對「和歌感情」的投入，在這層意義上，茂睡所追求的目標是和歌之「學」。除了探尋故事來歷，並且釐定語句、考慮「てには」[23]等的語法文法，更經由「深入沉思」以確定解釋的程序，避免使解釋落入單純主觀的判斷，同時以「學問」來涵蓋廣泛共鳴的場面。他有著明確公開學問知識的意思，這一點是思考日後的國學時也不可忽略之處。還有，這樣的「學問」並不僅止於文獻的範疇，更重要的是建立在觀察世俗生活中市井小民的事實、以及對於風俗的關心之上。

國學有一大特徵是對於風俗之一貫的關心，尤其他們關注著規範生活的內容。在《紫之一本》、《御當代記》、《梨本集》等著作所反映出來的茂睡，是一個自由的社會觀察者。他所記載的內容橫跨幕政的各個層面、幕府的人事、法律規章、天災地變乃至市井的瑣事、江戶的名勝地理等。他所持的記述態度是，一方面保有個人作為武士的某種規範，另一方面卻批判德川綱吉任內「缺乏慈悲」的政治，並且一貫憂慮苛刻的處分和法規。他感嘆如今已是「精打細算之人」跋扈之世，以「聰明」、「才幹」處世的風潮使「武士的風習」為之變質，今天已淪為「無人追求武家正道」的時代（《紫之一本》），另一方面則擁護町人的心性。

在具有其思想骨架的《梨本書》裡，藉由疑神疑鬼的睡法師、有著法師的裝扮卻談論「人道」的世俗主義的茂法師、古風武士渡邊茂右衛門這三者的對話，他凸顯了這個時代的世俗樣態。同時，他精采地刻畫了町人已不相信地獄等超越的思想，以及在世俗世界中，

22　貴族公卿。
23　日語裡的助詞、助動詞。

「擁有主人、家室、僕眾的人，如何能離得開名利呀！」、「貪瞋痴三毒每日亦是功課」等，人們在犯下佛教罪惡的同時，仍過著日常生活的心性樣貌。這裡尚未意識到儒教的存在，反而隱約可以看出其代替佛法，向不從彼岸而從此岸規範人們生活的「神道」追求世間秩序意義的思想的萌芽。同時，進一步可以看到佛道仍舊是規範世間、難以摒棄的重要存在。這樣的心性與後面將提到的西川如見之《町人囊》裡的町人是一致的，亦即，雖然不相信地獄、極樂世界，但承認其保有崇信的姿態。

戀的發現——不倫之戀

此外，茂睡的一個尤其重要的特徵是，以有別於道德規範的方式來評價戀愛的意義，這樣的和歌詠唱方式已經現出端倪。他批評前此將「汝既以逢名，正若逢坂山真葛。援蔓人不知，望汝悄來或可得」（名にしおはゞあふさか山のさねかづら人にしられでくるよしもがな，《小倉百人一首》，三條右大臣）中的「人にしられで」做「雖為人所知也想見上一面」的解釋，認為應該解作「不為人所知」才是。

茂睡指出：「悄然行事[24]故有戀之名，毫不隱藏則是夫婦婚禮也，不可謂之戀。」（《百人一首雜談》）他認為，戀愛是超越道德規範而成立的，因此和歌才能引人共鳴。

僧契沖

契沖被視為是國學的創始者，日後國學的大成者本居宣長雖然批判其和歌解釋充斥著佛教色彩，但仍敬仰其建立了國學堅實的基礎。契沖與其他前期國學者有著共通的隱者性格，身為真言僧卻據傳曾在年輕時自殺未遂。友人下河邊長流拒絕了水戶家的請求，所以契沖代其完成《萬葉集》的注解，即為《萬葉代匠記》。

論其與後世國學發展的關係，必須舉出兩點：首先，他發現了古代的假名（「を」和「お」，「い」和「ゐ」，「え」和「ゑ」）分別以不同的漢字書寫，這是他的一項功績。契沖以佛教哲理為背景提出一套說法，認為中世歌學和語言學之所以沒有看出其中的區別，是因為不以個別性（「差別」）為優先，而以通有性（「平等」）為優先。契沖批判明魏法師（一三三六～一四二九，南朝權大納言藤原長親的僧名）的見解，也就是「を」和「お」、「え」和「ゑ」、「い」和「ゐ」是互通（〈五音通〉）的說法。契沖主張它們不相通用，認為明魏的說法沒有區別其發音差異。從契沖重視假名音訓的立場來看，明魏之說是見其「通」而不識其「別」的看法。

他的另一項功績是，藉由《古今集》之〈假名序〉的解釋提出了對抗中世歌學的歌論，而這個則成為本居宣長或富士谷御杖的國學式歌論等的一大基礎。契沖開啟了端緒，其主

---

24 原文「しのぶ（忍）」，指不為人知地悄然行事。

張的核心是：和歌是內心的表現，還有「語言」與「心」與「誠意」（まこと）之間的關係（為何語言的誠意與內心的誠意都稱之為「誠意」等問題）這些論點。在重視事物的「差別」相的契沖那裡，有著比較文化式的想法，亦即日本與印度、或是與中國的差異，是人類的普遍性而呈現出文化的差異。「平等」是確確實實地存在於「差別」或「守自性」（保持固有性）背後的。但是，同時我們也必須了解，其著眼於「差別」相的看法確實具有銜接日後國學之「特殊」日本論的引燃性。

另外，契沖開創了古代學的基礎，而且他具有古代的難以理解反而能夠開創理解的學問觀。還有，他透過文獻實證了日本和歌的語言與修辭深受中國修辭的影響，這些方法與日後的國學形態比較起來都饒富興味。

賀茂真淵——「似同而異之心」的風景

受到契沖的學問影響而進一步深化國學研究的是荷田春滿（一六六九～一七三六）。身為神道家的春滿透過研究《萬葉集》以及《古事記》、《日本書紀》，開拓了神道的部分。雖然也有歌論，但主要還是與神道有關。將國學的四大人（春滿、真淵、宣長、篤胤）視為正統學統的看法，是之後平田派重視春滿以來的神道學統而給予的名稱。《創學校啟》（一七二八）一書提倡闡明「古語」則可闡明「古義」的立場。從學於春滿的賀茂真淵由於其出身神職，雖仍以和歌為主題，但是與茂睡、契沖不同，他扣下了儒教批判的扳機，並且毫不遮掩地表露對中世歌學背後之佛教的反感。透過對《萬葉集》等的研究，真淵將日本的古代視之為理想。

他的「古學」（いにしへまなび）是為了「知曉」上古萬事簡樸、無所造作，亦沒有道德的強制而「合於天地」安治祥泰的樣貌，而學習「古代之歌」並修煉「自己吟詠之歌」（《歌意考》）。他認為，人為了斬斷「機巧之心」（さかしら心）、以及助長其心的儒教的影響，透過歌詠而「使自己的心言習熟於古」（《賀茂翁家集》卷之三），藉此得以實現上古的理想之風。吟詠人心之歌乍見似無用之物，實則是世間治亂興亡之要，「由家及於國，由國乃至天下，皆是為用」之物（《萬葉祕說》）。相對於同樣冀求有效於治國平天下的儒教因為說「理」而造成世上紛爭，和歌則是帶來「祥和」。

真淵所看到的，擁有多樣感情的個別存在所編織而成的社會是何種樣貌？世間本來就是「雖不教之」亦「運行無阻」的存在，儒教勉強提倡道德反而造成混亂。理或仁義禮智其實無需刻意命名，已「自然」（おのづから）俱備於人間社會（《國意考》）。雖然真淵如此說，但如果轉眼觀察箇中的社會結構，卻絕對不是鐵板一塊，而是暗藏著一觸即發的可能性。接著，繼續看《國意考》的內容：

（唐國）如上所述，世代紛亂而無善治之時。此間眾人謂有儒道，而以為即通曉天下之理。實無正面指摘之必要，然其所謂理蓋細微而易曉，而人稍稍聽講則姑而信之。蓋天下之理悉容其中者，是創世之初即存在並綿延傳至今日者。儒道或存乎一時，然天下人心似同實異，表面容或聽之，然內心實有不從。

（《國意考》）

即使是在「春夏秋冬漸次遞嬗」的風土裡，皇統連綿永續的本國「天下」，「表面」上看似滿溢著祥和的心情，其實深入其心情的個別細微之處則會發現，「心中難忍」（難以壓抑）的怨怒、憤激、「無理」（不合理的）願望，以及「有意奪世」的等等想法激盪在心中。身為統治者也不例外，「弒殺眾人而成為一國之君。若是將其趕盡殺絕，則將成為無比尊貴之人」而達到今天的地位。如此，世界上「內心的虛偽人皆有之」，每個人都是暗藏虛偽的存在。如果觀察真實的內心，則會發現人類是相互截斷同感共鳴的存在。

既然個人充滿著虛偽，對於他者只存在隔閡的社會，何以能夠得到「祥和」呢？真淵認為那是因為有「率直之心」。在古代，即使是反叛的想法也會吟詠在和歌裡，因此而獲得平定。正因為「率直」，「相異之心」能夠懷抱著「內心的虛偽」而包含融入到他者的共鳴裡。在真淵看來，人的心終究會歸趨在對於「神」與「皇」（すべらぎ）的「兩種畏敬」之上（《書意》），而這正是古代社會的實情。

宣長的思想——歌論及物語論

本居宣長（一七三〇～一八〇一）在年輕時就對和歌及古典感到興趣，而明確將其作為一門學問，很大一部分是因為在伊勢松坂經營木綿生意的老家結束營業，立志以醫者立身而遊學京都學習儒學和醫學時，接觸到契沖的《百人一首改觀抄》等著作以後。提到國學，一般皆強調其反儒學、反佛教的一面，但是宣長本人曾說近世學問的發達造就了自身「古學」的發展，並指出儒學與古學是相輔相成的。眾所周知，他年輕時代的日記裡曾出現「仁齋、徂徠」等名號，但是宣長本人否定「古學」是受其影響而形成的。然而，不可遺忘地，他的眼光經常留意著朱子學及反朱子學，還有蘭學的存在。

在初期的歌論裡，宣長周到地深入自他共鳴感情細微之處，視和歌是人情不受規範的表達、「只言內心所想」，並且宣告和歌是與政治道德不同範疇的東西（《排蘆小船》〔あしわけをぶね〕）。

（前略）世人之情皆祈願歡樂、厭惡苦楚，有趣之事任誰皆覺得有趣，悲傷之事任誰皆感到悲傷，只要隨著心意而吟詠即是歌之道。以奸邪之心吟詠，則詠出奸邪之歌。以好色之心吟詠，則詠出好色之歌。以仁義之心吟詠，則詠出仁義之歌。如此可知歌者非單一偏向之物。想要表現實際情感，則歌詠實際情感。想要表達虛偽，則歌詠虛偽。想要修飾措辭而博人一笑，則修辭滑稽而歌詠。總之任其心意便是。這個正是實際情感，須謹記在心。

（《排蘆小船》一條）

當然，和歌如果只是吟詠並不會獲得共鳴。今天世人內心矯揉虛偽變多，只專注於「修飾辭藻華麗吟詠」，這時便只能以《古今集》和《新古今集》作為範本。但是，和歌並不是「是非議論」的對象。「其行跡的好壞、心地的邪正善惡，須在其各個分野之中褒貶議論」，和歌應該是「排除善惡的議論，只言物之哀」。

在《石上私淑言》裡，論及忌諱好色的法師所吟詠的戀歌為何有如此多傑出的「哀」歌，宣長說：「如此心中所深植的妄念，如果可以藉由吟詠成歌而稍稍抒發，難道不也符合發露懺悔（佛家語，指在佛前告白自己所犯下的罪過以乞求容忍）之心嗎？」或者，在論述《源氏物語》的《紫文要領》裡，他也花了許多篇幅來申論「法師之戀」的和歌的正當性。

還有，宣長說：「儒家以聖人之道為大道，釋氏以佛道為大道，老莊以遵循道德自然為大道。」對於和歌是否可稱為吾邦之道的提問，他回答說和歌可以說是「抒發鬱悶之情，表述胸懷，形容四時遞嬗的大道」，如果說是吾邦大道的話，不是有「自然的神道」嗎？

物哀論與理的批判

從歌論所提出的「物之哀」論在論述《源氏物語》時得到進一步的深化。宣長主張，《源氏物語》即使有談論訓誡的內容，但絕對不包含佛教的教義，只是一部以「領悟物之哀」為旨趣的物語。宣長對於「物之哀」下了這樣的定義：「接觸世上所有的事物，了解其旨趣及意涵，該愉快的事情就愉快，該思量的事情就仔細思量，該悲傷的事情就悲傷，該想念的事情就想念，分別動情而有所感即是領悟物之哀。如果不為所動、情無所感的話，則是不知物之哀。」（《石上私淑言》卷一）還有，他說《源氏物語》的出場人物所表現出來的風範也是如此，而且「若將領悟物之哀一事加以拓展的話，則可延伸推及修身齊家治國之道」（《源氏物語玉小櫛》卷二），認為其與修身治國是相通的。

宣長在建構這樣的物哀論的同時，也展開了對於中國的聖人以及「理」思想的侷限性的批判。

漢國（からくに）之人以為聖人之智能夠周徧通曉天地萬物之理，故欲本諸機巧（さかしら），強以一己有限之小智衡度難以知曉之事。若有理之難測之事，則不信之，進而斷其無理。乍聞似有賢明，實反彰其一己之智小也。

（《葛花》）

換言之，儒教極力主張一己之造作，對於人類所無法知道的事情亦強辯能夠知曉。

宣長致力於闡明古代的神話世界，最直接的契機是肇於晤見真淵時（一七六三年），得到是否願意著手解明《古事記》的建議。然而，關注古代的傳說與追尋我國原本之「道」、這個僅以歌論或物語論所無法解決的問題意識息息相關，是宣長早年即有意一探究竟的課題。一直以來，他孜孜不倦地埋首於《古事記》的解讀，終於完成了《古事記傳》，那同時也是所謂古道論的大功告成。前此的國學者幾乎只在《萬葉集》打轉，也是由於《古事記》

頗為難解的緣故，可以說宣長突破了這項困境。此外，對於《日本書紀》，宣長認為其是漢意（からごころ）影響下的產物，而重要性不及於《古事記》。

宣長在古道論中指出，日本正以無「道」之姿而有道。受統治者只要遵從神明及天皇的命令即可，這就是《古事記》的世界裡所呈現的古代日本。《古事記傳》本身主要圍繞在語句的解釋及書籍的探究等樸實的注釋，其實在這當中他提出了兩大神學上的問題。首先，一個是：這個世上的災厄及不幸是禍津日神（まがつびのかみ）肆其狂暴而起的「無可奈何」之事，但是終有一天會由直毘神（なおびのかみ）恢復原狀。

另外一個是：從黃泉國裡伊耶那美（イザナミ）淒慘模樣的描寫，可以引導出死的樣態，也就是，不管是善人還是惡人，死了之後必定前往黃泉國。死這件事沒有軀體腐化以外的意義存在，無法像儒教、佛教那樣，給予救贖或任何意義的詮釋。以神道的立場如果刻意說「安心」（あんじん）的話，人們大概無法理解，而「沒有安心方是安心」才是真正的死。宣長在寫給入門者的《宇比山踏》（うひやまぶみ）一書裡，將古學這個領域分為道的學問、典章制度之學、史書之學以及歌學，這些「分門別類」雖有眾多，而他認為最應重視的是道之學。

道的重要性自不待言，宣長的學術關心橫跨多端，舉凡蘭學及世界地理、博物誌及民俗誌，還有比較日本語與琉球語、朝鮮語、中國語、梵語的音韻等語言學。另外，思考宣長這一知性存在時不可忽略的有：作為醫師所依據的李朱醫學（後世方）、古醫方、荷蘭醫學的識見、對蘭學整體的知識（可以想起他身旁經常擺放著世界地圖這個事實），還有不用說他早年即集中精力學習，直至晚年仍持續不時閱讀的各種漢籍的識見、漢詩的實作及知識，以及年輕時對淨土宗的歸依及結緣、晚年每天例行誦讀淨土三部經（村岡典嗣，《本居宣長》）等，這些都是思考宣長整體學問知識結構時不可或忘的。

宣長知性世界的風景

我們可以從收錄宣長中期至晚年隨筆的《玉勝間》一書中，窺看他那多采多姿的知識關心。他基於個人的興趣及意向，自由地論述廣泛的題材。這裡舉其中一節為例。

> 學習蘭學者似乎認為，天地之間的任何國家皆各有千秋，不應該偏執於哪一個國家。這樣的見解比起只執著於中國的想法來得傑出，乍見之下似乎言之成理，但是彷彿仍不知日本是優於萬國的尊貴國度。如果知曉萬國之事，照理自然會知道日本的優秀，蘭學者仍不知尊崇日本，或許是因為一方面指出漢學者偏執中國的不是，卻只以不偏執為是而執著於毫不偏執之上。這個不僅限於蘭學者，世上一般學者多半有這樣的想法。
>
> （《玉勝間》卷七）

宣長評價蘭學的相對主義，認為它比起固執於中國絕對化的漢學者來得優秀。但是，另一方面在不知日本的尊貴這件事情上，他批判這正是偏執於自己的相對主義的產物。而且，他指出不只蘭學者，一般學者有很多人也持同樣的想法，可知這樣的批判是針對同時代的知識形態而發的。

在上引卷七一節的前面，他批評道：中國在主張自國的優位性的同時也知道佛教傳自天竺，隨後在較近的時代也知道了西方諸國的存在，了解到中國無而彼有的道理，卻妄稱「中華中國」，欲貫徹其自國中心主義。這裡凸顯出宣長主張的方向，也就是他認為「相對化」的階段是思考過程裡所不可或缺的。還有，他在同書裡批判「五洲」（五大陸）這種中國式的記述，也有相互呼應之處（卷十一）。

宣長之學最終走向日本絕對性的主張。然而，同時他對知識的關心卻是投向包含各種東洋傳統思想形態，以及西洋學等屬於十八世紀日本的「知識部署」，這一點是我們所不可忽視的。

另外，與宣長的歌論、語言觀正面對峙的國學者有富士谷御杖這號人物。他一方面追問著建立在「人與人之間」或稱之為「あはひ」（間）之上的和歌所引發的共鳴究竟為何的問題，另方面批判宣長的語言觀，樹立「倒語」（和歌的語言與日常語言「直言」不同，看似指著此事，其實是指著相異的彼事）的概念，為和歌論乃至神話解釋開闢了一片新天地。而且，他還主張情欲正是與「道」相連繫的結構。此外，真淵的門徒中如村田春海這些人，對宣長的古道論持批判立場的國學者為數不少，例如努力考證史實的伴信友，以及專治古文獻的考勘學和制度學的狩谷棭齋等人。

平田篤胤

宣長的古道論得到自稱其生前弟子的平田篤胤改變方式地繼承。篤胤在學問上的推展是一方面承接宣長的古道論，另方面又以無法苟同宣長的神學議論為契機的。他認為記紀的古傳（神話）背後理應有真正的傳承，便逕行創作古傳。支持他如此做的熱情是來自於宣長所提出之禍津日神的惡神說，然而並不接受其對死的理解。因此，他首先關注宣長所抑制的古傳所展開的宇宙及地球圖像。在篤胤的理解裡，禍津日神並非惡神。

而且，他的主張的最大特徵在於他認為死者將前往汙穢的黃泉國這個說法是受到漢籍的影響所致。對此，他構想了「幽冥界」這樣的世界。幽冥界指的是大國主神讓國而從現世消失之後所統治的領域。他認為，伊耶那美並不是死了，而是以顯身（うつしみ）之姿前往黃泉國。人的屍體會前往黃泉，而魂魄則不可能到那種地方。照理應該是回到天上，但是古傳沒有記載，所以無法根據事實得到確認。因此，他從古傳的真意及現世裡的表徵得到魂魄會永遠留在這個國土裡的結論，也就是留在這個顯國（うつしくに）裡「隱約而不可見之處」、「社」（やしろ）、「祠」（ほこら）或「墓畔」，並且給予近親者「幸福」（さちはひ）而守護著他們（《靈之真柱》）。這就是篤胤所主張的「魂魄去向的安定」（近傍他界觀）。

顯而易見地，篤胤在立論的過程中不僅利用了西洋的科學思想，還暗中援用了由中國轉入的基督教知識及救贖觀念。

平田派與幕末國學

篤胤的門人有佐藤信淵、鈴木重胤、大國隆正等人，並且在幕末與水戶學的關係轉趨密切。平田派的大部分國學者均固執於日本的優位性，並且影響了尊皇攘夷論，甚至有人做出脫序激進的行為。到了幕末，國學進一步變質成可稱為國學運動的內涵，而且平田派位居中心並有濃厚的政治性。例如在越後柏崎[25]舉兵的生田萬，陸續出現多數直接參與政治行動的人物。如後所述，國學還對後期水戶學的建立造成了思想上的影響。

其影響還及於明治新政府成立之後，明治初期神祇官復活等制度。但是，近代化的進展卻讓國學失去了立身之地。明治初期的廢佛毀釋也是國學思想運動的結果，但在之後明治政府的近代化政策裡，不僅國學運動失去地位，連同狹義的國學也跟著壽終正寢。島崎藤村的小說《拂曉之前》（夜明け前）對那些平田派的信奉者在明治以後失去了精神活力有深刻的描寫。

但是，在作為學問的國學則有如下的發展：芳賀矢一認為其文獻學、注釋學的層面與德國文獻學幾可匹敵，將國學重新納入近代學問並嘗試確立為國文學研究；村岡典嗣受到芳賀觀點的啟發，對建立作為近代學問的日本思想史研究這門學問做出貢獻。或者，篤胤的論點及有關魂魄救贖的問題，也影響了柳田國男（一八七五～一九六二）及折口信夫等人的民俗學並且獲得繼承。因此，他們的學問有新國學的稱呼。

8 町人、農民的思想

町民、商人的獨特思想

江戶時代的知識學問早先專屬於武士階層，但是商人在提升經濟實力及生產力的同時，也逐漸形成明確的階級意識及獨特的思想。前面我們已經看過町人階級出身的思想家，例如本居宣長和懷德堂的思想家，本節將討論以商人的生活方式作為課題的思想以及其思想表現。

此一思想的萌芽肇始於元祿時代及元祿文化。元祿文化以大坂為中心，而當時最為活躍的是井原西鶴（一六四二～一六九三）、近松門左衛門（一六五三～一七二四）等人。

井原西鶴

西鶴出生在大坂富裕的町人之家，原以俳人（談林派）身分活躍一時，之後轉換跑道成為浮世草子（好色物）的作者。處女作《好色一代男》裡描寫主人翁世之介的風流好色，最後他落腳於「女人島」。在這部作品裡，充分反映了五代將軍綱吉的法度政治和恐怖政治

25　現新潟縣中部臨日本海的城市。

（因「生類憐憫令」[26]而惡政之名昭彰，近年則出現其實際上是結束朝夕戰鬥的武裝時代，並切換至文治政治的治世之類的評價），以及人們對於財富之力的絕望與不安。但是，之後西鶴逐漸轉趨肯定以財富之力為背景之町人的存在。「沒有財富則失去生而為人的價值」（《西鶴織留》一之三）已然是個現實，尤其是在「一切眾生同樣擁有眼鼻、手足地降生，武士以外，手握鋤頭是農人，手持算盤是商人」（《武家義理物語》序）如此階級分明的世上，由於「財富的有德（實力）」方使町人的存在獲得承認。這個是町人三部曲《日本永代藏》、《世間胸算用》、《西鶴織留》的中心思想。

西鶴在《日本永代藏》的開頭即描寫以財富至上的倫理道德：「天道無言，而國土恩澤深遠。人有實際而虛偽亦多，其心本虛，應物而無跡。是則身處善惡之中，如欲富足度過今日直白聖代，人之所以為人，故非常人。一生一大事，維生之業，士農工商之外，不限出家、神職，始終交託於大明神之神諭，累積財富……」但是，為了累積財富，同時也需要身體強健：「其身強健則福德有之，朝夕切勿大意。平日恆以世間仁義為本，奉祀神佛。是乃和國（日本）之風俗也。」

近松門左衛門

原本是武士出身的近松門左衛門所描繪的世界，是生活在規範町人階級的獨特風俗習慣之中的人物群像。近松雖是武士階級，但自幼即愛好文學，爾後便開始撰寫淨瑠璃和歌舞伎的腳本，《曾根崎心中》即是其代表作。在這部作品之中，辛勤工作的主人公、平野屋的伙計德兵衛與妓女阿初情投意合，但是主人之妻希望他能與其姪女結婚。平野屋預先將銀兩交給德兵衛故里的繼母，私下取得婚約。憤怒的德兵衛從繼母手中奪回訂金，暫時放在手邊時借給了惡友油屋九平次。沒想到德兵衛向過了還款期限仍不歸還的九平次追究，出示借款字據時，九平次竟說：「那枚印章已在日期之前向衙門申報遺失，你想用蓋有遺失印章的字據來騙我嗎？」反將德兵衛一軍。之後，德兵衛與阿初協議殉情，兩人便一心一意往共赴黃泉之路前進。這部作品頌揚了冀求在來生成就現世所不可得的戀情，蔚為蓋世傑作。

不過，值得留意的是，德兵衛最初之所以決定自殺，是因為他無法擺脫以不正當手段使用印章製作字據的嫌疑。逼著德兵衛的，如同他的台詞裡所說，要在三天之內向整個大坂揭示「我德兵衛的內心誠實坦蕩」，是讓他毫無開脫之詞，來自當時商人商業習慣的嚴格要求。雖然不可否認，原本即具備武士規範的近松有將町人的義理人情理想化的一面，但是最獲得好評的，是其確實反映了大坂町人階級現實生活裡的風氣與精神。

此外，近松有以「虛實皮膜論」聞名的文學論。

在文學方面，松尾芭蕉（一六四四～一六九四）也是這個時代的代表性俳人，其作品在思想表達上也頗為意味深長。

另外，早期的町人思想家可舉西川如見（一六四八～一七二四）為例。他出身長崎，專

26　保護動物法令的總稱。

治宋學及天文曆學。基本上他以儒教自然觀為基礎，並參照歐洲的自然觀，論述日本與漢土在風土（水土）上的差異，著有主張日本才是「中華」的《日本水土考》（一七二〇）。他可說是在十七世紀末商品經濟、農業生產值增大這樣的背景下所出現的思想家。除此之外，他還著有《天文論叢》，透徹論述不信「地獄、極樂」，以及「以聰明才智襯托人品與處世」的町人自負的《町人囊》、闡述農民生活樣態的《百姓囊》等。

石門心學

從近松的作品我們可以窺見其背後隱藏著當時的商業習慣和商業道德。十七世紀後半以降，伴隨著憑一己才幹致富的商人大肆活躍，出現了談論商人階層生存形態的教說及學問，其中受到廣泛接受的有「心學」。心學是由石田梅岩（一六八五～一七四四）開始提倡的，在他生前，因其形上學的部分主要根據宋學（性理學）的概念用語，故稱之為「性理之學」、「知性之學」。心學的稱呼是弟子的時代才開始使用的。另外，為了與陽明學或者具有陽明學傾向的儒學也有「心學」之稱做區別，取石田之名而稱為「石門」心學。

石田梅岩

石田梅岩生在丹波（現在的京都府龜岡市）的小村農家，因是次男故在十一歲時來到京都、進商家當伙計。在那裡工作了數年，因與雇主不合遂回到了丹波。在二十三歲時又再度到京都的商家（吳服商、黑柳家）任職。在受雇的過程中，梅岩並無以商人立身的意思，因有志學習弘揚神道教義而發憤讀書。四十二歲時辭掉工作，跟隨通透「性理奧義」並且兼修黃檗宗（禪宗之一派，在江戶時代由中國傳入日本。但是，在中國並非獨立宗派，因深受明代念佛禪的強烈影響，故與臨濟宗有所區別而屬於明代風格的宗派。宇治萬福寺之外，在長崎等地有其寺院）之禪的小栗了雲這名具有隱者風格的人物學習。四十五歲時在京都車屋町開創講席，但是門可羅雀。隨後漸入佳境，五十八歲時也開始在大坂開講，逐漸拓及全國。

梅岩在講課時使用四書五經及朱子的著作，日常生活中則奉祀天照大御神、孔子、釋迦，以及地方守護神。可見他以當時的儒學教養為基礎，折衷採納了神道及佛教，或者也可說他將庶民心性裡諸教混合（syncretism，並列的宗教價值）的要素予以學問化了。

梅岩的著作有回答弟子提問形式的《都鄙問答》，以及晚年提倡儉約的《儉約齊家論》。在《都鄙問答》裡，他抨擊精通學問卻貪圖金錢的無德學者是「文字藝者」，並且追求知行一致的實踐性學問。他以朱子學的性理論為基調，並採納神道、佛教及老莊，通盤論述了道德、武士、商人之道，以及佛教、神道等宗教。

梅岩尤其重視的是商人的地位。商人在遂行社會本分上並不亞於武士，指出「獲利是商人之道」、「商人的利益與武士的俸祿相同」，商人累積財富的「主人」不是商人個人，而是「天下之人」。此外，他說「用心於貨物，絲毫不疏忽大意地交貨」，則買方也不會產生白費金錢的想法等，闡述商人有關金錢的留意事項。商人的誠實是「正直獲利」，因行情而上下調整售價也是「天之所為」，不是「商人之私」。「取得一定之利，勤勉於本分」，則「自然可得為天下之用」。誠實之所以重要，是因為得到誠實的信賴時，雙方能夠坦白融洽地建立「善者」的關係，在這個意義上如果沒有「學問之力」則無法理解箇中的道理。因此，他認為商人也需要學問。

梅岩的教說並不限於商業上的道理，還帶有商人個人修養的倫理性。他的學問之所以被稱為心學，在於他根據「為了理解性而修行的人，在苦無所得而反覆思量、日夜愁煩時，忽然豁然開朗」（《儉約齊家論》）這般自己大悟的體驗，具有追求人「性」的修養態度而來。梅岩以淺顯易懂的比喻、深入淺出的語言來論述，其中心思想即是誠實與儉約。

相對於「自然的誠實」，儉約是「依照自我身分恰如其分地」運用天下的財寶，並戒除不必要的浪費，合乎時與法地使用。他說：「澈底了解儉約的道理並加以落實，則家齊國治天下平，此非大道乎哉！」（《儉約齊家論》）認為儉約直通天下國家的安寧。此外，他對《日本書紀》裡天地開闢的傳說認為應該如乎其實地看待，即使名稱有所改變，「萬物之理」只有一個，一物裡蘊藏著萬物之理，人之一身也有所具存，但是這其中的「微妙之理」是普通人所難以知曉的。必須指出，他的認識論裡含有如此的不可知論，其對學說、宗教的折衷也是植根於此（《都鄙問答》卷之四）。

日後，石門心學有手島堵庵（一七一八～一七八六）、中澤道二（一七二五～一八〇三）等門人輩出，傳布於全國。

懷德堂——大坂町人的學舍

在大坂町人的援助之下，以中井甃庵為中心所設立的懷德堂，在成立兩年後獲得幕府的官方許可。學生以庶民為主，也有居住大坂的武士入學。這裡出現了以下卓越的人才。

中井竹山（一七三〇～一八〇四）　大坂人，一七八二年出任第四代懷德堂主，提倡較為自由的朱子學。由於松平定信的諮詢而執筆《草茅危言》申論經世，被認為影響了寬政改革。其著作《非徵》是為批判徂徠《論語徵》而作。

富永仲基（一七一五～一七四六）　經營醬油釀造業並在懷德堂學習儒學，亦兼修佛教。他提倡越是晚近時代所創作的書籍則有越多添筆的文獻批判論，亦即「加上說」，藉此批判儒教並提倡「大乘佛教非佛說」（大乘佛教不是佛教），主張應捨棄儒、佛、神道的缺點並依「誠」而生。他的主張對本居宣長、平田篤胤也產生了影響。

山片蟠桃（一七四八～一八二一）　澈底否定靈魂及超越性的存在。他以匯兌商升屋的掌櫃（「番頭」）之姿重振了仙台藩的財政，蟠桃之名即源自番頭而來[27]。他在懷德堂學習，同時也兼修天文學和蘭學。從五十五歲至七十三歲，撰就了《夢之代》，積極支持地動說，廣泛涉獵中國日本西洋之書並援用科學醫學，同時批判鬼神論。他批判的砲火還及於神道、基

27　蟠桃和番頭在日文裡同音，皆讀為「ばんとう」（bantou）。

督教，或是天狗等民間信仰。《夢之代》的跋文所揭之歌充分傳達了蟠桃的精神：「地獄無，極樂無，我也無。唯有人類和萬物。」、「神佛妖怪也無，世上更無奇妙不可思議之事。」

如此這般，武士透過藩校等機構，庶民則在寺子屋，其他還有非武士之人也可學習的鄉校、私塾等，儒教的教養得以廣泛的普及。近年，對於德川時代如此隆盛的學問，有許多研究積極從當時的出版此一角度來嘗試探索。

有特徵的思想家——安藤昌益

安藤昌益（一七〇三～一七六二）是直到近代為止幾乎「被遺忘的思想家」（諾曼・赫伯特〔Egerton Herbert Norman〕）。他生於秋田的農村，學習醫學及本草學，四十五歲左右開始在陸奥國八戶[28]擔任町醫，一邊討生計一邊持續著述。其著作《自然真營道》（一七五二～一七五五年前後完成）是在進入明治之後的一八九七年才被發現的，其他的經歷則未詳。

他的思想具有從根本顛覆江戶體制的內容。他設定了一個稱為「自然世」的理想社會，以對峙於現實的社會。所謂自然世，是指所有的人皆直接下田耕作、栽培作物以生活（直耕）的世界，以及女人們織布而穿地過生活（直織）的社會。在這樣的社會裡，人們的勞動與天地自然萬物的「生生」相輔相成，並且是一個沒有上下、貴賤、貧富之分的平等社會。

他稱現實的社會為「法世」，法世是一個「作為」（こしらえごと）的社會，自己不親自耕作、不動手織布，遂產生只會「貪食」的士、工、商階層。在法世裡，論證上下尊卑的教說，亦即儒學、佛教、神道等擁有一定的力量。而本來的自然是以「互性」（相互性、相依性）為原理，善與惡無法截然劃分，男女也是相互的存在，這樣的「互性」（相對性）被學問和宗教有意地破壞。他說：「男之性是女，女之性是男，男女互性而為活真（亦讀作「活而真」（イキテマコト））人」，或是「人者男女（ひと）而一人」，將「男女」讀為「ヒト」[29]。他將天地寫作「轉地」也是著眼於相互性和相依性，強調必須將法世恢復到自然世，創造平等的世界。

另外，頗為重要的是，幾乎在同一時期，九州的三浦梅園（一七二三～一七八九）同時學習儒學的世界觀與洋學，構想了獨創的宇宙論，並著有《玄語》等書。

農民的思想——二宮尊德

二宮尊德（一七八七～一八五六）一般以通稱的二宮金次郎聞名，生於相模國足柄[30]的

28 現在的青森縣東部，面臨太平洋的城市。
29 即「人」的意思。
30 現在的神奈川縣西部，以小田原市、南足柄市為中心的地方名。

地主之家。原本生活富裕，但因酒匂川兩度氾濫而造成田地流失、家族離散。一度被伯父收養，數年後得以重新復興家園。之後，為小田原藩家老之家整頓重振財政，並歷經復興小田原藩的野州櫻町領（現栃木縣）的苦難，終於獲得成功。一八四二年五十六歲時，時值推動天保改革的水野忠邦將其提拔為幕府的工程建設官員（「御普請格」），任命為「利根川分水路見分目論見御用」[31]，並在一八四四年受命重啟日光神領的荒地開拓。他參與其中並復興成功的村落共達六百五十村之多。

尊德思想的精髓可以說在於他無時不通盤觀察自然與人類，並能夠保持調度安排的被動性與主動性的平衡。現存他開拓荒地等龐大的「仕法書」（了解現狀並達成目的之順序），在在凸顯了他的觀察力及務實對策的縝密性。他明確區分天道與人道，並且斷言：「天道者自然運行之道也。人道者人所立之道也。相混其元為區別判然者則誤也。」、「夫人之所賤之畜道者，天理自然之道也。所尊之人道者雖順之天理，又是作為之道而非自然。」這裡可以說充分流露出他一邊利用自然的恩惠，一邊迴避抑制自然所帶來的災厄並取得收穫的農業體驗。天道是天下所有事物事象的根柢，自行運作不輟。但是，它本身並不是帶給人類恩惠的存在。恩惠是人類藉由操作天道作用的「作為」，方能獲致的存在。春夏來臨，百草萌芽、發育、繁茂，入冬則概皆枯萎，這是天地的運行之道，但卻不是作為慰藉，或是花鳥風月等直觀的自然。如此，將自然與人類予以對立地掌握，這當中可以看到尊德思想的獨特性。

天道與人道是互相拮抗的，然而人類之擁有私欲也是天理。天與人類在根柢上是一貫的，跟私欲與田地長出雜草、堤防潰決一樣，都是天理。當然，與無窮的天道相較，人道則顯得脆弱無比。人類所當為的，是抑制私欲並致力於儉約和勤勞。

尊德具體地論述儉約和勤勞，他稱之為「分度」和「推讓」。所謂分度是衡量自己合理計算出來的經濟力，並訂出度——也就是限度。推讓則是貯存分度所產生的剩餘，並體貼轉讓給子孫及困窮之人。此外，還要求自覺天地、君、父母、祖先、夫婦的作用，即「德」之恩惠的廣大，並且予以回報（報德）。分度推讓即是日常生活中的報德（以上見《二宮翁夜話》）。

尊德的教養來自朱子學式的儒教並加上他獨自的見解。他視天地未分的太極為萬物化生之元，但不作陰陽二氣看待，而取一元氣的生生觀。此外，對於五行，他不採儒學、宋學的元素論式的說法（儒教裡的五行是木、火、土、金、水），而定之為空、風、火、水、地，由此也可看出他整體論式的（holistic）世界掌握（《三才報德金毛錄》）。如同他說「無紀錄無書籍，不學不習而明明白白」方是誠之道，「吾教不尊書籍，故以天地為經文」，尊德的學問是融合自己的經驗，並且是對「道」的體會及「活用」（《二宮翁夜話》）。

31 負責利根川水利整治工作的職務。

9　蘭學與幕末的諸思想

蘭學

這一節將探討江戶中期以降的蘭學、實學式的儒教、幕末的思想。

蘭學是經由長崎出島所引進的歐洲學問。與容易傾向中華崇拜的儒學不同，蘭學裡荷蘭是一個管道，但並不把荷蘭視為特別優秀的國家。到了幕末，由於學習管道的擴大而改稱為「洋學」。

幕府擔心天主教的擴張，並且認為葡萄牙的殖民政策有「奪國」的意圖而倍加警戒，在一六一三年頒布最早的禁教令，並在一六三五年禁止日本船隻出航海外，一六四〇年僅准許與新教國荷蘭及中國、朝鮮通交，即施行所謂的鎖國體制。島原之亂發生於一六三七年，亂事一直到隔年才平定。日後，蘭學者大槻玄澤稱新井白石為蘭學之祖。白石本人雖因時代的限制而沒有進一步發展他的識見，但曾以其立場訊問違反禁教、鎖國之禁來日的義大利傳教士西多契（Sidotti），並將其見聞寫成《采覽異言》、《西洋紀聞》。尤其，《西洋紀聞》一書由於白石柔軟的知性，及其對西多契寄予的人性共鳴，是部鎖國下對西洋情勢極為傑出的介紹書。

幕府在一六三五年下達鎖國令之前，在一六三〇年已制定禁書令，目的是在阻絕混入進口漢籍的基督教教義書，而與教義無關的科學書籍原則上容許輸入。但是，到了一六八五年禁書令修訂，極度嚴格檢閱之下，不用說教義書，就連西洋科學書籍的輸入也變得困難重重。這個政策到了第八代將軍德川吉宗的時代才放寬，故蘭學正式被接受和開展是在這之後。

初期的蘭學者有青木昆陽（一六九八～一七六九）、蘭醫的前野良澤（一七二三～一八〇三）、杉田玄白（一七三三～一八一七）等人。青木昆陽是儒者暨蘭學者，從學於伊藤東涯，並擔任幕府的書物方[32]。之後受吉宗之命學習蘭學，並著手栽培甘藷以作為饑饉發生時的食材。前野良澤與杉田玄白千辛萬苦翻譯了《解剖學圖表》（*Anatomische Tabellen*，《解體新書》），不僅為荷蘭醫學也為荷蘭語的理解往前推進一步。此間的過程在回憶紀錄的《蘭學事始》（一八一五刊）裡有感人肺腑的描寫。後繼者有大槻玄澤（一七五七～一八二七），玄澤學於杉田玄白、前野良澤，並遊學長崎後在江戶開設私塾芝蘭堂、致力於蘭學教育，著有《蘭學階梯》。

除此之外，志筑忠雄（一七六〇～一八〇六）為介紹牛頓物理學翻譯了荷蘭的入門書。他著作《曆象新書》上中下（一七八九～一八〇二）介紹了克卜勒定律及地動說，並且匠心獨具地運用陰陽論描述了太陽系的起源。地動說在十九世紀前半的江戶已是庶民的常識範圍，其影響可想而知。其他，志筑還著有文法書《和蘭詞品考》（一八一四），並譯注坎普（Engelbert Kaempfer）《日本誌》中論述鎖國得失的章節為《鎖國論》（一八〇一）等。

---

32 官職名，負責書籍的管理、出納及抄本的製作等業務。

此外還有眾多的蘭學者，例如在鎖國下主張與萬國交易、提倡實學經世論的本多利明（一七四三～一八二〇）。本多十八歲時離鄉到江戶學習天文曆法，又從和算過渡到蘭學，並且學習了西洋的天文、測量、地理，之後在江戶音羽開塾授徒，著有《經世祕策》、《西域物語》。時值俄羅斯向外擴張，他提倡開發北海道、樺太等地，是一名新形態的思想家。如此這般，蘭學的發展一直延續到幕末佐久間象山的洋學受容。

儒學的實學化

此時從傳統的儒學陣營出現了提倡實學經世論的人物，海保青陵（一七五五～一八一七）是其中一人。

青陵是丹後宮津藩家老之子，生於江戶。仕官一段時間後遊歷各地，晚年在京都開設私塾。學於徂徠學派的宇佐美灊水，主張君臣關係乃交易關係，武士無法離開商品經濟結構而生活，且沒有商業資本的話德川體制將無法維持，但仍認為這些問題的解決終究是武士身分的課題。著有論述殖產興業等經濟政策的《稽古談》（一八一三）等書。

幕末的儒學

在思考江戶近世的思想時，包括其反對者，均不能忽視朱子學、宋學的知識及其教養的廣度，而且直到幕末這樣的情況依舊沒有改變。然而，所謂幕末是指俄羅斯等列強出現在日本近海、以及傳來中國鴉片戰爭的消息等，一個危機意識高漲的時代。

在這樣的情況下產生了新的動向。除了以下將介紹的人物，還有橫井小楠（一八〇九～一八六九）等人。小楠是熊本藩士，在藩校時習館學習，二十九歲時成為時習館居寮長。其後，受藩之命前往江戶遊學，並與藤田東湖、川路聖謨等各路人士交往。之後遊歷各方，與吉田松陰、橋本左內等人結識，並在福井藩參與藩政。在立場上屬於公武合體派。他是朱子學的信奉者，並對西洋文明有深刻的理解。後來出仕明治政府，卻慘遭暗殺。著有《國是三論》等書。

水戶學

德川親藩之一的水戶藩自德川（水戶）光圀（一六二八～一七〇〇）以來，是具有強烈學問風尚的一藩。不僅推行《大日本史》的編纂、社寺復興的宗教政策、農業振興，還建立藩士風氣的規律化。在前面國學的地方曾提過，契沖雖然最終堅決辭退，有意延攬他至水戶的也是光圀。《大日本史》的編纂在光圀下令之下始於一六五七年，之後持續編纂事業，在一九〇六年（明治三十九年）時以合計三百九十七卷完結。以編年體的形式記述神武天皇至後小松天皇為止的歷史，並以朱子學大義名分論（家臣或人子依照其身分所應遵守的本分論述）的史觀綜論，其中的一個代表是南朝正統論。所謂的水戶學便是在這樣的風氣之下形成的。一般說法將其分成前期水戶學與後期水戶學，前期有安積澹泊，後期有藤田幽谷（一七七四～一八二六）、藤田東湖（一八〇五～一八五五）、會澤安（正志齋，一七八一～一八六三）等人。在論述日本的歷史時，不僅儒教，也兼攝神道和國學（「敬神崇儒」，德川齊昭，《弘道館記》），並且自稱「大國學」，對幕末的尊王攘夷論發揮莫大的影響。

藤田幽谷

幽谷在擔任彰考館（水戶藩為了編纂《大日本史》而建置的修史局）的總裁時，面對幕末內憂外患的危機，一方面批判對經世無益的儒學，另方面將儒學重建為實用之學。另外，倡導改革受到藩裡財政困窮以及農村疲弊困擾的藩政。在對外的危機方面，強烈主張攘夷，並強調須確立崇奉皇祖開闢以來一系天皇的「國體」（國家體制）。實現國內體制的改革與攘夷的主張相互聯繫之水戶學的尊王攘夷論，可以說是在幽谷手上建立起基礎的。關於水戶學以及幽谷，經常提到名分論。幽谷著有《正名論》一書，而正名原本是儒家的概念，出自《論語》（子路篇）「必也正名乎」一文。相對地，名分雖不是儒家的概念，卻為幽谷所常用。

> 甚矣，名分之於天下國家，不可不正且嚴也。其猶天地之不可易邪！有天地，然後有君臣。有君臣，然後有上下。有上下，然後禮儀有所措。苟君臣之名不正，而上下之分不嚴，則尊卑易位，貴賤失所，強凌弱，眾暴寡，亡無日矣。（所以孔子提倡正

名）……（《正名論》）

幽谷所謂的名分，是指上下的差別乃等同於天地的秩序。日本古來即「稱君子禮儀之邦」。具體而言，代表這樣的意義：「皇祖開闢」以來，「天皇」君臨日本全土，奠定了皇室、幕府、諸大名、卿、大夫的君臣上下秩序（「君臣之名、上下之分」），因此禮樂興而天下治。

其子東湖主導德川齊昭的藩主擁立運動以來，不僅參與幕政，更居於橋本左內等尊皇派中的指導地位。著有《正氣歌》、《回天詩史》等書。

會澤正志齋

會澤學於幽谷，對擁立齊昭有所貢獻，並推動藩政改革。一度遭到監禁，後來躍升弘道館教授督學等職，實際推進了水戶學。主張融合神道、儒教的大義名分論，著有《新論》、《迪彝篇》等書。在西洋認識方面，指出白石在《西洋紀聞》裡有關西洋「人倫」形態的見解（基督教敬奉天＝神而不敬君父為不忠不孝）為卓見，並說「異教與人情相反，不知人倫，則將變亂五倫殆盡」（《三眼餘考》），排斥攻擊基督教。在此，來看一下對幕末產生莫大影響的會澤《新論》。

一八二五年，受到前一年英國捕鯨船任意登陸水戶藩境，會澤撰就書稿後上呈水戶藩主，因恐觸犯幕府忌諱，而延遲至三十年後才刊行。一八二五年是頒布「外國船驅逐令」的年份，而《新論》一書不僅能夠了解後期水戶學的概要，還實際上對許多人造成了影響。例如：據說吉田松陰讀後感動不已，亦受到幕末志士們的廣泛閱讀，對於涉外情勢的知識及政體的展望發揮很大的影響，同時也關乎明治期的政治意識形態。

《新論》對於支持國家運作的內容，論述了諸神以忠孝建國之國格（「國體」）、海外諸國的「形勢」、「虜情」（覬覦日本的外國情勢）、「守禦」（防衛措施）、「富國強兵」，還有「化民成俗」之宏圖遠志等各方面。水戶藩的水戶學（水府之學）涉及和漢的典籍，引用參照的文獻也及於多端。姑且不論其思想內容，其有「大國學」之稱，是以儒學詮釋「神州日本」的國體論，揭示了近世儒學學問的水準。

會澤的主旨在於宣揚「國體」的意義，而「中國」所指的正是神州日本。記紀神話以降，天祖（皇祖神之天照大神）的統治乃連綿於其天胤而持續至今。天祖的事跡裡彰顯了君臣之有分有義、父子有親之以忠孝為核心、實現「天人合一」的「天人大道」，在這個國家裡是以祖先崇拜為主軸，並且「政祭教」是一致的。

《新論》所一貫的是來自內憂外患的危機意識，而當務之急是將危機置於歷史與原理的考察之中，並尋求「事變之策」也就是狀況變化的應對之策。

我國古昔與古代中國的制度近似，其間雖有盛衰，而遺風猶存。神武以來的「國造」（くにのみやつこ）之統治相當於周代的封建制，土地人民皆歸天子所有，其後制度崩壞，

在大化革新之後轉變為郡縣制。私地私民除外，其他歸王所有，爾後莊園出現，土地乃歸人民私有。鎌倉幕府一度將土地人民劃歸幕府所有，然而直到室町為止的統治均無法完全支配土地人民，玩忽朝廷命令，導致忠孝蕩然無存。之後，豐臣秀吉及家康（東照宮）樹立忠孝之基，始開創延續二百年的太平之業。民間的邪宗、佛教、俗儒、耶穌教將危及祖宗之祭祀，蘭學亦在邪說之列。尚武乃我國國體，土地原居的武士才是國體的主體。從古代以來的祭祀就可知道，稻作及織布、特別是白米乃是瑞穗之國的本質，穀物不可運出國外。在西方，伊斯蘭國家勢力抬頭，西洋諸國正對日本的動向虎視眈眈。今日世界，尚未受到伊斯蘭、羅馬之法影響的國家唯有神州及清國而已，是內善防禦、外施謀略之時。

《新論》的主要意圖在於正視如此的內外狀況並提出防衛措施。他所論及的具體措施有：矯正士風、舉用人才、禁止奢侈、管理米價、統管商業等領國的內政，將擔負軍事重任的武士從都會分配到軍事要地（屯兵），還有重視海防、堅持鎖國政策（海禁）的配置、建造巨艦巨砲等。

在長遠之計方面，為了達到「億兆一心」，會澤主張以天人合一之基的天皇祭祀為中心，統一祭祀禮儀以普及全國（「天皇事天祀先（祖先）、重民命之意，達於四方」）。而面對列強的軍事入侵、邪教的滲透這些外在的危機，他說「典禮教化」才是「所以綱紀永世」的存在。再者，有關幕府、諸大名的定位，他認為「共邦君（大名）之令，奉幕府之法，所以戴天朝奉天祖」，是包含在天皇的祭政體系之中，同時如果祖先崇拜與道德「統一」，天皇之仁與幕府之義彰明，則「報本反始」之義——也就是國體的本義——將得以實現。

《新論》的主張具有江戶期儒學其中一個傾向，即「兵學」影響的色彩濃厚，還有他不強調個人道德的實踐而重視禮樂刑政等制度、追求「安天下」之道，以及他透過參照解讀《尚書》等中國典籍和律令，提出古代中國的制度與日本古代的獨特理解及比較的觀點，在這方面可以指出與徂徠學等古學及考證學的關聯性。其濃厚的意識形態性尚且不論，不能否定該書的確是包含儒學和國學在內近世學術的一項里程碑。

《新論》裡顯著的天皇祭祀的統一，以及藉由祭祀空間裡忠孝一致之實現來統治人民的結構，不用說正是明治中期所完成的天皇制國家的思想淵源及骨幹，「教育敕語」等也反映其濃厚的色彩。

洋學者——佐久間象山

基本上仍與以荷蘭為管道的蘭學無異，不過幕末因與英國和法國的關係更為密切，並從那裡學習引進技術，故一般稱為洋學，佐久間象山（一八一一～一八六四）是其代表性人物。身為信濃松代藩士的象山從昌平黌的塾長（「塾頭」）佐藤一齋（以陽奉朱子學、陰治陽明學聞名）學習朱子學，並開設象山書院。之後，學習蘭學和砲學，主張開國論，卻遭攘夷派暗殺。門下有吉田松陰等人。

其著《省𠎝錄》裡舉出君子有五樂，其中一個是身修「東洋道德」並兼修「西洋之藝（技術）」，且說：「東洋道德西洋藝，匡廓相依完圈模。」兩者兼該始稱完全。

吉田松陰

吉田松陰（一八三〇～一八五九）素以幕末之志士而名聞遐邇，他同時也是一名思想家兼學者。生於長州藩下級武士之家，為兵學師範吉田家收為養子，其後埋首家學並展露才幹，成為藩裡的兵學師範。一八五〇年啟程赴九州，並至江戶遊學。據說在九州平戶讀到《新論》（會澤正志齋），並開始關注對外情事及日本歷史。在江戶入佐久間象山之門，學習西洋兵學。為了研擬國防策略而前往東北旅行，但被視為脫藩行為而剝奪士籍，所幸藩主溫情支持而得以繼續遊學。一八五四年在培里二度來航之際，他試圖渡航西洋而遭拒，自首後在萩[33]成為幽閉之身，並在此時開始於松下村塾教育門徒。松陰在安政大獄之際，以圖謀尊皇攘夷的直接行動罪名，遭到處刑。

松陰的想法雖與水戶學的國體觀有所重疊，但仍有差異。如果說水戶學是維持幕藩體制下的尊皇，則松陰是人們直接與天皇連結的概念，這也是所以有「一君萬民國家」觀之稱的原因。同時，他也不贊同鎖國（奈良本辰也，《吉田松陰著作選》）。

支持松陰這般實際對策的，是名為「誠」的內心純一。學問是與實踐緊密相連的，就這點來說，有點陽明學的味道，而其實是儒教本來的實踐性在面臨狀況時脫胎成形的。《幽囚錄》（一八五四）是嘗試渡航失敗後寫下其心路歷程的著作，其他還有刑死前日所寫的《留

33　現山口縣北部，臨日本海。

魂錄》、《講孟餘話》等著。

近世、幕末的民眾宗教（新宗教）

在此，概觀一下所謂的民眾宗教。

將富士山信仰組織化的「富士講」是由長谷川角行（一五四一～一六四六）所創始的，以富士山神為仙元大日[34]，並視為創造主、萬物的根源。之後分裂為相信彌勒之世到來的身祿（みろく）派、以修驗道為目的的光清派。富士講在町民之間頗為盛行，據說江戶有八百零八講之多。一七四三年以後，屢次遭到幕府禁壓，一八四九年富士講及不二道遭到最終的禁絕。其末流到了明治時代發展為實行教及扶桑教（列為教派神道）。

在明治期統合為教派神道的諸派，是在幕末的政治與社會的不安（天保的大饑饉、大鹽平八郎之亂、黑船來航等）中產生出來的。以尾張熱田農村出身的無學文盲「喜之」（きの）為開祖的是如來教，她原本是名受僱的女傭，在四十七歲時得到金比羅大權現的神靈附身（一八〇二年）。據其說法，將使者金比羅送至人間的是天地的主宰神——如來。喜之遂開始講述如來的教義。喜之本身是一尊如來，由於如來的慈悲，所有人在來生的救贖能夠得到實現。學習「儒學」會讓人心地轉惡，學問是學問，佛法是佛法，實現佛法才是符合釋迦之心。這樣的教義顯示其對體制的批判性看法（《御經樣》）。

「此女因出身清貧，眾人多有所疑。此女實降生天下禁宮之種，然若生在天下禁宮，則其利益將不及分配於諸人，故特意令其以貧窮人家為父母，是如來慈悲深遠為懷所致。」（《御經樣》，〈御綴御説教〉）其創造神話也是與記紀的世界相對峙的，天照皇大神的地位尊貴，但拒絕降臨在身分卑微的喜之身上，這是違背如來意志的。如來教受到尾張藩的壓迫，進到近代之後，一九四一年因其教義主張如來、釋迦、上行菩薩的地位優於天照大神，故亦遭到政府的打壓。

黑住教是由黑住宗忠（一七八〇～一八五〇）所創始。宗忠是備前[35]的神職之子，基本上屬於伊勢信仰，以天照大神為太陽神。一八一四年自稱受到天命直授，提出自己的全副生命與太陽——也就是天照大神——合一的教義。

天理教以農村婦人中山美伎（みき，一七九八～一八八七）神靈附體為契機而誕生。美伎生於北大和[36]的耕作地主之家，既內向又病弱，十三歲嫁入中山家，夫婿放縱，家庭不順遂。生下的孩子不是病死，就是得病。一八三八年，寄與厚望的長男患了腳疾，在為長男加

34 富士講所信仰的仙元大日神。據傳古代有位末代上人（一一〇三～？）曾在富士山上興建「大日寺」，使古來的富士山神信仰（富士大神、淺間大神）與佛教產生習合之外，又與神仙思想有所結合。中世時，淺間大神被稱為淺間（仙元〔淺間與仙元同音，均讀作せんげん〕）大菩薩，更加強了其作為修行之山的特性，眾多修行者爭相登山參拜，遂使富士信仰普及於日本各地。參考佐佐木宏幹、宮田登、山折哲雄監修，《日本民俗宗教辭典》（東京：東京堂出版，一九九八），淺間信仰（富士信仰）條（宮本袈裟雄執筆）。

35 現岡山縣東南部。

36 現奈良縣生駒市的地名。

持祈禱時，美伎神靈附體，並脫口說道「天之將軍」將納受美伎。丈夫死後，在近鄰因安產及治癒疾病的靈驗而逐漸獲得聲望。倡說「南無天理王」（なむてんりおう）之天理王的信仰。一八六九年左右起，透過美伎而傳達的天理王之語被筆記下來，採用和歌的形式而被稱為《御筆先》（おふでさき）。提倡「開朗生活」，並重視夫婦的關係，但卻有著不重視家（イエ）及與其相關的祖靈信仰的教義。其創世神話提到，月日親神向居於泥海中有著人類臉龐的魚與巳（いざなぎ和いざなみい）教導夫妻之事而孕生人類，親神對包含「伊耶那岐與伊耶那美」（いざなぎいざなみい）的十尊道具眾（神的各種功能），賦予守護人類的任務（《御筆先》第六號）。

這樣的教義說法從起源於國學及水戶學、並在明治期體制化的國家神道神話來看，簡直就是異端，因此在一八七四年遭到政府的壓迫，一八八二年位於其中心地的甘露台（領受上天賦予的直食〔ぢきもつ，食物，即甘露〕之台）更遭到破壞。終於在一八八四年以隸屬神道本局的形式獲得承認，並在一九〇八年獨立出來，成為教派神道（明治政府所公認的神道系民間宗教。最初為十三派，之後天理教加入，增為十四派）的一派。

有趣的是，天理教在戰後脫離國家的管控，自行設定為豎立天理王（親神、元神）的一神教。

其他在幕末出現的民間宗教，還有金光教等。實行教、扶桑教、黑住教、金光教、天理教等神道系各新宗教，其創立之後的經緯，以及被指責其異端性、乃至納入教派神道得到體制的承認為止的過程，是與明治國家的宗教統制和國家神道的形成有深刻關聯性的思想史現象。這個必須視為明治維新後對於民間宗教和宗教習俗的管控，以及近代日本的思想宗教管控的一個面向來仔細思考。

第四章　近代

1　明治啟蒙思想及其展開

西洋文明的攝取與近代化的思想諸相

日本的近代化以明治維新為界正式啟動，以此為契機積極地引進西洋近代文明及以其為基底的近代思想，試圖與歐美列強並肩齊驅。這樣的西洋化與歐化在政府主導之下推展了「文明開化」、「殖產興業」等政策，因此有「由上而下的近代化」之稱。

但是，起初並非有一堅定不移而首尾一貫的近代化典型，從思想的觀點來看，某些層面「由上而下」這個表達並不貼切。傳統與近代、國粹與歐化、國權與民權相互交疊或是對立，而且是近代這個時代像的相克。思想也在這樣的洪流當中展開。還有，在今天，較有力的視角是不將近代以前的思想樣態與近代以後截斷來看，而是在一個較大的時間脈絡下來把握它，筆者也將留意這一點。本章就以了解近代此一思想脈絡為主要目的，試著來勾勒一下。

明治維新後不久的思想歷史，有很強烈的、吸取西洋社會思想的色彩。而其性急且躁進的導入，正如同近代以前的新思想從中國大陸引進時一般，誠如作為史論家、評論家的山路愛山（一八六四～一九一七）所評：「在歐美已然爛熟的問題，在日本卻是極為晚近的新知識。」往往會有忽略西洋近代具有厚實積累的歷史背景的情形。山路愛山是生於江戶的幕臣之子，二十一歲時皈依新教衛理公會派，在「國民新聞」、雜誌《國民之友》等新聞界活躍一時。其多元的背景使其成為近代初期社會變遷的見證者，是個饒富興味的人物。

西洋科學的受容

德川末期的佐幕與勤王、開國與攘夷之錯綜複雜的情勢，由於鄰國清廷在一八四〇年爆發的鴉片戰爭慘敗，遂開始議論是否該維持鎖國政策而迎接了新的局面。既而，幕府以一八五三年培里來航為契機，一舉走向開國的路線。以後，擴充洋學研究機構，派遣使節團、留學生赴歐美，致力吸收西洋情事。將「蕃書和解御用掛」改名為「蕃書調所」（日後成為洋書調所、開成所，又成為開成學校、東京大學），也是其重要的一環。

如前所述，日本與西洋近代的邂逅是自開國以前即逐漸對學問思想產生影響。新井白石根據訊問違反鎖國之禁、欲入境宣揚禁教之基督教的傳教士西多契（Sidotti）所得之西洋情事而寫就了《西洋紀聞》，在該書裡，白石寫道：「於茲可知，彼方（西方）之學唯精於其形與器。知所謂形而下者而已，不與聞形而上者。」日後，蘭醫、蘭學者大槻玄澤以新井白石為蘭學之祖，並回顧其學統由青木昆陽、前野良澤、杉田玄白等人繼承。

新井白石的感想的確預言了日本在幕藩體制下的受容精神，亦即力圖保持日本、東洋的精神優位性，僅導入西洋先進的文物、特別是科學與技術。白石的感想恰恰反映在佐久間象山所說的話，也就是學習「東洋道德、西洋藝術（技術）」這兩者，以給予人民恩惠、報答國恩（《省諐錄》，一八五四）這句話上面。雖然採取了西洋在科學技術上的優位、東洋在道義上的優位這樣的二元論，卻仍表現出嘔心瀝血於引進西洋技術的態度。順帶一提，類似佐久間象山這樣的發言，睽諸幕末，立刻就能夠舉出數例。

例如：「器械藝術取諸彼（西洋），仁義禮智存乎我（東洋）」（橋本左內＝醫學，在安政大獄遭到斬刑）；「致仁義死於仁義，取西洋器械」而死於大義，則無悔（高野長英〈鳥之鳴聲〉＝醫學，在蠻社之獄自戕）；「明堯舜孔子之道，盡西洋器械之術，何止於富國，何止於強兵，布大義於四海耳」（橫井小楠〈詩〉＝思想家，遭到暗殺）等等。朱子學的「窮理」已轉換為利用西洋科學技術的「窮理」。一方面保持東洋的道德性結構，另方面吸取引進西洋技術之幕末宏大的計畫，與近代日本將科學技術的引進視為國策來推動是一脈相承的。

但是，近代化真正的開始並不能停留在前此東洋道德優位性這樣的框架，而不得不進行觀念的轉換，也就是必須導入在背後支持著西洋技術的社會體制及精神本身。

起初，明治政府的政策是以祭政一致之王政復古為基礎，並推行神祇官的復興、神佛判然令（廢佛毀釋）等神道國教化政策，並在暗地裡維持禁止基督教（隱匿切支丹[1]的暴露及壓迫）等，採行著受到諸外國譴責、貨真價實的復古政策。另一方面，也推行了部分以廢除庶民舊有生活習俗為目的之政策。這些也以明治三、四年為界，在藉由近代化以迅速與歐美為伍的明確目的意識下而有所整合。

為了創出近代國家，當務之急是中央集權化，在一八七一年（明治四年）一舉斷然實行了廢藩置縣。翌年在遣外使節岩倉具視一行（一八七一～一八七三）歸國後，提出了一連串的文明開化政策。

2 明六社及其同人

明六社與《明六雜誌》

這個時期，從民間在理論上支持文明開化並擔負啟蒙角色的是「明六社」的成員。該社在明治六年創設故得名。創始成員為森有禮、西村茂樹、津田真道、西周、中村正直（敬宇）、加藤弘之、箕作秋坪、福澤諭吉、杉亨二、箕作麟祥等十人，他們都是有機會得以通曉歐美語言、歐美文化的一群人。

津田真道（一八二九～一九〇三）是津山藩出身，最初傾倒於平田派的國學，之後在江戶分別向箕作阮甫和佐久間象山學習蘭學與兵學。後出任「蕃書調所教授手傳並」[2]而得識西周。他在荷蘭與西周一同師事萊頓大學教授菲賽林（Simon Vissering）。津田將菲賽林講

1 原文：「隠れ切支丹」，指日本實施禁教後仍暗地維持其信仰的基督徒。

2 幕府的洋學研究教育機關蕃書調所裡的職稱，類似今天的助教。

義譯成的《泰西國法論》是日本最早的近代法學著作。

中村正直（一八三二～一八九一，號敬宇）學於昌平黌，之後出任教授。受幕府之命留英，日後出版了翻譯著作《西國立志編》（斯邁爾斯〔Samuel Smiles〕著《自助論》）、《自由之理》（彌爾〔John Strart Mill〕著《自由論》）等書。

明六社的機關誌《明六雜誌》所涉及的議題舉凡國字國語問題、學者職分論、文明開化論、政治、經濟、社會問題、宗教、法律、教育、女性問題、科學、思想、風俗、外國人問題等不一而足，正所謂「以諸先生之卓識高論覺愚蒙之眠，立天下之模範」（西村茂樹）。

福澤諭吉

在明六社的成員中，作為啟蒙思想家擁有最大存在感的人物是福澤諭吉（一八三五～一九〇一）。他是豐前中津藩[3]下級武士的夭子，在一八六六年出版《西洋事情》一書後聲名大噪，此書是以幕府使節一員的身分二度赴歐美視察的見聞錄。維新後更陸續發表了《勸學》（学問のすゝめ，一八七二～一八七六）、《文明論之概略》（一八七五）等暢銷作，對社會產生極大的影響。

他曾回想自己生在中津藩下級武士之家的往事，並赤裸地表達對封建制度的嫌惡。與其他成員不同，他直到最後都沒有進政府工作，堅持在野的立場。他的啟蒙思想的課題是創出「自由獨立的個人」。從福澤的角度來看，明治維新亦未竟其功。在「政府依然是專制的政府，人民依然是無氣力的愚民」、「日本謂有政府而尚無國民亦可也」等理解之下，他主張須「使天下之人知道私立[4]的方向」，以「產生真正的國民」，並且「互相平均國民之力與政府之力，以維持全國之獨立」。

福澤認為文明的精神是「人民獨立的氣息」，個人的自由獨立能夠藉由「近乎人類普通日用之實學」來達成。學問不能是「古來儒者和學者」的那種，而必須是「洋學者流」之類的學問。關於實學，福澤舉地理學、歷史學、經濟學等為例。

個人獨立，一國才能獨立。深入到國民廣義的道德及精神氣質來主張近代化，福澤在這裡展現他作為啟蒙家的一面。他在提倡及於人民生活層面之釜底抽薪變革的必然性的同時，也冀求支持文明化生活的「人民精神的發達」（《文明論之概略》，一八七五）。在《民情一新》（一八七九）一書裡，對於「民情」產生莫大影響之物，他舉出「蒸氣船車、電信、郵便、印刷」，這些帶給人民「交通」（交流）之便的進步（＝空間的縮小），藉此以擴大人民的見聞和交流，正是「information」（資訊）的意義之所在。理想地推進的話，科學技術將帶給人民生活便利，並涵養人們的近代精神。

他以「天不在人之上造人，不在人之下造人」的標語所揭示的天賦人權論，即是以創出如此的近代性個人為目的；另一方面，他對於個人與國家有時也以「天」這個傳統形上學的

3　現大分縣西北部臨周防灘的城市。
4　這裡的私立指獨立之意。

用語來掌握。Individual的譯詞確定為「個人」，這當中費了不少時間，不過福澤的思想活動是在傳統與近代之間極具魄力的。

西周

相對於主張實學的福澤，關注學問、知識、道德、宗教等精神層面，並志向變革傳統政治社會觀念的是西周（一八二九～一八九七）。他是津和野藩[5]侍醫之子，奉藩命學習朱子學而遊學大坂、岡山，後因志在洋學而脫藩。之後獲聘進入幕府的蕃書調所，並在一八六二年以幕府所派遣的使節團名義赴歐，與友人津田真道同時留學荷蘭，並學習了國際法、自然法、國法、經濟學、統計學等所謂五科之學。著有日本最早的西洋哲學書《百一新論》，並翻譯了《萬國公法》。

他在《百一新論》裡，從百教一致的立場論述「教」（道德修身）與「法」（制度）的差異，認為「人文尚未完全敞開之前，法與教即使曖昧不明、摻和混雜，國家亦能安定」，但是文明開化必須明確區別此兩者，並批判過去儒教將兩者混為一談。還有，他主張應明確區分物理與心理，批判儒教對此兩者沒有區別，而試圖移植西洋哲學的方法論。不過，這些主張的背後，除了有英國經驗論思想的影響，早年曾轉向重視作為與法的徂徠學這樣的思想歷程也是他接受西洋的基礎之一。

在〈人生三寶說〉（《明六雜誌》）一文裡，他提倡健康、智慧、富有這三者是達成「人生一般的最大福祉」的三大綱領，批判崇尚恭順、寡欲的儒教道德，並主張功利道德觀，而且政治的關鍵也在保護這三者。

另外，西周的一大貢獻是確定了歐洲哲學用語的日文譯詞，理性、悟性、感性；主觀、客觀；分析、總合；歸納、演繹；概念；定義；先天、後天，還有哲學（確定以前歷經性理學、希賢學、希哲學等譯詞）這個詞也是他翻譯的。這些譯詞的選定是根據廣通漢學、佛教乃至洋學之明治知識人的典型教養。這些詞大多仍共通使用於今天的東亞，其功績可說極為重要。還有，科學技術的用語也有許多共通使用日本譯詞的例子。此外，西周在明六社系的啟蒙家中，特別批判既成宗教，另一方面卻對宗教整體——也就是「教門」——有一定的理解。這個與他對西洋哲學的接受方式有關。

明六社的活動為自由民權運動提供了準備，而政治情勢則在一八七四年提出民撰議院設立建白書時發生變化，在野的不滿一舉爆發開來。明六社擔心自己的活動有利於反政府運動的情形，遂自主性地解散。成員之一的加藤弘之原本是大膽的自由平等思想的鼓吹者，曾說：「試想，君主亦人也，人民亦人也，絕非相異之類。然一至其權利而立斯天地霄壤之懸隔，何以哉？人民生於此野鄙陋劣國體之國，實不幸之最上乎！」（《國體新論》）然而，在自由民權運動高漲之時，他卻以優勝劣敗的達爾文主義譴責天賦人權說。啟蒙思想的侷限性有很大程度顯現在個別思想家的精神層面。

5　現島根縣鹿足郡津和野町一帶。

3 自由民權運動

自由民權運動的發端

自由民權運動發軔於一八七四年一月，向左院[6]提出民撰議院設立建白書之時。這是前一年因征韓論失敗而下野的板垣退助等人所號召，譴責部分官僚的專制，並提倡代議制是納稅義務人天賦的權利，主張立憲君主制才是理想的政體。此後，各地開始興起高唱自由民權的運動。這股運動超過僅限「士族及豪家之農商」之建白書提出者的意圖，其廣度所及非常深遠。明六社的多數成員均主張時機未到，且在言論壓抑之下其言論也受到限制而被迫解散，這一點也是極具象徵性的。

自由民權運動以組織結社、編輯公布主張的雜誌、發行報紙等方式興起，提出建白書的八人組織了「愛國公黨」，並主張保護人民的「通義權理」（這是right的譯詞尚未確定為「權利」前的用語）。此後各地也紛紛成立政治結社，土佐的立志社便是其中之一。它提倡「此權理者不得以權威而奪之，不得以富貴而壓之，蓋天之所以均等賦與人民者。但，欲保有此權理者，亦是人民善盡勤勉者也」，揭櫫了天賦人權的成立宗旨。這些活動由於「讒謗律」[7]等的施行而被削減勢力，一時遭到頓挫。

一八七七年，正當西南戰爭如火如荼展開之際，立志社欲向天皇遞呈開設國會的建白書。這個運動揭櫫了三個訴求，即開設國會、減輕地租、修訂條約，並且因帶有不平士族運動的色彩，遂轉換成農民中小工業者也加入運動的形態。愛國公黨之後改組為國會期成同盟，各個結社在全國大會上紛紛提出各自的憲法草案。一八八一年，西園寺公望、植木枝盛等人創刊了《東洋自由新聞》。一八八〇年至一八八一年之間爆發了開拓使官有物轉讓的醜聞，事件發生後政府允諾十年後開設國會、並以立憲政體為目標，在這當中也成立了自由黨及立憲改進黨。既而就在這樣的狀況之下，政府於一八八九年頒布《大日本帝國憲法》。

自由民權運動的思想

自由民權運動是有系統地引進西洋思想的一個開端，其中有英國體系的自由主義思想（傑瑞米・邊沁、約翰・史都華・彌爾、赫伯特・史賓賽等人）與法國體系的革命共和思想這兩派。一八七一年，中村敬宇將彌爾的《On Liberty》（自由論）譯出，並以《自由之理》之名出版。民權派的河野廣中對這本書的感想表達了當時的迴響：「過去滋養於漢學、國學，動輒倡導攘夷的思想，一朝興起了大革命，始知人的自由、人的權利之可重，又自覺廣依民意以行政治之必要，不啻動人肺腑，胸中更深刻自由民權的心情，完全為予之生涯創造

6　明治四年（一八七一年）官政改革時，設置於太政官內的立法諮詢機關，由官選議員構成，明治八年廢止。

7　明治八年（一八七五年）明治政府所發布的取締言論及出版的法令。

了一個至重至大的轉機。」

史賓賽的《Social Statics》為松島剛以《社會平權論》之名譯出。再來是盧梭，被極力宣傳為「東洋的盧梭」的中江兆民以漢文將《社會契約論》譯為《民約譯解》，影響深遠。

經過這些諸多思想的介紹與翻譯後，出現了與明治初期明六社系的知識人迥異的思想家，如大井憲太郎、北村透谷、中江兆民、植木枝盛等人。

植木枝盛

植木枝盛在土佐立志社的運動之中深化其理論，並提倡了澈底的民主主義思想，他所起草的私擬憲法草案《日本國國憲按》最能體現其思想。草案在第一條明確地揭櫫立憲的精神：「日本國遵循日本國憲，立以持之」，在三十數條裡娓娓寫下自由平等的各項規定。而且，當中甚至提到，為了保障自由，承認人民的抵抗權及革命權。另外，在《民權自由論》裡，以淺白的文字論述了民眾與生俱來的權利的重要性。

恕我向日本的所有農民朋友、日本的商人朋友、日本的零工職人們，以及其他的士族、醫生、船長、趕馬者、獵師、賣糖小販、奶媽們、新平民等所有大眾們，說一句話。你們都同樣擁有一樣很大的寶物，這個大的寶物是什麼呢？是神奇小槌[8]嗎？還是金錢樹？是金或是銀？……（中略）不不不，都不是這樣的東西。是比這些都來得更尊貴的一項實物，那就是稱為自由之權的東西啊！

（《民權自由論》）

植木的主張可以說與民權派有著共通的感覺。而且，這點也是明治思想的一項特徵，那就是如同「不張民權，則不能張國權、保獨立，專制政治將導致滅國賣國」一語所示，明顯包含著國家主義（national）的立場。國權派併吞民權派的基礎也正在其中。

中江兆民的思想

相對於許多的民權派是以英國的自由主義思想為背景，中江兆民立場有所不同，提倡盧梭流派的社會契約說及人民主權。他與岩倉具視一同赴歐美視察，並在法國留學，攻讀政治、哲學及史學後歸國，其後加入《東洋自由新聞》、《自由新聞》，並參加了自由黨的結成。此間，以漢文（不加句讀、標音）翻譯介紹盧梭的《社會契約論》（一七六二，《民約譯解》），成為一名論客。他的思想特徵在於，他視政治是人為的，亦即以實踐性的觀點來掌握政治。當然，這也是兆民自己對社會契約說的理解。也就是說，人生而自由，但是國家必須以眾人團結並守護相互的利益，且不侵害權利自由為基礎。其根基在於人為＝契約，而根

8 指《一寸法師》裡只要稍微揮動就可得到想要物品的小槌子。

據社會契約說的立場，國家的變革及建設正是人民政治實踐的結果。

從這樣的觀點來掌握議會、法律及政黨的方式，還有其政治姿態，都在在顯示出原則主義與現實主義之既細微又巧妙的結合。特別是在以三者鼎談的形式呈現的《三醉人經綸問答》這部聞名的著作裡，他指出要達到根據自由、平等、博愛的民主共和制，首先必須實現立憲君主制，並在這個過程中努力將被賦與的民權——也就是「恩賜的民權」——改變為「回復的民權」。

中江兆民有句話稱：「日本無哲學」。正確來說應該是「我日本自古迄今無哲學」（《一年有半》），以他的標準來說，近世的本居宣長或平田篤胤僅僅是考古學者，而伊藤仁齋或徂徠在兆民的眼裡只不過是古典學者罷了。

中江兆民明確主張無神論式的唯物論立場，其主張最顯著表現在晚年的著作《一年有半》、《續一年有半》上。這些是在被宣告罹患癌症、餘命無幾的情況下所執筆的。尤其，《續一年有半》題為「一名無神無靈魂」，鮮明地打出他的唯物論立場。

如此這般，中江兆民的思想屬於法國唯物論的系譜，而批判觀念論哲學。兆民認為日本所無的「哲學」，正如同他畢生所實踐的一樣，不僅是掌握世界的認識論，更是能夠展望政治變革的實踐哲學。弟子有幸德秋水等人。

總而言之，自由民權思想的意義相當的大。不僅提倡異於明治初期啟蒙主義的明確的人民主權，更一步一步深入到「文明開化」的內涵。這個是宣告個人觀點優先於國家的思想的誕生，雖然運動到最後四分五裂，但是在第一屆國會時民權派實際占了過半數。

自由民權運動的衰退及國權派的伸張

自由民權運動在一八八九年的帝國憲法發布、一八九〇年帝國議會召開的過程中逐漸衰退，取而代之的是所謂國權派的抬頭。

對自由民權運動的高張倍感危機的政府，在英國系統的憲法私案占據多數之前，並且在「王室維持的思想」仍然殘存的時期，採納井上毅所提應緊急制定「普國（Prussia）風的憲法」的意見，快速制定了憲法案。另一方面，企圖強化教育的管控，在一八七九年宣布「教學大旨」，並制定教育令，旋即在翌年改訂。

尤其，《教育敕語》（一八九〇）可說是這一連串政策的總結算，將國家比擬為家族，並以忠孝為德目的核心提倡忠君愛國，試圖透過教育的現場將其滲透到每個國民身上。同時，對於軍隊也頒布「軍人訓戒」——《軍人敕諭》，並且透過忠節、禮儀、武勇、信義、質素這五條來強調天皇的軍隊必須絕對服從。

在民間也興起了民族主義（nationalism）的運動。例如對希望有利於條約修訂而實行的鹿鳴館外交所導致的群情激憤，民權派的《自由新聞》（一八八四）也鋪開辯論的陣勢，主張向海外發展等，言論界顯著可見國家主義（national）立場的趨勢。

國權派指的是德富蘇峰的民友社及其機關誌《國民之友》（一八八七），三宅雪嶺、志賀重昂的政教社及其機關誌《日本人》（一八八八），還有陸羯南等人也創辦了政論報《日本》（一八八九）。相對於維新以來的歐化主義，他們的確重視民族的固有性，鼓吹國民的自覺。不過，也有不可一概而論的面向。德富蘇峰也有社會主義的主張，三宅本人也與偏狹的排外主義劃清界線等，亦有著與單純的排外主義不同的一面。這個時期的民族主義論仍舊具有一定的在野性和啟蒙性，並且主張確立代議政治、選舉權擴張論、批判軍部等，展開尖銳的政府批判。但是，這些在日清、日俄戰爭後，都被併吞到國家主義之中。

志賀重昂與《日本風景論》

志賀重昂（一八六三～一九二七）生於愛知，學於札幌農學校。大他兩屆的有內村鑑三。在環遊南洋群島、奧地利等地之後，刊行了《南洋時事》（一八八六）。之後，與三宅雪嶺等人創辦雜誌《日本人》，展開了「國粹保存」的辯論陣勢。此外，還著作《地理學講義》和日俄戰爭從軍記等，以文筆家或是政論家之姿站於論辯的勢頭上。尤其，《日本風景論》（一八九四）一書論述了日本風景的獨特性，至明治三十六年為止總計發行了十五版，以明治期的著作來說是繼《勸學》之後廣受閱讀的一本書。他教導當時的日本人關心風景，關心自然與詩歌、紀行、民俗的關係，特別是近代登山與風景之間的新關聯性。他的風景論並不單止於花鳥風月，還藉由解析其背後的理學自然（日本水蒸氣偏多、海流對自然所產生的影響、火山的意義等），來教導如何對風景做全新的近代性觀察。在有關花鳥風月方面，他也觸及到古代中世的歌枕，尤其與江戶後期的紀行裡所見的風景論有顯著的連續性。

志賀以「瀟灑、美、跌宕（悠然自得之貌）」來概括日本風景的特徵。此書的初版是在日清戰爭開戰那一年，其後在改訂版裡，對於失去樺太（明治八年，千島樺太交換條約）而獲得山東半島、台灣（一八九五年〔明治二十八年〕，馬關條約）一事，他寫道：「我皇版圖擴張至台灣島，熱帶圈裡的景勝全新加入了日本的風景之中，兼而一年後山東半島蓋將納入我皇版圖之中」，視其為天皇國家的「風景」的擴張。由此可見，這是明治期的民族主義非常具象徵性的一本書。

志賀指出，對於與西洋大陸相異的日本，或是東洋的地質如果採用「西洋地學家慣用的術語」來「概括時將所有不明瞭之處」，並向「日本的地學家」大聲地呼籲，務以「日本地學家所使用的新術語」來開發「亞細亞人文」，且揚「日本理學之令名」於世界。他意圖建構作為學問之日本人文學的志向，與和辻哲郎的風土理論有很深的聯繫性。

這個時期還有日本美術史學研究的拓荒者岡倉天心（覺三，一八六三～一九一三），他為東京美術學校及日本美術院的創設做出貢獻，並曾擔任過波士頓美術館中國、日本美術部長。以英文著有《東洋的理想》（一九〇三）、《茶之書》（一九〇六）。

另外，在蓬勃發展的資本主義之中，澀澤榮一（一八四〇～一九三一）提倡了實業和商人之道。生於埼玉豪商之家，曾參加尊皇攘夷運動而遭到挫折，之後出仕幕府並赴歐。在新政府裡奉職於大藏省，辭去官職後活躍於實業界、特別是金融界，盡心竭力地栽培近代企業。引退後致力於社會事業。

以上，概觀了明治期的思想變遷及其代表性人物。明治後期開始，思想的脈絡更加趨於複雜，將於次節以後敘述。

4 國民道德論與基督教

西村茂樹——世教與世外教

首先，回顧一下在延續德川社會的明治近代的（再度的）世俗化，以及這之中的「道德」的把握上面，深具影響力的西村茂樹（一八二八～一九〇二）的《日本道德論》（一八八六年〈明治十九年〉，演講紀錄）。西村是影響了日本文教政策的思想家，從他的立論當中可以看出他如何看待明治初期的道德思想狀況，以及他如何從這裡描繪出近代步伐方向的構圖。西村出身佐倉藩[9]的支藩，在修習儒學、蘭學後參與藩政的擘畫，之後加入明六社並奉職於文部省。曾向明治天皇進講洋學，並成立日本弘道會，以普及國民道德論為目標。歷任宮中顧問及貴族院議員。

西村將「論說道德」之教二分為「世教」與「世外教」，世教指「支那的儒道」、「歐洲的哲學」，世外教則指「印度的佛教、西國的耶穌教」。世教是「說現世之事，說修此現身之事，說調和此現在邦國及社會」的世俗之教。而世外教則是「其教雖非不言現世之事，其所歸趨乃在未來之應報與死後魂魄之所歸」，也就是說，其價值定位在於未來的應報與來世靈魂的去向。換言之，世教是「以道理為主」，世外教是「以信仰為主」。

將精神指導的原理性做如此區分的西村，其對日本的思想史和歷史的認識饒富興味。

西村指出，「世教世外教相繼自他國傳入，其中佛道普行於上下，儒道獨行於上等社會」而「不及佛教」，持續著佛教優位的狀況。然而，進到德川期，「自三百年以前儒道大行於武門之家」，教育政治法律均「以儒道作為根據」。相對地，佛道則「止於下等人民之信仰」而不及儒道，並延續到幕末。

那麼，如何看待明治維新以降的現狀呢？西村認為，由於儒道的「廢棄」而將面臨「日本中等以上的人士失去道德的根據，比起封建之時，人心弛緩其凝聚力，人民道德將逐漸萌生頹敗之兆」的狀況。此間雖然從西洋湧進了耶穌教和道德學等，但那些無法成為「全國公共之教」。對於農工商三民，並沒有論說道德高下的意義。而士族以上雖然有「儒學的薰陶」和「本邦一種固有的武道」，但並無「固有的教法」。

順帶一提，西村在武士道上幾乎沒有發現任何意義。稍晚的世代，士族出身的新渡戶稻造則重新「發現」了武士道，二人認識上的差異非常有趣。兩者雖共通擁有明治初年的道德空白感，其看待的方式卻極為迴異。

發自儒教啟蒙主義的反宗教

但是，要「維持國家的風俗人心」，「道德」是必要的。那麼該如何是好呢？西村如此

9 現千葉縣北部。

設問以展開論述。這裡可以看出區別世教與世外教的意義所在。也就是說，道德應該根據世教？還是應該根據世外教？

西村的結論是：應從世教之儒教和哲學這二教「採其精粹，棄其粗雜」，「取其精神，棄其形迹」，「採所歸於一致者」、「棄所不歸於一致者」來加以採用。而世外教（佛教、基督教）則不應採用。

當然，西村對近代化過程中的精神樣態的這種看法是有其獨特之處，至於同時代該如何認知的問題，則有必要參照山路愛山的《日本教會史》等，持有基督教之「世外教」觀點的人是如何看待歐化與各個「反動」潮流的意見，並加以相對化。

西村這種否定「世外教」的價值，僅將道德的價值限定在「世教」範疇之內的構想，一方面也是政治性近代日本的思想體制的展現，並且廣泛聯繫到近代具支配性的世界觀。西村亦參與其中的「國民道德論」的運動對公教育的場面產生莫大的影響，另外也創造了將神道放在宗教範疇以外（將其視為對抗佛教以及耶穌教的存在雖非無用，但神社神道仍應隸屬宮內省云云等——《國家道德論》）的思想架構（神道非宗教說）。西村的構想所呈現的世教的規範力，與擱置這些超越性存在的世俗化及國民道德論式的近代志向息息相關並往前推進。神社合祀問題也是在這樣的過程中所發生的，這是指忽視各地神社的祭神和由來而將其統合縮小的政策，在明治初年及末年共計發生了兩次。尤其，在第二次發生時，南方熊楠等人發起了反對運動。可以說，這樣的世俗化在一般市民階層也帶來了軟硬兩面的雙重歸屬意識。換言之，以一定的形式要求配合國家這個公家權威的各種宗教措施，其他以外的則任其自由裁量。

西村這種來自儒教啟蒙主義的反宗教的殘留，直到戰後仍具有一定的影響力。至今，那種不歸屬一般世俗而志向於「超越的」歸屬性已被完全遺忘，甚至遭到忌諱的情況亦時有所聞。另外，西村也扮演重要角色，作為思想運動的「國民道德論」並非是以一個統一的整體來推展的。不過，其中有一個最大公約數，也就是將國家看作是家族，並將忠孝視為德目。如果觀察從大正期一直到昭和的運動裡都擔任一個主導者地位的井上哲次郎等人，就會發現他們是經常追隨著大正自由主義（liberalism）的展開等現實，這樣的印象實難以拭去。井上到了昭和期提倡應該改造家族的主張，這個情形尤其明顯。這是將都市為主的小家庭（夫婦）的擴大看作是危機的論調。

國民道德論在《教育敕語》（一八九〇）以後出現了許多論者，更顯盛況，而與其風潮最為對立的則是基督教。

基督教與國家主義的衝突

天皇制的統治體制藉由制定憲法、開設國會而得到完備，然而這同時也是對有隔閡部分的排除。這個時期發生了一連串象徵性的事件：久米邦武（一八三九～一九三一）的筆禍事件、民法典論爭，特別是對基督教的攻擊。

基督教能夠公然活動是在一八七三年撤除基督教禁令的布告牌以後，主要由新教開始了活潑的活動。橫濱教團（band）、熊本教團、札幌教團等，主要獲得舊士族子弟們的接受。一八八〇年創辦了《六合雜誌》。基督教在文明開化之中，正是以「文明的宗教」之姿得到接受。所以，甚至出現了中村敬宇主張天皇更應採用耶穌教的說法。基督教不單只是啟蒙思想，更對文學、民權運動產生了影響。

內村鑑三與不敬事件

內村鑑三的不敬事件發生在一八九一年，《教育敕語》發布的兩個月後。這是起因於基督教徒內村鑑三在一高的開學典禮時遲疑了敕語的禮拜，引發國家主義者的抨擊，並導致免職的一連串事件。事情後來脫離了內村個人的問題，而演變成植村正久（一八五七～一九二五）、巖本善治（一八六三～一九四二）等信徒，以及主張市民道德的大西祝（一八六四～一九〇〇）等擁護內村的人，與以《教育敕語》為盾牌批判基督教違反國家主義的井上哲次郎之間的論爭。因井上發表了同名的文章，而被稱為「教育與宗教的衝突論爭」。各地都有事件發生，讓世上普遍對基督教產生了反國體的印象。

基督教在近代化裡，不僅在女子教育和社會改良等方面留下許多功績，在此後的社會運動、勞工運動、大正民主也發揮了影響。但是，這個事件由於基督教被迫打防禦戰，正如海老名彈正（一八五六～一九三七）所主張的日本式基督教那樣，成為基督教被強迫妥協的一個契機。

內村鑑三（一八六一～一九三〇）生於高崎[10]藩士之家，學於札幌農學校。在學中受到美國人教師克拉克（Clark）的影響，與同班的數人一起改信基督教。以英文寫成的《余如何成為基督信徒乎》栩栩如生地傳達了當時的狀況。他赴美留學於阿默斯特大學，返國後被捲入不敬事件。之後在社會評論上展現其健筆，因反對日俄戰爭而辭去《萬朝報》的記者，並在雜誌《聖書之研究》上提倡反戰。爾後透過執筆及研究會，沉潛於宗教的內部性。

他提倡無教會主義之日本獨特的形式，認為唯有依靠基督才有日本真正的獨立和自由（《聖書之研究》），並倡說獻身於基督與日本——也就是「兩個J」，還有在《代表的日本人》一書中高度評價日蓮及西鄉隆盛等人（參照第二章第4節的〈日蓮〉）。有人認為他的《求安錄》等書與提倡內心修養的陽明學式思索有共通之處，然而他自稱是「嫁接武士道的基督教」，可見他身為思想家、宗教家，背負著極為明治的課題，試圖以其強韌的人格來統合傳統與基督教這相異的存在。

新渡戶稻造

新渡戶稻造（一八六二～一九三三）生於盛岡藩[11]士之家，在札幌農學校與內村是同

---

10 現群馬縣高崎市。

11 現岩手縣中部至青森縣東部一帶。

學。留美、留歐之後，歷任京大和東大教授、國際聯盟事務次長、貴族院議員等職，並參與了日本的台灣殖民地政策。以英文所寫的《武士道》是為了讓世界知道，武士道及傳統價值與基督教並不矛盾，毋寧是其完成的形態。他在這本書的序中寫道，受到比利時法學家德拉維勒葉（M. de Laveleye）提問「在日本如果沒有宗教教育的話，如何教導道德呢？」的啟發，他重新思考了武士道。如此這般，在同樣的近代化之中，該書不似同時期的內村那樣將武士道視為是內化為血肉般的東西，而是如同西村茂樹指出明治初期是道德的空白期一樣，恰恰是空白感所結果孕生的一本書。

此外，基督教思想家還有名聞遐邇的同志社創辦人新島襄（一八四三～一八九〇）。

5　社會主義的思想

社會問題與工會運動

社會主義的接受史始於明治初期，但在明治中期以後，由於社會問題的發生而使其接受愈發帶有進一步的實踐性。發布憲法、召開議會的時期也正好是各地掀起職工罷工的時期。一八九〇年美國的恐慌波及到日本，生絲出口銳減，在日本引爆了最早的恐慌。近代化早已內含著資本主義固有的問題。雜誌《日本人》（一八八八，第六號）披露了「高島礦坑的慘狀」的實況報告，讓世人知道了勞動問題的存在。此後的日清戰爭雖使經濟有所進展，另一方面卻使工業及農業的失調更加擴大。由於大企業與多數的家庭手工業、大地主與佃農的落差等因素，使勞力湧進了都市成為低薪勞動者。橫山源之助《日本之下層社會》及農商務省《職工事情》等書描寫了箇中的實際情況。

社會政策學會（一八九六）、社會學會（同年）、社會問題研究會（一八九七）等會的陸續成立有著如上社會情勢的背景，其成立宗旨是以學問的角度來調查及調整調和社會問題為目標。

勞動者方面也開始了成立工會（「組合」）的運動，一八九七年高野房太郎等人創立了「職工義勇會」，發表〈寄予職工諸君〉，呼籲組成勞動工會。緊接著成立「勞動組合期成會」，並創立了機械工等工會。政府則以治安警察法（一九〇〇）加以對抗。

社會主義的思想

關於社會主義，加藤弘之在其著作裡即早已提及，並評論其不符合我國國體。一八八二年在肥前島原[12]由樽井藤吉首度以社會黨之名成立了結社「東洋社會黨」，但可說僅僅是在

---

12 現長崎縣東南部。

「一種和平的理想家」（山路愛山）之類的萌芽階段。社會主義思想獲得正確的介紹宣傳，大大得力於「民友社」（德富蘇峰為首的政治結社）的機關誌《國民之友》。此一時期的平民主義或是國民主義，同樣都從追求吻合國民實際情況的政策這樣的觀點來觀照社會主義的思想，可以說彼此有著共通的認知。順帶一提，前述的高島礦坑的實見錄也是刊載於《日本人》。

另一方面，對於社會主義之學問理論上的關注也有深化的情形。基督教一位論派（Unitarian，反對正統教義的三位一體論，否定基督的神性）的村井知至（一八六一～一九四四）、安部磯雄（一八六五～一九四九）等人在《六合雜誌》上關注了勞動問題，並且提倡社會主義的必要性。一八九八年「社會主義研究會」成立，這是村井、安部之外，還有片山潛（一八五九～一九三三）、幸德秋水（一八七一～一九一一）等人為了「考究社會主義之原理以及可否將之應用於日本」的學術團體，研究了聖西門（Saint-Simon）、普魯東（Proudhon）、拉薩爾（Lassalle）、馬克思（Marx）等人。該會逐漸分裂為人道主義傾向與實踐傾向，並沿著實踐性的方針朝著「參加普通選舉運動」的方向前進，轉型為「社會主義協會」。以此為基礎，在一九〇一年成立了日本最初的社會主義政黨「社會民主黨」。黨本身因抵觸治安警察法而即日解散，但是其宣言則公布在報紙等媒體上。其綱領如同宣言所說，正是「以社會主義為經，以民主主義為緯，旗幟鮮明」的。

「社會民主黨」的宣言由難以實行的八大「理想」以及實踐性的二十八條「綱領」組成。理想是：(1)人類同胞主義，(2)軍備全廢，(3)階級制度全廢，(4)土地資本公有，(5)交通機歸公有，⑹財富分配公平，⑺人民平等取得政權，⑻教育平等及國家負擔費用等。綱領方面則揭舉了鐵道瓦斯電氣公有、公認勞動者的團結權、實施普通選舉、軍備縮小，以及廢止死刑、貴族院、治安警察法、新聞條例等。

之後的社會主義運動由社會主義協會以及黑岩淚香、內村鑑三等人的「理想團」，還有平民社及其週刊《平民新聞》所繼承。這是《萬朝報》在日俄戰爭開戰後轉變為主戰論時，與持主戰論的黑岩分道揚鑣的幸德秋水、堺利彥（一八七〇～一九三三）所開始的刊物，至一九〇五年因受到打壓而以六十九號廢刊為止，一直都是社會主義的據點。

日俄戰爭勝利以後，走向多樣化的大眾運動波濤洶湧。民眾反對日俄講和所興起的日比谷燒打事件（一九〇五年）等紛爭不僅發生在都市裡面，各地也頻頻發生勞動和佃農的爭議。一九〇六年以大同團結之姿成立了日本社會黨，揭櫫了以獲得普通選舉權為目標的議會主義，但因議會主義與幸德秋水等人的「直接行動論」發生對立，並由秋水的主張出線，卻遭到了結社禁止令的阻攔。運動碰壁之後，一部分人往恐怖主義傾斜，直接行動派因計畫暗殺天皇的嫌疑而全員被捕，隨後十二名遭到處刑（大逆事件，一九一〇～一九一一年）。如此，這個時代一時之間產生了「時代閉塞的現狀」（石川啄木，一九一〇年），既而蔓延了迴避社會問題、沉潛於內部的浪漫主義傾向。

6 向內部的沉潛

浪漫主義、獨我論——北村透谷

在上述的社會情勢之中，與政治、社會運動的停滯大致同時，開始出現了追問近代意義下個人所賴以自立之內部價值的根據所在，亦即對浪漫主義思想或者是個人主義的摸索。

北村透谷（一八六八～一八九四）出生於神奈川縣小田原，曾參與三多摩地方的自由民權運動，因頓挫而脫離，並在一八八八年改信基督教（日本基督一致教會）。發表了反映政治挫折的長詩〈楚囚之詩〉及〈蓬萊曲〉，之後發表評論等活躍一時。一八九三年與島崎藤村創辦《文學界》，卻在一八九四年自殺。

透谷嚮往著〈楚囚之詩〉、〈蓬萊曲〉所呈現的、遠離塵世的理想國度，然而此間尤其凸顯出那種無法逃離「狂想」念頭的個人所賴以自立的摸索和焦躁的，是所謂的「人生相涉論爭」。此論爭肇因於山路愛山在其史論〈論賴襄〉[13]一文中，以文學為事業，並舉出其足以成為事業的條件是「相涉於人生」。他反對愛山提倡「文學的Utility論」亦即有用性、並視之為事業，並批判德川文學者的眼界侷限於「狹屋」之中。文學不是事業，「俗世的濟度」是終極目的，但不是為了媚於「俗世」。必須以「意志的自由」在現象界之外「離開世界大的世界，並在現象世界以外建築大大大的實在（reality）」，並且去把握「靈性的生命」

的「清涼宮」。透谷的目標在於「人須重視內心深處的祕宮，並且照亮它……將之公諸於世」(〈各人心宮內的祕宮〉)，是對私密的存在，也就是個人內部性的確立及探索。

其他的浪漫主義者還有島崎藤村（一八七二～一九四三）、國木田獨步（一八七一～一九〇八）、高山樗牛（一八七一～一九〇二）等文學家。同為詩人的藤村與透谷熟稔，改信基督教並加入《文學界》，發表了有開拓近代詩之譽的詩集《若菜集》等數部詩集。之後，他投入小說的創作，並有《破戒》等眾多作品存世。獨步是在東京專門學校（早稻田大學前身）在學中時改信基督教，歷經日清戰爭的從軍記者等職後，以《武藏野》之作出道文壇，並以日記《不欺記》（欺かざるの記）聞名。在思想方面，則可舉高木樗牛為例。他在大學在學中即以歷史小說《瀧口入道》獲選為報社懸賞作品等，很早便嶄露才幹，之後主編《太陽》從事評論活動。標榜日本主義，並根據尼采提倡本能主義等，開展了多采多姿的活動觸角。

夏目漱石

夏目漱石（一八六七～一九一六）以自身留學英國的體驗，批判日本的近代化是流於表象而膚淺的，日本的開化並不是內發性的。文學家漱石描寫了追求自我確立的個人內在，

---

13 江戶後期的儒學者、詩人賴山陽（一七八一～一八三二）之名。

但卻是落在得以成為批判者的他者與自我的相對關係上面。小說裡的主人公們一開始也是以諷刺的批判家的姿態出現。不過，這一點在《從此以後》（それから）這部作品起有了變化，主人公代助強烈批判了將人與人的連結變得疏遠的文明和社會。但是，經過與友人之妻三千代之間的交情，他發現了自己也是受批判之文明的一員，也了解到是自己將自己與他者疏遠的。在以後的作品裡，自他的關係被描繪成最根源性的批判者，揭發出人性的利己主義（egoism）。

漱石的文學絕對不是道德性的教說，但他在評論及演講上卻明確地展現出道德家的姿態。在提出與女兒、妻子之間的關係保持一定不變的形態，不因原本就存在或是自己的偏好去碰觸對方生活的內容，因為「推而行之的話」就有危險的〈內涵與形式〉（一九一一），或是〈我的個人主義〉（一九一八）的演講裡，他談到了將「自我本位」（「自己本位」）一語內化於己身的經緯，並且論述不是有樣學樣和習慣，而是「以一只鶴嘴鎬挖掘前進到」自己的礦脈這件事的意義。同時，他還主張如要發展這樣的自我尊重和自我的個性，也應該尊重他人獲得同樣的自由。從這些話當中清楚可見他所追求的目標所在。

森鷗外、永井荷風

與漱石恰好相對照的是森鷗外（一八六二～一九二二）。他以陸軍醫官的身分留學歐洲，一方面步步高昇也同時持續著文學家的地位，其文學和評論也是思想史上重要的文本。

他一方面以自己的方式接受了大逆事件以後的閉塞狀況，另方面如小說《彷彿》（かのやうに，一九一二）所示，刻畫了主人公覺醒於近代自我的同時，也「彷彿」將這個世界的秩序和命運做如是觀的情形。對這個世界的秩序一方面是抱持諦念一方面又是順服，這樣的作品和思想都暗藏著深刻的問題在其中。

永井荷風（一八七九～一九五九）以大逆事件為契機，利用韜光養晦於江戶趣味的方式，貫徹了與時代背道而馳的姿態。他發表了遭到禁止發行處分的《法蘭西物語》（ふらんす物語，一九〇九）等多部小說。他的日記《斷腸亭日乘》從一九一七年一直寫到一九五九年去世的前一天。

7 大正民主的思想及其歸結

大正民主的契機

大正期由於報紙等大眾媒體的發達，形成了對政治情勢敏感的大眾，而且女性開始進入職場等，這個時代有了新的狀況。在這當中所發生的，捲進政黨、言論界及大眾的大規模民主主義運動，即是大正民主（democracy）。

運動的開端是在軍部與內閣的對立之中桂內閣下台、被稱為大正政變的事件。一九一二年（明治四十五年，大正元年）秉持自由主義立場的西園寺內閣以行財政整理為由拒絕增設朝鮮的師團，在受到軍部的抵制後總辭職。之後，元老們暗中策畫成立第三次桂內閣，輿論沸騰，掀起揭櫫「打倒閥族」、「擁護憲政」的大眾運動，桂內閣遂以下台告終。

延續這個第一次護憲運動，展開了要求普通選舉法的第二次護憲運動，終於在一九二五年（大正十四年）成立普通選舉法，與此同時也制定了治安維持法。

吉野作造及民本主義

大正民主的代表性理論指導者是吉野作造（一八七八～一九三三）。一九一六年在《中央公論》上發表了〈說憲政之本義並論濟其有終之美之途〉一文而一舉成名。

來看一下這篇文章的主旨。首先，他指出向國民述說憲政為何物的必要性，因為值此不可回歸貴族制的現狀，有必要提高國民的知識。所謂憲政是指「遵據憲法而行」的「政治」，憲法較其他法律擁有更強的效力是因為規定了「民權的保護」。近代憲法一定包含人民權利的保護、三權分立主義、民選議院制這三項規定，以這些手段來達成「權利、自由受保護的政治」，即定義為立憲政治。

理想是如此，但是現實上憲政制度並不一定能夠順利推行。這個時候就必須改善制度，並且透過適當的運用來實現理想，這個精神就是「民本主義」。吉野認為「各國憲法所共通的精神根柢」就是「民本主義」。

接著，問題是「民本主義」的內容。民本主義是democracy的譯詞，而democracy有表示「法理上國家的主權在人民」與「政治上國家主權活動的基本目標在人民」這兩種義涵。以往都使用「民主主義」這個譯詞，但是由於會與以前者「主權在人民」之義使用的社會民主黨等說法混淆，吉野為了彰顯後者的意義而使用「民本主義」。另外，「民本主義」並不是吉野所造的詞，在此之前已有上杉慎吉等人使用過。

他的理由是，憲法上日本是主權在君，考慮到是君主制而非民主制。因此，「民本主義」是代表「姑且不問法律之理論上主權在何人，而是在行使其主權時，主權者必須重視一般民眾的利益福祉及意向，以此為方針的主義」。這個綱領包括兩層意思：政治的目的在於一般民眾的利益，以及政策的決定必須根據一般民眾的意向＝民意。為了實現，必須將代議政治改變成符合民本主義，具體來說有提升選舉道德、選舉的公平、選舉權者的擴大、確立責任內閣制。以上是該文的旨趣。

美濃部學說

吉野的主張是暫時擱置主權的所在而談論政治的運用，此說遭到憲法學者上杉慎吉等右派抨擊是意圖「架空天皇的地位」，又被山川均等社會主義者批判沒有談到主權所在的民本主義不配稱為民主（democracy）。

明治憲法原本就有立憲君主制與民主主義互相矛盾的部分，左右派對於吉野的民本主義所做的反應，與明治四十五年至大正年間所興起的、圍繞著美濃部達吉（一八七三～一九四八）所謂「天皇機關說」的憲法解釋所引起的論爭有著相同的根源。這個論爭是因為穗積八束和上杉慎吉等人提倡君權絕對主義，而美濃部則主張國家法人說而引起的。國家法人說是視天皇為法人的一個機關的憲法解釋。

美濃部這樣的解釋是重視議會的說法，並成為大正民主的理論支柱。爾後在一九三五年發生了天皇機關說排擊問題後，美濃部被以不敬罪控告，而遭免職貴族院議員。

吉野的民本主義不觸犯國體的禁忌並實現最大限度的民主，是一種實踐性務實性的對應，非常地耐人尋味。不管如何，吉野的理論成為了大正民主的理論支柱。

各式各樣的構思

如此這般，從明治末期到大正年間，在思想方面聚集了個人主義、自由主義、社會主義、國家主義等各式各樣的想法。還有，由於參戰第一次世界大戰帶給日本興盛的景氣，也成就了自由氛圍的基礎。《中央公論》、《改造》、《東洋經濟新報》、《大阪朝日新聞》等的言論活動也活絡了起來。一九一七年俄羅斯革命成功的報導也刺激了社會主義的動向。在大學的殿堂裡，也有像河上肇（一八七九～一九四六）這樣，從人道主義的觀點進入到馬克思主義經濟學的學者。河上著有《貧乏物語》等書。

大正期後半，隨著勞動者農民的組織化，繼承大杉榮等無政府主義流派的無政府工團主義（Anarcho-syndicalism）發揮了影響力。而在得知俄羅斯革命成功後，堺利彥和山川均等持馬克思主義立場的一群人也逐漸擁有勢力。後者因布爾什維克而有「布爾派」之稱，並展開無政府主義派與布爾派的論爭，其對立也捲入勞動運動中而愈形混亂。「社會主義同盟」（一九二〇）的成立、友愛會改組為「日本勞動總同盟」、「日本農民組合」（一九二七）的結成，以及「水平社」、「學生連合會」、「新婦人協會」的組織化，也都是發生在這段期間。

一九二二年日本共產黨以非合法的方式成立，這樣的動向刺激了統治階層，於一九二五年搭配普選法而制定了治安維持法，禁止了提倡國體變革、否定私有財產制度的結社和運動。

另一方面，右翼結社則趨於活潑，出現了北一輝等國家社會主義者。進入昭和期以後，民主主義理論顯得低迷時，共產黨開始出現在大眾運動前面。這是肇始於一九二七年的「二七年綱領」（第三國際所揭示的日本革命基本方針）。作為一個統一說明自然與社會的理論，雖然在運動方面遭到摧毀，但在理論方面卻帶給知識階層很大的影響。

新女性

大正期亦是女性走向社會極為明顯的時期。大正民主具有女性走向社會，以及伴隨而來的社會活動和言論盛行的面向。平塚雷鳥（一八八六～一九七一）在雜誌《青鞜》上主張女權，而山川菊榮、與謝野晶子、神近市子等《青鞜》的成員被稱為「新女性」。此外，舉凡母性論爭等，女性之間的論爭也變得非常活絡。

8 昭和的超國家主義與戰時的思想

超國家主義的抬頭

進入昭和以後，左翼運動遭到毀滅，相對地，超國家主義則是增強與軍部、官僚的連結，通過滿州事變（一九三一年）、五一五事件（一九三二年）、二二六事件（一九三六年）而走上全體主義之路。成為超國家主義思想背景的國家社會主義的思想在日本由來已久，在明治三十年（一八九七年）成立的社會問題研究會上曾經成為話題，山路愛山（一八六四～一九一七）亦在明治三十八年（一九〇五年）時標榜以「得以在日本國土成長的社會政策」為目標的國家社會主義，並成立國家社會黨與左派的社會黨對峙。在此，敘述一下愛山這位走出自己一條路的社會思想家的履歷。

愛山生於江戶的幕臣之家，明治維新後移居靜岡，在一八八六年改信基督教，學習於東洋英和學校。創辦衛理公會（Methodist）三教派的機關誌《護教》（一八九一），並擔任主筆。一八九二年加入民友社，投稿《國民之友》、《國民新聞》撰寫政治評論及史論、文學論。與高山樗牛和北村透谷之間的論爭聞名於世。歷經《信濃每日新聞》的主筆，並於一九〇三年至一九一六年間刊行《獨立評論》。曾經響應過提倡日本式基督教的海老名彈正的自由主義。一九〇五年與斯波貞吉、中村太八郎等人結成國家社會黨（至一九一〇年為止），提倡以家族國家論為基礎的社會改良，並推動普選運動和東京市電車調漲票價反對運動。除了在著作《現代日本教會史論》（一九〇六）裡作為同時代史提出獨特的論調，還著有未完稿的《日本人民史》（一九一三）等書。

北一輝及其思想

成為昭和的國家社會主義支柱的北一輝（輝次郎，一八八三～一九三七）透過《日本改造法案大綱》（一九一九）等著述，總結了明治以來的社會主義運動，並試圖為天皇制與社會主義式改造之間做一沒有矛盾的接合。在支持天皇制的意識形態以及與對抗勢力相互克制對立的思想史結構中，一方面承襲自由民權運動的氛圍又呈現獨特發展的北一輝的思想，其出現可以看作是某種必然。

在此，回顧一下北一輝從明治到昭和期的生涯，來了解直至國家社會主義生成為止，其與時代的思想之間的關係。北一輝生於佐渡島，父親是自由黨系的郡會議員，他出生的年代適逢自由民權思想發揮影響的時期。日蓮曾遭流放至佐渡，日後也引導了北一輝信仰法華經。他在佐渡島接受學校教育，並在私塾接受漢文教育。爾後，開始關注時局評論或文學，並開始在自由黨系的地方報紙上發表評論等活動。

日俄戰爭之際，他主張為了實現社會主義，帝國主義勢為必須，並發表反對內村鑑三非戰論的論評。之後上京成為早稻田大學的聽講生，學習丘淺次郎的進化論及安部磯雄等人的社會主義，並出版了第一本著作《國體論及純正社會主義》（一九〇六），卻在不久後遭到禁止發行。

有了這些經過，北一輝的存在為社會主義者所知，並與幸德秋水和堺利彥等人開始交往。此外，還被宮崎滔天等人所主持的革命評論社延攬。當時有許多決意掀起革命的中國人亡命日本，並結成了中國革命同盟會（一九〇五年，黑龍會的內田良平邀請孫文，並在東京結成，宮崎滔天等人也參加）。加盟該會的北一輝與宋教仁過從甚密，並且與內田良平為主的所謂「大陸浪人」也有所聯繫，亦加入黑龍會。一九一〇年（明治四十三年）大逆事件時遭到拘捕，幸免於連坐。中國爆發辛亥革命是在一九一一年，黑龍會派遣北一輝赴中，與宋教仁等所謂湖南派一起進行革命行動。這個時期的體驗日後集結為《支那革命外史》。

之後，北一輝被命令離境，一度回到日本，不久又登陸上海。這個時期革命一度頓挫，排日運動盛起。前述的《日本改造法案大綱》是在上海執筆的。歸國後，加入大川周明的猶存社，謀求日本的改造，不久後與大川分道揚鑣。北一輝和門生西田稅等人與革新青年將校接觸，並暗地裡行使其影響力。一九三一年（昭和六年）爆發滿州事變，軍方內部的對立和抗爭頻傳。在準備日本全體戰爭的軍事體制高漲之中，一九三六年發生了陸軍青年將校崛起的二二六事件。北一輝雖是一介平民，但以首謀者之一的身分遭判死刑，並在事件翌年的八月處刑。

北一輝的一生是以他自己的方式接受並繼承了明治的自由民權以來、所謂「革命」的志向。在遭到禁止發行的《國體論及純正社會主義》裡，他承繼了丘淺次郎的進化論，揭示人將從人類進化到類神人、從類神人進化到神類的軌跡，並且在進化的過程中構想了「世界連邦」的成立。此外，北一輝還提出「國家並非以法律之擬制而製造出來的機械性存在」，「國家是自始即具有其自身目的之實在的人格」，並批判世上所說的國體論。可以說，他批判採取一般國體論的家族國家論及以此為基礎的忠孝一致，對於天皇則秉持天皇機關說的立場。

何謂超國家主義？

所謂超國家主義是這些人為了與明治以來的國家主義、乃至國權主義區別的用語。其他的思想家可舉大川周明和井上日召等人為例。這是一股為了對抗第一次大戰後民主主義高揚下的革命運動、勞農運動，並且企圖改造國家以及帝國主義的對外侵略，提倡激進的直接行動的思想運動。

北一輝晚年對日蓮的傾倒，與關東軍參謀、策畫滿州事變導火線之奉天郊外柳條湖事件的石原莞爾（一八八九～一九四九）差相比擬。石原研究法華經的教義及戰史，構想世界最終戰爭論，並在其構想下計畫了以日美決戰為前提的滿蒙占領。

此外，中野正剛（一八八六～一九四三）從亞洲主義的立場，提倡並實踐解放亞洲，著有《國家改造計畫綱領》（一九三三）等書。之後，因反抗東條內閣的翼贊選舉而遭逮捕，並於一九四三年自殺。

在大正期主導國民道德論的井上哲次郎，在進入昭和期後強調「改造」，特別是主張家族的改造。如此這般，國家對思想的管控以及圍繞國體的諸多思想在昭和期成為時代的主流。

以上，將明治後期以降的思想聚焦在「公」也就是政治社會與「私」的相互克制上，大略地回顧其梗概。其動向及展開亦可看作是前述西村茂樹所引的整體構想（grand design）的實現過程。愛山與透谷的論爭，是這個時期的「公」與自我封閉於內部以求自由的「私」思想之間對立的一種現象。但是，這個論爭反而是由那些接觸西村茂樹所說的「世外教」其圈內人所掀起，這點也顯示了近代日本思想所內含的問題性所在。

後節將再次探討那些置身諸多對立之外，秉持一種孤高姿態的學院內哲學思想的動向及日本式的開展，這裡先簡單概觀一下那些無法避免與現實接觸的、戰時下的思想及哲學。

戰時體制下的思想與哲學——京都學派

在滿州國建國這個擴張政策、五一五事件、二二六事件等接踵而來的國內混亂之中，由於一九三七年日中戰爭的開始，日本進入了戰時管控之下，思想的形態也受到管控的影響。國民精神總動員中央聯盟成立（一九三七年），翌年（一九三八年）由於國家總動員法的發布，正式啟動了國民精神總動員運動，並開始壓抑歐美文化。接著，對新聞出版的管控以及對思想相關研究會的打壓相繼而來。大政翼贊會於一九四〇年成立。

一九四一年太平洋戰爭開始後，為了進一步遂行總力戰而開始了可稱為思想總動員的動作，其象徵性的事件在思想史上有兩個。

一個是京都學派的座談會「世界史的立場與日本」（一九四一～一九四二），另一個是京都學派、文學家所組成的「近代的超克」座談會（《文學界》）。二者在戰後都被追究與遂行太平洋戰爭之間的關係而成為批判的對象。

自日美開戰前的一九四一年至一九四二年之間，京都學派的哲學家舉辦了三次的座談會，第一次的紀錄登載在《中央公論》（一九四二年一月號）上。參加者是西田幾多郎、田邊元門下的高坂正顯、西谷啟治、鈴木成高、高山岩男等四人。取最初的座談會之名而出版了《世界史的立場與日本》（一九四二）。「世界史的立場」所指為何，在高山的著作《世界史的哲學》（一九四二）裡有所闡明。亦即批判西洋歷史觀的歐洲中心主義，重視以地域性、地理性所呈現的空間性契機，並主張歷史世界的多元性。他們秉持文化多元論的立場，認為文化的尺度必須抵抗僅以西歐為尺度的哲學，而主張文化經常是民族的文化，並且透過「考察文化形式的總體裡存在民族固有的樣式性統一這個事實」來「建立民族文化的文化類型學」（《文化類型學》，一九三九）如此一貫的立場。

新的世界史的理念從「歷史世界的多元性」出發、並志向更高層次的世界史一元論，這樣的世界史理解可以說是立足於歷史主義，卻又是試圖加以內在性超越的超近代哲學。「在這個世界史的轉換中扮演最重要角色的就是我們日本」（《世界史的哲學》）這個日本立場的主張在迎接日美開戰的時局時，被視為是戰爭的哲學。另外，高山在戰後的〈關於世界史的立場〉（一九四六）一文裡指出，大戰前所思考的世界史根本理念依然正確，倒不如說現在正是進入了緊密的世界史關聯中。他認為，超越近代國家、走向「新的聯邦國家」的脈動已經開始。

西田幾多郎在這個時期也談論了東洋的文化，或是日本文化和日本精神（例如《日本文化的問題》，一九四〇）。既不是否定西洋文化，也不是否定東洋文化，而是在其深邃的根底尋求揚棄兩者的可能性。

西田哲學被批判是肯定「正義」戰爭的哲學，也被抨擊「絕對無的哲學」內含引誘死亡的傾向（有關西田哲學將在次節詳述）。對於這樣的批判，已有學者提出在理解西田的體系之上的反論（例如藤田正勝，《西田幾多郎的思索世界》）。

戰後，京都學派長期都成為對戰時體制下哲學思想形態的批判和反彈的對象。然而，不可否認的是，對總力戰及其思想背景做最具邏輯性說明的（更進一步說，「預測」其結果的）就是京都學派。近年，日本的哲學研究開始正面看待包含其功過在內的意義。

戰時體制下的其他思想

來看一下其他的京都學派。三木清也曾談論東洋，他在《技術學的理念》中指出「技術的問題包含著世界觀的問題」，批判性地提到反科學和反技術，認為不應該權宜主義地看待傳統，而主張要在作為東洋自然觀和社會觀基底的「一種技術哲學、技術世界觀」裡「植入近代科學的看法」。這個與他在著作《構想力的邏輯》（一九三九）裡所提出的統合理性（logos）與情感（pathos）的立場如何結合起來思考，仍舊是一個問題，但是從「如何再次將技術有機化？」這樣的觀點來指陳「傳統精神文化」的意義，的確是一個圍繞近代日本的技術和科學引進的反省性自我意識的樣態，殊為重要。

在這嚴峻的時代裡，獨樹一格的是中井正一。他同樣是屬於京都學派的美學家，在一九三六年發表了題為〈委員會的邏輯〉的論文。主題之一是回顧西洋邏輯學的發展，但是在其討論的背後則是作為邏輯前提的語言的掌握。古代「口說的語言」（「陳述的邏輯」、「說服的邏輯」）到了中世紀是「書寫的語言」（「書寫的邏輯」、「瞑想的邏輯」），而在近代則產生了「印刷的邏輯」，三者都各自有其固有的合理性。「印刷的邏輯」與培根（Bacon）的「經驗與觀察的方法」有關。雖然產生語言向公眾裡邊擲出的事態，但是經驗裡面包含著「非合理性」。自此以後的邏輯學可以看作是，嘗試為主體性邏輯與數學性邏輯之間建立秩序的一個展開。

透過這樣的考察，中井從近代文化的封建、商業、產業、金融等各種制度引導出機能的邏輯、生產的邏輯，並視之為生產與技術的關係。接著，他探討執行機關之「委員會」的機制，分析了投票、委任、討論、決議、付諸實行的機能與過程。他稱過程中內心的確信與對他者所做的主張之間所產生的間隙為「虛偽」，而且日常中充滿了這樣的虛偽，還有那樣的虛偽經由「監禁」、「暴力性殺傷」也會產生。他設想個人的虛偽會進入提案到實行的過程，並追問為何真理不會停留在確信而成為主張？這個可說是對語言汲取經驗後會成為何種力量的一種考察。

這篇論文讀起來有種暗藏對當時左翼運動的前衛形態、或者是一九三七年企畫院[14]的成立等時代狀況的隱喻。中井以其浩瀚的西洋哲學史知識為後盾並追問現實性的問題，是在在顯示京都學派特質的思想家之一。一九三七年因違反治安維持法而遭到逮捕。

戰後，中井擔任國立國會圖書館副館長的公職，發表了有現場基礎的多篇論文。

和辻哲郎在戰前的《倫理學》裡將國家視為最高的人倫組織，戰後則修正主張，稱人類社會的理念超越國家。他在這一點被批判是全體主義，但在另一方面，他一貫秉持文化多元性的個別文明和文化的認識。

這個時期的哲學活動在與時局的應對這個條件下受到表現的箝制，卻象徵性地揭示出近代日本所面對的問題。而且，過去有封閉於學院內的形象的哲學，即使是超越單純的二元論而受到哲學性的制約，仍舊有意與「現實」產生關聯。而對於這個產生關聯的方式的再檢討，以及指陳多元文化論等問題的重要性，都值得我們銘記在心。

另外，政治上極度猖獗的是右派的哲學思想。

大川周明（一八八六～一九五七）意圖挑起政變，並影響陸海軍的將校。主張與近代日本的西洋化對決，並倡導日本主義、管控經濟下的社會主義，對外則主張亞洲主義。在東京裁判上是唯一以A級戰犯之嫌被起訴的平民百姓。大川在晚年從事古蘭經翻譯等伊斯蘭研究，其思想在現在以新的觀點獲得再詮釋。

還有，以伊斯蘭哲學研究而馳名世界的井筒俊彥（一九一四～一九九三）在戰時曾擔任軍部與中近東要人間的阿拉伯語口譯。並接受大川周明的囑託，在滿鐵系的東亞經濟調查局和回教圈研究所大量地閱讀阿拉伯語文獻，並正式地深化伊斯蘭研究。順帶一提，大川周明的功過姑且不論，得以形成關注伊斯蘭文化目光的文化多元論志向亦可說是近代日本思想的一個面向。

近代的超克

在前述京都學派所參與的兩個座談會，「近代的超克」超越「世界史的立場」而擁有更大的影響力。

「近代的超克」座談會在七月召開，並由河上徹太郎擔任主持人。此會由河上徹太郎、

14　一九三七年十月，第一次近衛文麿內閣為了強化戰時的經濟管控，並且企畫綜合性的國策而設置的內閣直屬機關。

小林秀雄、龜井勝一郎等《文學界》成員企畫，參加者除了河上、小林、龜井之外，《文學界》的成員還有林房雄、三好達治、中村光夫，京都學派則有西谷啟治、鈴木成高（西洋中世史）、下村寅太郎（科學史）、諸井三郎（音樂、作曲家）、津村秀夫（電影評論）、吉滿義彥（天主教神學、哲學）、菊池正士（理學家、原子物理學）等共計十三名。《文學界》一九四二年九月號登載了西谷等四人的論文，十月號登載了五人的論文及座談會的紀錄。還有，一九四三年七月，鈴木脫離成員，並加入新的作者（下村寅太郎、菊池正士），出版了單行本《近代的超克》。另外，早先即主張「近代的超克」的日本浪漫派代表文藝評論家保田與重郎均未參與座談會及論文的執筆。

這本論文集和座談會的意圖所在，可以從河上在《近代的超克》裡所寫的結語看得出來。第一，河上提到太平洋戰爭的開戰所帶來的「知的戰慄」，而開戰是「西歐知性」與「日本人的血」的相克。第二，「新日本精神的秩序」只是淪於呼口號，想要打破這陷入「無氣力」的現狀。第三，為此必須突破專門知識分子間「文化各部門的孤立」的障礙，因此目標設定為以上共通的課題——「近代的超克」。

尤其，西谷啟治的論文是當中邏輯結構最完整的，內容上也大致網羅座談會上的話題。西谷指出，近代是指「歐洲」近代，但是歐洲近代業已「在其自身喪失關聯性」且欠缺統一，而零星地引進其文化各部門的「日本近代」也與歐洲一樣欠缺統一。宗教改革、文藝復興、自然科學雖然使歐洲與中世紀訣別並創造了近代，世界觀卻分裂為這三者而延續至現在。在日本，「統一性世界觀的形成基底」也行將瓦解，而能夠綜合文化、歷史、倫理等立場與「無記的」科學的，是與西歐的宗教相異的「主體的無」的立場。建立在「人性之絕對性否定即肯定」上的「主體的無」，也是東洋的宗教性特徵。

我們的課題是創造通貫廣義的技術、倫理、宗教等三領域的道，也就是滅私奉公的國民倫理。現在，世界宗教性與國家倫理性處於「相即相入」的階段，國家的生命受到傳統國家精神的規定。在我國，「以清明心為本質的隨神（神ながら）之道」與「東洋的世界宗教性深入地冥合」。我國的課題是透過「道德的能量」來「樹立世界新秩序與建設大東亞」。以上是西谷啟治論文的概要。

認為西洋的近代和日本的近代雙方都有弊病，這一點是參加者大致的共識。但是，他們提出種種西洋的近代像，對日本的自我認識也莫衷一是。對於統一的恢復，龜井勝一郎主張回歸到日本古典，吉滿義彥則提倡西歐中世精神性的恢復等，在基調上也不見一致。對於歷史是不斷進步的看法，小林秀雄也提出反論。對於主題之一的西洋科學思想、科學技術的對應，從全面否定到肯定，提出了各式各樣的立場。龜井認為近代的特徵是空間性擴大，並斥之以輕薄，對於以此為首的科學批判，下村則是主張科學的本質是技術，對其他的論者提出反論。下村認為自然科學與形而上學應該加以「區別」，並委婉地提出否定。多數的論文和發言所共通的是如西谷（主體的無的確立）、吉滿（無神論近代的克服）等，對神以及「宗教性」之肯定的論述。

座談會似乎依傍著西谷論文的論點在進行，而且各唱各的調，整體來說並沒有一致性。不過，與會者大致都有日本近代沒有恰如其「分」的實際感受。但是，這個「近代的超克」

的嘗試，如竹內好所言，成為一種「符號」（「符丁」，見〈近代的超克〉，收入《日本與亞洲》），並且作為流行語成為戰時思想的象徵。

該如何檢討「近代的超克」的主題，以及如何看待思想的戰爭協力這樣的外在事實，在戰後是思想上的一大課題，並延續至現在。

轉向的事態

一九二二年日本共產黨非合法結成，緊接著一九二五年就成立治安維持法，並且發生共產主義者的一齊逮捕（一九二八年、一九二九年等），思想管制更顯嚴格。一些共產黨員在一九二八年轉向，這是獄中轉向的最早例子。此後，由於治安維持法的打壓轉劇，迫使許多人從共產主義、社會主義轉向。

在總動員體制之下，當局對左派壓制更趨劇烈。學問研究也遭到打壓，例如津田左右吉的古代研究也受到禁止發行的處分（一九四〇年）。不管是在野的研究或是學院裡的研究，都受到強烈的壓迫。

作家、研究者也被徵用到戰線進行視察及報導。京都學派與和辻等人所談的「日本精神」雖然不能看作是對戰爭體制的積極協助，但亦可說是帶有相當意圖的應對。這個時期也出現了各式各樣的所謂「偽裝轉向」。唯物論研究會成員的永田廣志和三枝博音之所以進行日本思想研究，被認為是為了閃躲壓迫，這個說法也並非無的放矢。

轉向的問題是戰前文學的主題，例如有中野重治的《村家》、島木健作的《生活的探求》等作品。而轉向的問題成為思想探求的課題，則是到了戰後。鶴見俊輔、吉本隆明等人挖掘了近代日本知識分子與大眾的形態裡所潛藏的問題性。

9 近代日本的哲學

思想史與哲學

有一些近代日本思想的概說書籍裡，完全沒有提及西田幾多郎與和辻哲郎等哲學家的思想。這個情況源自於，從社會性問題意識這方面來看待思想，並有認為近代日本的哲學、特別是學院裡的哲學不是思想的看法。

的確，學院創生期或許並不一定如此，然而當確立以後，許多講壇哲學在當時的時代狀況之中都自我要求必須超然於時流。此外，還有另外一個問題是，在哲學研究的一方也尚未充分確立對日本近代哲學史的定見。本節前半將聚焦近代日本哲學的形成，並且舉例概說其重要人物，探討其思想形成和內容。

哲學這個用語

將哲學這個用語拿來翻譯西洋由來的philosophy的是西周。原文是philia（愛）和sophia（知）的合成語。然而，在大體上對社會思想的接受較為積極，還有比較關注近代科學的精華——也就是技術的引進，除了一部分人以外，要出現專心於引進西洋文明核心的哲學的人，還必須再過一些時候。

明治初期以來的哲學動向及經緯如前節所述，在短時間之內介紹了英美的功利主義思想（明六社等）、進化論哲學（加藤弘之、丘淺次郎等）、法國的人民主權主義思想（中江兆民等人）、德國的國家主義思想和德國觀念論（加藤弘之、井上哲次郎）、實用主義（pragmatism，田中王堂等人），簡直目不暇給（關於近代日本的哲學史，土田杏村早在《日本支那現代思想研究》中就提出這樣的哲學史看法）。可以說，這是為了當時社會的要求，片斷式地整理利用西洋哲學的結果。

講壇哲學的形成

在經過日清、日俄戰爭後傾向國家主義之中，維新後出生的青年知識層對於要求自我的確立和「個人」主義等精神傾向有增強的趨勢。另一方面，社會主義的動向也有所高漲，而恰好與這明治末年的時期重疊一般，開始出現新康德派的哲學研究。新康德派指的是在十九世紀後半的德國所興起的哲學潮流，將康德徹底的觀念論化，並對抗實證主義和科學主義。大致可分為二派：重視自然科學、秉持邏輯主義立場的馬爾堡學派（柯亨、那托普、卡西勒），以及重視在個性記述方面與自然科學相異的歷史科學的意義和文化價值的西南德意志學派（溫德邦、李克爾特）。日本的學院成立期正好是新康德派的全盛時期，這件事至今還留下很大的影響。對於新康德派的關心，除了因為康德，還與向西洋的「哲學」此思維形式全新追求人生的意義這個動態有關，同時也成為了大正教養主義的源流。

這個時期極為象徵性的、對於康德及馬克思的關心與分歧，也成為前述哲學觀點與社會思想觀點長期以來無法融合的遠因。這個時期的桑木嚴翼對馬克思抱持著一定的關心，西田幾多郎、三木清、和辻哲郎等人在深層處也意識著馬克思，這點是無庸置疑的。但是，講壇哲學性的關心和實踐性的關心卻沒有交集。

另一方面，講壇哲學的形成與浪漫主義傾向明顯在基礎上有其聯繫，而關心社會思想的一方則認為他們是從社會的後退而投以否定的視線。透谷與愛山的論爭（前出）已包含部分先驅性的論點。

明治末年至大正初期之間，日本哲學在大學裡面形成了重視嚴謹學問方法論的學院哲學，德國新康德派的影響是不可否認的。對西洋正式的哲學研究的發展做出貢獻的，最早有留學英德法、並著力引進普及康德研究以提倡大正民主和文化主義聞名的桑木嚴翼（一八七四～一九四六），還有著作《近世之「我」的自覺史》（一九一六）的哲學史家朝永三十郎（一八七一～一九五一）、以新康德派特別是李克爾特的哲學論述經濟哲學，並著有《經濟哲學的諸問題》（一九一七）與《文化價值與極限概念》（一九二二）的左右田喜一郎（一八八一～一九二七）、西田幾多郎、從宗教哲學和基督教思想史立場著有《時間與永遠》（一九四三）的波多野精一（一八七七～一九五〇）、田邊元（一八八五～一九六二）等人。

田邊一開始學習新康德派的哲學，之後研究康德、黑格爾等德國的觀念論。到了昭和期，他與馬克思主義批判性地對決，並主張超越觀念辯證法和唯物辯證法之「絕對辯證法」的立場。在《社會存在的論理》（一九三四～一九三五）等著作裡提倡「種的論理」，並以西田的批判者聞名。

他們汲取西洋哲學思想，並以邏輯深化了自我和各種價值的探究，嘗試建立起新的學問基礎。

西田哲學的誕生

對西田幾多郎的哲學思索給予「西田哲學」這個名稱的是左右田喜一郎。西田是日本近代能冠以個人名之屈指可數的哲學家之一。

西田幾多郎（一八七〇～一九四五）生於石川縣，他回顧道，自專門學校留級中輟後成為東京大學的選科生，由於受到差別待遇故每天在圖書館裡「獨自讀書，獨自思索」。由此可見，年輕時的西田從關注社會往自我心靈封閉發展。明治二十八年（一八九五年）赴任石川縣尋常中學七尾分校，教授倫理、英語、歷史等課程，翌年出任四高的講師、教授德語。

他以獨特的文體表達個性化而強韌的思索，這樣的風格確實向人們展現了嶄新的哲學表現。讓眾多青年為之瘋狂而聲名大噪的，是他在四高擔任教師時代所發表的論文集《善的研究》（一九一一）。在執筆該書的前十年左右，他密集地坐禪修行。但是，如果對他這本處女作先入為主地認為是「人生論」式隨想型書籍而閱讀的話，恐怕期待會完全落空。作為《善的研究》出發點、哲學思索基底的，是「純粹經驗」這個概念。的確，這個概念是以參禪的體驗為基礎，然而這當中可以看到他批判性地體會格林、詹姆士、柏格森、李克爾特以及西洋哲學史的各種思想和概念，並將其當作自己思索的食糧、極為獨特而強韌的邏輯。

西田的「純粹經驗」又稱為「直接經驗」，是指自己反省式的意識作用開始以前的直接狀態。反省意識難免主體與客體的分裂，而「純粹經驗」則是有如攀爬陡峭的山坡或是聆聽陶醉在音樂時那種「渾然忘我」的狀態。在那裡，主體和客體並未分離，處於主客未分的狀態。

在純粹經驗裡尚無知情意的分離，且如唯一的活動一般，亦尚無主觀客觀的對立。主觀客觀的對立是來自吾人思維的要求，並不是直接經驗的事實。在直接經驗之上，只有獨立自全的一個事實而已，既無觀看的主觀，亦無被觀看的客觀。恰如吾人醉心於美妙的音樂，物我相忘，天地唯有一嚠喨（嘹亮而響徹雲霄之意）樂聲而已一般，這個剎那、所謂真實在將浮現於眼前。如果認為這是空氣的振動或是自己在聆聽，這個想法是吾人離開此實在的真景而反省思維所得，此時吾人業已離開真實在。

（《善的研究》）

西田說這本書之所以名之為《善的研究》，是因為前半屬於哲學研究，而「人生的問題才是其中心、其歸結所在」。他說，「善」是與反省以前的「真的自己」（真實在）一致之意，意識作用的內在統一力量是這裡所說的自己，而意志的發展完成才是自己的發展完成，亦即是「善」。

西田如此的哲學營為有時被形容是「獨我論」的克服，而西田之後也這麼說。他指出：「純粹經驗能夠超越個人之上。如此說也許聽來頗為怪異，但經驗正因知道時間、空間、個人，故在時間、空間、個人之上。不是有個人才有經驗，是有經驗才有個人。個人經驗僅僅是經驗之中有限經驗的特殊一小範圍而已。」亦即，個人是通過「經驗」的場域始而出現，並不是自我封閉個人的存在。

還有，西田有意把握個體自此出現的根源，這個想法亦具有某種融和性的特質。「實在的根本性方式」是「一而多，多而一，平等之中具有差別，差別之中具有平等」。但是，這一與多的兩個方面不能拆離開來，「獨立自全的真實在」隨時都具有這個方式。圍繞純粹經驗的思索可以理解為，如何邏輯化和普遍化這個東洋式的即融感覺，或可說是偉大生命的聯繫之直覺的一項營為。

如上所述，西田不將「經驗」視為個人主觀的東西，而將其把握為自己由此成立之超個人主客合一的經驗，並視為最終的實在。對西田而言，主客的區別對立以及外界、世界的成立，毋寧是「純粹經驗」所分化之物，是自家發展之相。這個在之後影響了和辻等人的根本想法，與以下的自覺是連結在一起的，亦即自己的思想營為是存在與東洋傳統有著深遠的連

續性之中。這裡引用稍後將提到之《從活動者到能見者》（働くものから見るものへ，一九二七）的序文末尾的文字：

以形相為有並以形成為善之泰西文化的絢爛發展，有許多值得我們崇尚、學習的地方，這點自不待言。但是，在幾千年來培養我等祖先的東洋文化的基底，潛藏著那種能視無形之形、聽無聲之聲的存在。吾人之心不斷地追求如此的存在，我想試著給這樣的要求一個哲學的根據。

西田哲學的展開

此後西田的思索仍不斷地寫成論文和著作，而這些又成為之後思索的基礎而展開。常被視為是以獨我論來控制心理主義或獨我論的《善的研究》，他以其「純粹經驗」為基礎而加以發展深化，並追求發展的克服以深化思索。在中期的〈場所〉（一九二六）、《從活動者到能見者》（一九二七）等著作裡，他鮮明地建立起全新的立場。至於場所的論理，他走向追問《善的研究》的純粹經驗將有所限定地成立、亦即更為廣泛的經驗究竟為何物的課題。

我們在思考事情時有「如所映之的場所」或是「意識野」存在。那個與意識現象的連續並非毫無關係，亦是其本身。意識的根底有「一般性的東西」，不管是判斷也好、意志也好，都是一般性的東西，而不是孤立的東西。意識會在時間之中發展變化，那樣的時間、場所也不是固定的「有」，在這個意義上是「無的場所」。實在的根底（跳開西田來說的話，是可稱為事先存在又業已不在的場所，是相互性、相依性本身）被發展性地理解為辯證法的一般者。

一九一〇年，前往京都大學哲學系倫理學講座赴任的西田，成為京都哲學學術圈的中心人物。為左右田喜一郎冠上西田哲學之名，是在《從活動者到能見者》這本著作前後。順帶一提，命名者的左右田在一九二六年寫了〈關於西田哲學的方法——就教於西田博士〉一文，指摘西田的思索是建立在李克爾特的立場上，批判他混淆了認識論與形而上學。之後，西田也受到馬克思主義的影響，既與其對峙，又涉及了馬克思主義所提出的「歷史的現實世界」的問題。他將場所的概念具體化為辯證法的世界與「絕對矛盾的自己同一的世界」，並且展開了將「歷史的實在」把握為「絕對矛盾的自己同一的世界之自己限定」的立場。

西田的周遭以批判西田的田邊元為首，輩出了三木清（一八九七～一九四五）、戶坂潤（一九〇〇～一九四五）、提倡「世界史的哲學」的高坂正顯、高山岩男，或是西谷啟治、鈴木成高等人，形成了有「京都學派」之稱的巨大山脈。三木在留學德法之後，著作了《帕斯卡關於人的研究》（パスカルに於ける人間の研究）。歷經馬克思主義後切換至評論活動及文化活動，並且以闡明西田哲學的問題——亦即歷史世界的構造與邏輯——為目標。在《構想力的論理》裡，他著力在確立起統一主體與客體、理性與情感的哲學觀點。終戰後在獄中病死。晚年傾倒於親鸞，並留下了遺稿《親鸞》。另外，戶坂是馬克思主義、唯物論的哲學家，他在一九三二年與三枝博音等人創立了「唯物論研究會」。他對和辻流的詮釋學立場提出批判，一九四五年死於獄中。

其他有關太平洋戰爭開戰前後的哲學動向，請參照前節的內容。

和辻哲郎——倫理學與文化研究

與西田並稱雙璧的，是建構獨特倫理學的和辻哲郎。他得到西田的賞識，並延攬其至京都擔任倫理學的講座。其事業多采多姿，並帶有多元的樣貌。

和辻生於兵庫縣，在東京帝國大學學習哲學。起初主要從事文學活動，之後進入學界，並歷任京都帝國大學及東京帝國大學的文學部教授。榮獲文化勳章（一九五五年）。著有《尼采研究》、《索倫．齊克果》、《古寺巡禮》、《風土》、《日本古代文化》、《原始佛教的實踐哲學》、《日本精神史研究》、《鎖國》、《倫理學》、《日本倫理思想史》等書。

大學畢業後，和辻寫了有關尼采、齊克果的著作，極早就在日本介紹了生的哲學、實存主義哲學家，並以作家的身分起家。接著，他寫了《日本精神史研究》，以及頗獲社會好評的《古寺巡禮》、《日本古代文化》等有關日本文化史、思想史方面的著作。他對日本的關心據說是由於後節將提到的津田左右吉的影響。之後，被延攬至京都大學（一九一四年）。京都時代最大的業績是《原始佛教的實踐哲學》，探討了日常性與佛教的「法」之間的關係。他一方面受到西田的影響，提出視日常性本身是「法」所呈現的場所的看法，之後他從日常性消去了佛教的無常性，並將人倫的動態視為「空而空之」（空が空ずる）的運動，觸及到倫理學體系的根本問題。

根據德國留學以及其時的見聞所寫成的《風土》一書指出，具有個人性與社會性這雙重性格的人類會受到風土的制約，一方面受到了赫爾德等人的影響，另方面將日本思想文化底層的「風土」經驗設定為亞洲的季風型。再者，對於季風型的諸相，他取中國、印度的風土與之比較考察，還與並稱為沙漠型的西亞、阿拉伯，以及牧場型的歐洲文化的基礎經驗做對比。還有，與此同時期，他著作了《作為人間之學的倫理學》（一九三四），指出倫理不是「個人主觀性道德法則」而是「聯繫關係之道」（間柄の道），並認為藉由倫理則聯繫關係本身才有可能，提出了明確的立場。人的存在具有既是「人間」（じんかん）同時又是「個人」的雙重性，這點是西洋的哲學倫理學史也精準把握住的。和辻從這個觀點出發，重新檢討了雅里斯多德、康德、黑格爾、馬克思等哲學家，嘗試從否定個人主義的立場來重新詮釋，並且直接而明確地指出問題所在，而這個問題與從《倫理學》的同樣關懷來體系性建構倫理學是一脈相承的。

「作為人間之學的倫理學」及其體系

和辻的問題都濃縮在《倫理學》裡，而倫理學是人間之學。人是生活在人間（じんかん）的存在，也就是說並不是孤立的。人是個人性存在的同時，也是社會性存在。個人性存在與社會性存在因為處於相互否定的關係，所以也可說是雙重存在。

在和辻那裡，「倫理」是現存於「聯繫關係」本身的理法。倫理學之所以採用詮釋學，是因為日常的各種行為、表情、動作和語言都是倫理這個理法所表現的「表現之海」。我們在日常裡一邊詮釋它一邊生活。「誠實」和「信賴」之所以重要，是因為如此生活著的人是相互扶持生活的前提、也是歸結。

以這些作為前提，他在《倫理學》裡描繪了對偶關係的二人共同體（男女之性的結合，相互之間沒有任何隱瞞之全面一致的場域）作為一種理法，從家族、親族乃至利益共同體往文化共同體、國家、人類發展的諸相。《倫理學》在結論處觸及到「國民本分（国民的当為）的問題」。他說，國民本分經常「與我國民的歷史、風土特性息息相關」，並提倡日本人應該發揮國民特性來參與人類的「多樣的統一」。

乍見似乎是提倡朝向全體之滅私埋沒的《倫理學》被視為具有全體主義的偏向，至今仍議論不歇。但是，該書援用西洋的文化研究、哲學、人類學，以及社會學所開展的討論，不應該僅從單純的政治性來加以評斷。而是應該充分認識到近代日本、特別是在十五年戰爭底下，哲學所背負的命運和悲劇性，並且重新冷靜地探討其價值。

倫理思想史的研究

和辻所撰寫的通史《日本倫理思想史》（一九五二）是與倫理學不可分割的。因為倫理是普遍性的，而其顯現則是特殊性的，是藉由特定的社會構造並以特殊的形態顯現在歷史上

（和辻稱為「具體的普遍」）。和辻將此與倫理區別開來，稱其為「倫理思想」。《日本倫理思想史》是戰後才寫的，因此可說是《古代日本文化》以來、和辻對日本思想文化所寄予關注的總決算。

這部書的緒論從古代的神話說起，一直談到近代，並且將日本的思想展開把握為人倫國家的理想的展開，以這樣的觀點貫穿其中。他認為古代活在歸順於全體的「清明心」延續到之後的「正直」、或者是君子道德的強調，以倫理思想來描寫日本像。其日本像既有進一步檢討的必要，且這部著作所揭示的「倫理思想史」的方法與構想該如何繼承，是個非常深遠的問題。和辻對鎖國的批判、對平田篤胤等自國文化中心主義的批判等，在這些基礎上將其當作處理的文本，還有許多值得加以闡明的地方。

近代日本的哲學史

近代的日本哲學史至今仍沒有一個明確的規範。在此，舉出其他戰前的重要人物。首先在佛教思想方面可舉出：隸屬真宗大谷派、學習黑格爾等哲學家，提倡「精神主義」並嘗試對親鸞做近代性詮釋的佛教哲學家清澤滿之（一八六三～一九〇三），以及禪思想的鈴木大拙（一八七〇～一九六六）。

近年有學者對佛教者以及佛教哲學營為的意義，包含新的發掘，嘗試加以再定位（例如末木文美士）。受到基督教影響的哲學家有大西祝（一八六五～一九〇〇）。他出生於岡山藩士之家，在同志社接受新島襄的洗禮，並在帝國大學學習哲學後，於早稻田大學講授哲學和倫理學等課程。《良心起源論》是其研究所在學期間的作品，在從事學術活動的同時也執筆評論時事。《西洋哲學史》（一八九五）是日本最早的西洋哲學通史。《良心起源論》以康德的批判哲學及人格主義為基礎，並且關照經驗論等立場，考察了「理想」此一觀念所生成的由來，試圖闡明良心的起源。在基督教哲學、宗教哲學方面，還有以基督教無教會的立場談論法學和法哲學及信仰問題，並著有《信仰的論理》（一九二六）的三谷隆正（一八八九～一九四四）、天主教神學者岩下壯一（一八八九～一九四〇）、吉滿義彥（一九〇四～一九四五）等人。

此外，著有《「粹」的構造》（「いき」の構造）的九鬼周造（一八八八～一九四一）是京都學派的一人，直接從學於李克爾特、海德格、柏格森等人，以海德格的詮釋學、現象學的方法闡明了「粹」。此外還著有《偶然性的問題》及眾多哲學史的業績（另外，如前所述，吉滿義彥和京都學派的哲學家在一九四二年所參加的《文學界》研討會「近代的超克」，是探討戰時哲學思想的定位與意義之重要事件）。

哲學性的語言不一定要使用西歐式的表達，這樣的看法也是有的。德國等哲學史的入門書，只要沒有冠上「西洋哲學史」的「西洋」，就有可能包含日本哲學、越南哲學、印度哲學、中國哲學等。當然，仍舊以近代西洋哲學在其他文化圈的展開為主，日本的哲學也是在這種普遍的、世界的關照視野之中。今後有必要揚棄單純的受容史，而撰寫日本哲學史。開頭已提到其與社會思想史的觀點有所分裂，這當中潛伏著過往哲學、倫理學的學術圈所包含的功過在裡面。

近年來有許多人倡導應用哲學、應用倫理學（例如生命倫理、環境倫理等），這個領域的活動也非常地活潑。這些都是新的動向，可以說講壇上的知識與實踐的乖離終於進入了反省期。哲學書儘量採用容易理解的表達也是近年的傾向，這方面本書最後將再次提到。

10 近代的日本思想史與哲學

本書的目的是描繪日本這個境域裡的思想的歷史，這裡所說的日本思想史研究並不侷限於近代，而是指志在描述從古代到現在之日本思想歷史的研究。這是在明治期受到西洋哲學的影響而誕生，對象雖然是日本，但在方法論上卻有著「西洋學」這個外部的由來和性質。

奠定國文學基礎的芳賀矢一極早就將國學視為文獻學，並且透過文獻學的研究來近代化地形塑國學，打造出近代學問。這個在內容上可稱之為日本思想史，其目的是為了闡明日本的國民性。以下，就近代（戰前）在日本思想史研究這個領域的奠定有所貢獻的人物，包含其方法論做一介紹。

德國文獻學與國學——芳賀矢一與村岡典嗣

芳賀矢一（一八六七～一九二七）致力於將國文學研究完備為近代學問，其文學研究的目的是在闡明日本的國民性。他著眼於當時的歐洲文獻學、特別是德國文獻學，並吸收了奧古斯特·貝克（August Böckh 或 Boeckh））建立與哲學之間聯繫的古代文獻學，認為國學的學問傳統乃是文獻學，將國學重新近代化地形塑而確立了日本文學研究。這方面極為典型地顯示在以下這點：芳賀俯瞰了當時的歐洲文獻學的各個潮流，並詳細檢討了「橫向」（以多國間比較為方法的文獻學，巫傑納〔Hermann Usener〕）與「縱向」（一國文獻學，貝克）的論述而採用了後者之論，主張其是將日本的文學研究加以近代化最適合的道路。這樣的思想軌跡發展為關注日本思想全體的觀點，留下了《國民性十論》（一九〇八）這樣的日本人論。順帶一提，芳賀將「忠君愛國」、「崇拜祖先、重視家名」、「現實的、實際的」、「愛惜草木、喜愛自然」、「樂天灑落」、「淡泊瀟灑」、「纖麗纖巧」、「清淨潔白」、「禮節規矩」、「溫和寬恕」等各個國民性揭舉為各章的標題。

芳賀的《國民性十論》是在日清、日俄兩次戰爭勝利後，民族主義高揚的背景下出版的。民族並不只是「體格」的差異，也存在於「心性」的層面，他將「其民族的性質」稱為「國民性」，並說：「國民的性質會影響其國的文化，並對政體、法律、語言、文學、風俗、習慣等造成印象」，認為「政體、法律、語言、文學、風俗、習慣等文化要素亦逆向形塑了國民的性質」，而將國民性定位在廣泛的文化構造之中。而且，他主張應該透過「根據比較研究、歷史研究的方法，或論宗教、或論美術、或論文藝和民族的移動，致力於發揮國民的特性」的「精神科學」來掌握國民性。有時，他的日本人論會被視為是粗暴粗野的知性，但是他融會貫通貝克的古代文獻學，對文獻學的歷史和同時代狀況的考察也極為浩瀚而細緻，在日本文學研究之中為了彌補國學之一國性的缺點，也提倡與印度、中國的比較研究。

村岡典嗣（一八八四～一九四六）年輕時對基督教有所親近，估計那是德國的自由神學的基督教。師事於波多野精一，曾密集學習了哲學和宗教哲學，並有法國宗教哲學的譯本。自稱因為芳賀而得知德國文獻學，獨自留下許多提及貝克等德國文獻學方面的文字。與芳賀不同，村岡將日本思想史研究當作「哲學」的一個分科。這樣的哲學志向見諸於以下的論述，亦即他一方面說，對峙「可說是歐洲所創造的認識論」，樹立並承認具有全新普遍價值之「別種的認識論」，這樣的革新是「課予我國哲學家之將來的大任務」，另方面又指出如果「國學之學問的完成」不另起爐灶的話，將有阻礙明治以來近代學問發達之路的疑慮（〈國學的學問性格〉，一九三九）。到底是哲學體系的完成？抑或是思想史的考察？這兩個志向的分裂之中，可以看到他有實證性之稱的思想史研究，其中既微妙而值得深思的問題性存在。村岡除了論述其視為日本哲學的一種達成的宣長之《本居宣長》（一九一一），還留下許多思想史研究。

從文獻學到詮釋學——和辻哲郎

和辻哲郎與前述二人不同，他是一位哲學、倫理學的學徒，對於作為方法論的德國文獻學以及詮釋學、現象學，思考其本身就是一項工作。既學習貝克的文獻學，又理解從文獻學發展出來的狄爾泰和海德格的詮釋學，並將倫理思想史和倫理學的方法置乎其上。這也表示他認為現象學並不適合倫理學和日本倫理思想史。

和辻對日本古代的研究是受到津田左右吉的啟發而開始的，然而不管在「文獻學」的吸收上，或是在其內含的哲學志向上，自村岡到和辻的這個脈絡非常明確。關於日本思想的著作除了《日本倫理思想史》，還有《日本精神史研究》及個別研究《沙門道元》等。

唯物論、馬克思主義——永田廣志與三枝博音

唯物論、馬克思主義的脈絡因為戶坂潤的詮釋學批判而被視為是反和辻，或是因此被誤解為與日本的思想文化的闡明毫無關係。然而，在根據近代知識以及外部知識來進行日本思想史研究方面，有其一定的成果而獨樹一格。永田廣志（一九〇四～一九四七）的《日本哲學思想史》、《日本封建制意識形態》等著作，是內在地面對文本的同時又遂行日本思想批判的先驅性成果。另外，永田認為日本的自覺性思想始於中世鎌倉佛教，因此不把古代和神話視為思想史的對象。

再者，三枝博音（一八九二～一九六三）一方面編纂《日本哲學全書》等日本思想史的文本，一方面從事發掘日本的唯物論哲學這樣的個人研究和個別研究。兩者頗具典型地均綜論日本思想史全體，這個意義上的「全體性」是為了正面對抗和辻等人的文獻學、詮釋學的脈絡。

另外，我們也不能忘記，永田和三枝都各自持續著唯物論的原理性本身的考察（前述的戶坂等人也參與其中的唯物論研究會的唯物論哲學研究）。這個脈絡對日本思想的考察所投注之獨特的精力和精神是意味深長的。福本和夫的史論及戰後的古在由重的和魂論等等，都顯示了對抗和辻之日本倫理思想史的內在必然性。既反對和辻倫理學和詮釋學的方法，又內在地解釋思想史的文本來進行正面迎戰，就是這個脈絡的特色所在。

漢學的傳統——津田左右吉

津田左右吉（一八七三～一九六一）是這個脈絡中的歷史家、思想史家，然而他的定位並不容易，因為津田的漢學素養從傳統的漢學來看是頗具異質性的。但是，相對地，他在西洋歷史學、文化史學的吸收上，對當時的歐洲歷史研究和文化研究都有充分的學養。

他那以文學為對象，並描述日本思想史的《文學中所展現的我國民思想之研究》（文学に現はれたる我が国民思想の研究）是部鴻篇巨帙，對和辻的日本古代文化研究產生了影響。在一九一三年的《神代史的新研究》這本書裡，他提倡記紀神話是人為的產物，而這本書及其他三冊的古代研究在一九三九年遭到禁止發行的處分。

現象學立場——土田杏村

土田杏村（一八九一～一九三四）在西田幾多郎門下修讀哲學，從大正到昭和初年，他在學術圈之外活躍於評論和社會教育等活動。他應該被視為是廣義的京都學派的一分子，在野的他從事文化時評之外，也在考察介紹新康德派、現象學等方面做出先驅性的工作。他對日本的文學史、思想史頗為關注，從接近現象學的立場構想了明顯浩瀚的、通史性的哲學思想史及文學史。從他的《國文學的哲學研究》等著作可窺其一端。

他跳脫和辻的詮釋學式循環（這裡是指預先建立日本就是如此的前提，並從這裡來分析各個思想，並非代表和辻即是如此），運用現象學的手法所建立之建構式思想史的構想和研究態度，具有能夠相對化和辻倫理思想史的可能性，的確饒富興味。他的文化主義的主張，以及視「生活價值」的推敲是哲學的任務，這樣的思想在在凸顯了大正期至昭和初期的思想脈絡。

近代主義——丸山真男

這裡介紹秉持「近代主義」立場的研究者，戰前而且是萌芽期的丸山真男（一九一四～

一九九六）。在其方法的形成上，除了戰前德國歷史主義式方法論的吸收和推敲，還有其師南原繁等周遭新教徒風氣的影響，具有對近代整體的問題意識，以及對日本這個存在的近代主義問題意識。其後在檯面上的業績雖然是斷代的作品（《日本政治思想史研究》等），但是在此之外還有講義錄等，其對日本思想史整體的關注是眾所周知的。他在《日本的思想》裡指出日本思想史尚無通史的一節特別有名。引來激烈批判的一九七二年的論文〈歷史意識的「古層」〉篇幅雖短，卻不失為一項解答，也可看作是丸山流思想史式全體性理解的代表。

另外，以歷史學的方法來從事日本思想史研究的有家永三郎（一九一三～二〇〇二）。他從上代思想史開始研究，戰前的著作有《日本思想史之否定論理的發達》（一九三七）、《日本思想史之宗教自然觀的展開》（一九四二）等。戰後他以近代思想為對象，發表許多有關植木枝盛和津田左右吉的著作。通史《日本道德思想史》（一九六〇）裡對武士的「獻身的道德」提出功利層面的理解，受到和辻哲郎門下的研究者（相良亨、湯淺泰雄）的批判，並且引發論爭。戰後，以歷史學方法進行思想史研究的有尾藤正英（一九二三～二〇一三），著有《日本封建思想史研究——幕藩體制的原理與朱子學思維》（一九六一）等。

如此這般，近代的日本思想史並非片斷式的，而是擴及日本思想全域的研究，極端地來說，是以近代之學、西洋學而濫觴的。對於方法的推敲是西洋的哲學式推敲。不過，往往對日本提出一個固定的圖像，而在近年屢遭批判。特別是對詮釋學方法的批判至今依舊根深柢固，可以說日本思想的研究脈絡擁有如此得以相互加以相對化的各種潮流。

近年的動向

如上所述，近代的日本思想史研究雖然並不一定在日本近代的大學制度裡占有一定地位，卻努力讓自己的領域獲得廣泛的認同。而且，那不僅僅是個別思想研究，更關注研究本身的「哲學基礎建設」，經常與「觀察日本的觀點之哲學性推敲」保持聯繫而展開。但是，那樣的觀點往往有侷限於「日本」的傾向，將自己從東洋的傳統中分離出來並塑造出自國中心式的國民國家論述，遭受這類的批判的確不容否定，也是今後巨大的課題。

近年的日本思想史研究出現了很大的變化。日本思想史研究得到認知之後，不僅研究者增加，研究對象也切換至近代以降。還有，佛教學研究和中國儒教研究者也加入了過去視為是研究的業餘興趣之日本思想研究。在儒教方面，早期有井上哲次郎援用德國哲學的儒教研究，提及的也頗多。井上有《日本朱子學派之哲學》以及探討陽明學、古學的三部曲。他的國民道德論揭舉「忠孝一致」為日本的傳統，對此和辻則批判是歷史、思想史的曲解。可以說井上並沒有對思想史全體的視野。

最近對明治時期的佛教，將其看作是與西洋哲學對峙並對佛教再詮釋的思想史，而獲得全新的矚目。這代表著過去一度被忘卻的東洋這一思想母體，再次成為思想研究的食糧。土田杏村著有《日本支那現代思想研究》（原著為英文：*Contemporary Thought of Japan and China, William and Norgate, London,* 1926）。他以日本及中國的近代思想為對象，將西洋近代的受容及日中各自的傳統與近代化的相克當作是同時代的哲學史來描述。在當時是極為稀有的觀點，然而其不侷限於傳統思想，對今後東亞的思想史研究極具啟發性。

在過去，近代的日本思想史研究不侷限在儒教、佛教之學派和學統的狹隘範圍，而是超越並相對化這樣的範圍，並且是探究日本思想的全體性特質和展開的研究。這樣來看的話，近年的動向裡面，並非沒有再次將其分割至狹隘的學派學統之中的疑慮。對日本思想的關心並不是懷舊性的活動，而是與我們今天在這裡的生活方式與未來的生活方式息息相關。如果是這樣的話，對古昔所投射的眼光本身也應該加以相對化，並且秉持廣義的哲學觀點、超越學派學統，構想描繪從古代至近代的「哲學史」，這樣的時機已經來臨。有了這樣的「日本哲學史」，個別思想研究和思想家研究也將獲得更加生動活潑的描述吧！

在敗戰的預感之中——《日本的靈性》與《先祖之話》

在敗戰迫在眼前而有所預感的時期，有兩本對照性的著作出版。一本是禪佛教的思想家鈴木大拙的《日本的靈性》（一九四四年十二月執筆）。站在禪的立場，並且對於淨土思想認為「淨土有也好，沒有也好」頗具禪味地理解評價的鈴木，指出日本高度的靈的自覺（靈性的自覺）始於鎌倉佛教。鈴木說，「魂」的話太過具象，「精神」又帶有抽象性，而「靈性」這個詞則暗藏著對戰時所宣揚之「大和魂」、「日本精神」的批判。

另外一本著作是柳田國男的《先祖之話》（先祖の話，一九四五年四月至五月執筆，一九四六年刊行）。柳田提到，這本書是在連日的空襲下所執筆的，在本次的戰爭這前所未有的經驗裡，人們的心中想起了一個問題，那就是人死後的魂魄到哪裡去？這樣的問題。柳田指出靈魂將永久停留在這個國土，不會到遠方去的「信仰」等，並舉出四個圍繞魂魄的傳統觀念。他認為，將死者以個人為單位來祭祀的佛教將使祖靈孤獨，而儘管在佛教那樣數千數百年的「薰染」（《魂的去向》〔魂の行くへ〕）之下，日本人基底的信仰心性依舊沒有改變。

鈴木大拙認為，日本在「大和語言——也就是日本文化——必須達成獨自的發展前」湧進了大陸的文字和思想，或者明治維新時在西洋文明湧入之際「順手隨意地」接納等，持續著「跛行的」步伐。在這當中，鎌倉時代是從「一種冬眠狀態」覺醒的時代。當然，鈴木否定貴族文化，並將鎌倉時代的武士精神和鎌倉佛教評價為靈性（宗教自覺與內省）的呈現，而將價值置於鎌倉時代以降的思想展開（他在中世伊勢神道中也看到靈性、內省的萌芽）。另一方面，柳田則是評價中世以前的古代思想和心性的古層。兩者在觀察過去的視角亦是相映成趣。

雖然在戰後嶄新的西洋思想壓倒性的影響下並沒有成為主要的論題，兩者對於過去日本思想的看法上的差異至今仍是未決的問題而遺留了下來。該如何觀察過去日本的思想是邁向未來的重要問題，可以說這是一個很具代表性的例子。今後不管我們得到什麼樣的解答，這個時期的的確確是歷史意識出現的一幕。

本節在敘述戰前的思想史研究的末尾，刻意舉了從戰後主流的價值意識來看，不免懷舊而復古的柳田國男和鈴木大拙。其理由是筆者以為，從本書的思想史觀點來看，他們所提出的問題雖然在戰後的價值裡被束之高閣，然而那些都是思想上極為重要而尚未解決的問題。

筆者認為，這是他們對於戰後的思想喪失了死和永生的觀點，思想的身體性也趨於稀薄，身為少數派所指摘出來的問題。

另外，十五年戰爭下的日本亦是近代主義雌伏的時期。戰後嶄露頭角的思想已在這一連串的戰爭過程中有所發軔了。

第五章 現代

1　戰後思想的出發

戰後價值的思想——丸山真男

筆者以回顧柳田國男、鈴木大拙在敗戰前夜的文章來結束前一章，特別是觸及到本次大戰這一前所未有的體驗所引起的歷史意識及思想史意識。

從思想史意識這個角度來看，我們也不能或忘，有關戰後價值的思想和考察在戰時已有所準備了。其中一個例子就是丸山真男。

在戰後的言論和思想界倡導戰後價值的丸山，發表了兩篇論文（《國家學會雜誌》）：〈近世儒教發展之徂徠學的特質及其與國學的關聯〉（近世儒教の発展における徂徠学の特質並にその国学との関連，一九四〇）以及〈近世日本政治思想的「自然」與「作為」〉（近世日本政治思想における「自然」と「作為」，一九四一～一九四二）。他探討近世荻生徂徠的儒學意義這篇論文分析指出，本居宣長裡典型可見的「自然」優位思想在徂徠學那裡開展為「作為」的思想，並成為近世日本思想的轉捩點，提出從自然到作為的轉換是日本近代思想的萌芽這樣的觀點。

自然與作為

以下進一步從其學問的觀點詳細來看丸山持續至戰後的工作。在前一篇論文〈近世儒教發展之徂徠學的特質及其與國學的關聯〉裡，他將儒教在日本的受容溯及到古代，並在探討近世儒教在何種主客觀條件下成為幕藩體制「教學」的視野之下，考察了近世儒教及朱子學。朱子學的「理」是「物理」，也是「道理」。理既意味著「自然」，也包含著「當然」的意思。丸山的理解是，與其說朱子學的人性論「因倫理與自然是連續的」所以是理想主義的，毋寧說是「自然主義式的樂觀主義具有支配性」的傾向。在那裡可以看到規範與自然是連續性的，也就是「連續性思維的表現」。

另一方面，朱子學也同時具備「靜坐讀書」、「窮理」等「觀照性特質」。但是，近世生活的「活動性」無法使朱子學安頓在這樣的思維上。因此，近世的朱子學終將走向解體的過程。丸山一方面以思想史的方法追溯徂徠之前的山鹿素行、伊藤仁齋、貝原益軒的發展，並指出他們分別切斷了朱子學之自然與道德的連續性以提倡道德的獨自性，建立起「朱子學思維方法的分解過程」的脈絡，而徂徠學正是在這樣的脈絡之中。

徂徠的獨特性在於他切斷了「天理」與「本然之性」之間的聯繫，認為天是不可知的，而道是古代聖王「作為」的產物。徂徠所理解的「道」是「先王之道」，而「先王之道的本質」在於「治國平天下這樣的政治性」之上（第三節〈徂徠學的特質〉）。

徂徠學對儒教的政治化同時也帶來了非政治性之分離的契機，那就是公與私的分裂所呈現之「私」的非政治性。個人道德的領域是建立在與政治斷開之處。在這點上，徂徠學的古文辭學影響了國學。國學是將非政治化的私領域以及內在的心情「直接加以積極化為『道』了」。丸山指出，其對規範性的否定在國學裡獨自開展，最終「古道成為一種積極性的規範」。如上，這篇論文為近世中期為止的思想史描繪了思想史的示意圖。

何謂近代的主體？

後一篇論文〈近世日本政治思想的「自然」與「作為」〉將對象延伸至幕末，把徂徠學從「自然」到「作為」的特質放在更為廣泛的視野裡，並在與「和現實社會的接觸面」的關聯性中來把握徂徠以降的思想史展開。丸山一方面參照西洋政治思想，一方面將徂徠學理解為論述「作為的主體」之「近代性主體」的思想。尤其，他認為德國的社會學家斐迪南・滕尼斯藉由「禮俗社會」（Gemeinschaft）和「利益社會」（Gesellschaft）的分類，並將「利益社會」視為近代市民社會的原理的看法，與徂徠的「作為」邏輯有異曲同工之妙。在這篇論文裡，宣長的自然性被更進一步地強調，而宣長被描繪成從受支配的地位來仰望徂徠式的絕對主義。丸山還提到安藤昌益，認為其將「法世」的規範視為「聖人的私作」這樣的制度觀，是與徂徠學屬於同質性的想法。

但是，近世思想並不是單純地推進的。幕末的思想中還遺留著儒教的內部化，也就是以成為道德性主體為目標之昔日的「主體性作為的思想」，而思想是在對這些「自然秩序思想」的抵抗之中開展出來的。

丸山的這些論考可以說是，在戰時體制下夢想著「未完的近代」的作品。他為前近代思想的把握與思想史觀帶來了很大的翻轉，然而他對作為及其主體的著眼則在在凸顯了戰後思想的傾向，名符其實地成為一個代表性的出發點。

這個時期致力於思索戰後的思想價值者，並不限於丸山真男。大塚久雄（一九〇七～一九九六）出版了《近代歐洲經濟史序說》（一九四四），批判性地繼承韋伯而提出了獨自的近代化論。戰後，其學問被稱為大塚史學，與丸山並列為戰後民主主義的代表性人物。一九四八年的《近代化的人性基礎》（近代化の人間的基礎）是其續作。在歷史學領域方面，石母田正（一九一二～一九八六）的《中世世界的形成》（中世的世界の形成，一九四六）是在戰前即脫稿的作品。站在唯物論立場的石母田這部著作的出版，成為戰後日本史蓬勃發展的契機。這些思想的萌芽都是發軔於同一個時期。

戰後思想的展開與轉換

截至目前對明治到敗戰為止的思想史敘述，一方面回顧了社會思想史觀點出發的思想以及與學術圈分離的歷史，並沿著近代思想的主題事項，說起來是採用以社會思想的展開為主，同時又輔以追溯學術圈哲學脈絡的方法。

比起戰前，戰後是各式各樣的思想立場自由展開的時代。與當時的政治性有強烈關聯性的社會思想伴隨著價值的多樣化，擁有了相當廣泛的影響和意義。另一方面，由於哲學的專門化，社會思想與哲學的乖離有更形增強的趨勢。

本書以列島的思想這個形式來敘述思想史，故不得不放棄對戰後思想可說百花齊放之錯綜複雜的脈絡做細部的爬梳。另外，僅就學術圈的觀點來看，戰後的哲學思想有著多元方法的受容，或者由於對象與事項本身的全球化，有超越一國思想史畛域的面向。筆者以如上的侷限性為前提，試著做以下的敘述。

丸山真男在戰後論壇的登場之作〈超國家主義的邏輯與心理〉（超国家主義の論理と心理，收於《世界》一九四六年五月號）正是彰顯戰後價值的一篇。這篇論文處理了天皇制本身，他認為天皇制與以自由的主體意識為前提的獨裁不同，如同重臣政治所顯示的一樣，愈是離開以天皇為中心之同心圓的軸心，「由上而下的壓迫感」就會轉讓給下位者，藉由壓抑的轉讓來「保持精神的平衡」。「發自中心的價值」會無限地釋出，但是居其中心者是以「天壤無窮的皇運」為實體的「縱軸」。

丸山將軍國日本理解為超（ultra）國家主義，並且評述其統治和實態為「無責任的體系」，根本性地批判至今為止的戰前日本的體制，認為它是自封建時代留存下來的「遺產」。順帶一提，津田左右吉在《世界》同年四月號發表了〈建國的經緯與萬世一系的思想〉（建国の事情と万世一系の思想）一文，論述了與「國政的實權」區別開來的、在「精神權威」傳統上的皇室及天皇的形態。津田又在翌年一九四七年的論文〈關於明治維新史的看待方式〉（明治維新史の取扱ひについて）裡批判了丸山的這篇論文，津田寫道，將國家視為

「道德性價值的決定者」的思想是「超國家主義者軍國主義者」所創造的，這是明治期或是古代以來的傳統所沒有的。這是在戰後不久的思想渾沌期中，讓人感受到當時不同價值觀熱烈討論景況的一件事。

迎接盛況的論壇在新憲法公布實施的前夜，討論了天皇制議論、戰爭責任論或者是和平革命的可能性等主題。所有的問題匯聚到擔負自由、人權及和平主義的主體上，或是談論了作為全新的文化國家的重生。

丸山提出作為的主體才是近代的主體，是為了探究戰前天皇的國家之所以帶來慘禍的原因。關於丸山真男對於戰中至戰後之間的民族主義與近代的評價，有學者已指出見解上微妙的變化（田中久文《重讀丸山真男》〔丸山真男を読みなおす〕、苅部直《丸山真男》等）。

何謂近代主義？

本書對於戰後的價值也想試著將其放在思想史的展望中來觀察，而戰後的諸多問題有些也應該放在日本近代的連續性之中來探討。到目前為止尚未談到近代主義的定義。丸山真男確確實實地被視為是近代主義者。然而，近代主義並不是自稱，而是他稱。之所以說是他稱，是因為這是馬克思主義者對帶有某種傾向的思想動向所使用的稱呼（日高六郎，《現代日本思想大系三四：近代主義》解說）。

但是，被稱為近代主義的東西裡的確有一定的傾向和共通點，那就是對日本近代化的關心以及近代性人格確立等問題意識。隨著敗戰之後，開始認為近代正是西洋化的時代，必須拋棄前近代的東西，並追求樹立個人主義式近代主體性的人類改革。只是，「近代」的圖像並不是單一的。馬克思主義的立場批判認為，近代主義是小市民及個人主義的，而且革命的主體不是放在勞工階層而是放在小資產階級（petit-bourgeois）上等等。

近代主義提出了近代性人格圖像，述說擔任改革的主體性，試著從近代化的價值來批判並跨越傳統。這個立場出現了對講和問題、和平問題等　蒙性的發言。

2 戰後思維的相對化——主體、作為的掌握方式

家族的變貌

戰後思想的轉換期出現了丸山批判。如後節所述，至今為止的近代主義批判乃至超越近代的立場的摸索，其本身可說是戰後思想的相對化。

可以說，戰後思想的主流不可否認過度意識著與近代思想的斷絕，並且對於戰後的價值賦予了某種偏向。

顯示戰後價值的主題之一是家族的問題。近代日本亟欲自立的個人與封建性家族之間

的矛盾對立，成為了文學的、思想的及社會的主題。對於家族制度的批判除了是與個人的自立、女性從壓迫中解放等有關的主題，擴大來看的話還包含著對將國家視為擬似性家族的天皇制國家的批判。

在明治的民法典等法律中所規定的家制度帶有某種近代性，這個是法思想史的領域裡長久以來不證自明的事情。但是，在社會史的觀點裡往往只強調舊習保存的一面，而不太注意法制度所具有的人為性。其實，當中有些層面不能只看作是舊習之單純的建立秩序化，而必須視為已在慣用的措辭上成為順應近代化的近代制度。

戰前國民道德論的舵手們專注在家族倫理學的理解上，以嘗試建立家族國家觀的基礎，不得不經常意識到欲建立基礎的該家族、家制度是「近代的作為」，而在面對現實家族的變化時卻無法在理論上做出回應。其代表性人物是井上哲次郎，他甚至在「國體論」之中也有意嘗試改造。家制度本身雖然保有因襲慣例之類的東西，然而其實體和論述則必須視為是近代家族的一個形態。

柳田國男在一九四六年（昭和二十一年）曾說：「今日的民法制定以來僅僅四十年的光景，日本人對家的看法卻有如此大的轉變。」指出明治民法對實體上的家所造成的影響。他還說想記錄保留「人在現行法的框架裡能夠做多大程度自由的選擇」，認為即使在舊民法之下，自由的選擇和自我決定還是有可能的。然後，柳田接著說：「認為只要改變法令就能夠讓一國的慣習產生變化的人變多了。」指出戰爭中家族改造的嘗試及戰後新民法的方向，同時暗示不可輕易忽視家族與慣習之間根深柢固的關聯性。

同樣的看法，例如也可在和辻哲郎對家族論的定位裡看得到。和辻其否定個人的共同體論或是國家觀在戰後受到許多的批判。但是，在與家族的關係上，對於那些從忠孝一致的觀點高談家是日本古來的醇風美俗、所謂的家族國家論式的家族理解，和辻則斥之為歷史的曲解。他將夫婦的「二人共同體」置於人間之學出發點的家族論，可以說是體察到在大正個人主義傾向中，都會裡正在增加、並逐漸具有實在感的家族形態而提出的。和辻的家族論以血緣性家族意識來說，是極早便設定在昭和三十年左右興起的直系家族向夫婦家族的轉變，甚至是往脫家族方向邁進的夫婦家族上面的。在性的共同存在這個面向上，和辻揭示了生殖家族往戀愛家族方向轉變的形態。

森有正——二元方式與三人稱

家族的問題對近代日本的個人來說是一個切身的大哉問。家族的問題牽涉到我們的心靈習慣與生活方式，在此舉森有正（一九一一～一九七六）為例，從戰後思想所探討的心靈習慣及其克服的觀點來做介紹。森是笛卡爾、帕斯卡等法國思想的研究者，戰後留學法國後直接滯留旅居，繼續其思索的人生。日後，森根據長年的歐洲生活及其日本人的身分，探討了「經由日本語的經驗」這樣的問題。森說道，長年待在法國，「體驗」確實增加了，卻沒有得到經驗。對森而言，經驗必須透過日語才能夠獲得。

森晚年有一段時間在北海道大學與學生們一起讀本居宣長的初期作品《排蘆小船》（あ

しわけをぶね），而他關注宣長的由來和方向可從《森有正全集》收錄的〈關於本居宣長〉（本居宣長をめぐって，第五卷）得知。裡面談到他因《石上私淑言》與宣長邂逅，並了解到宣長的古道論和神道論裡面「潛伏」著「存在與本質」這一與歐洲近世共通的哲學命題，而且是日本人所「無可避免的」、「幾乎是原子彈規模的危險問題」（同上）。如後所述，可以說森在宣長的文本裡發現了那經由日語的「日本的經驗」。

森在《經驗與思想》（一九七七）裡，如此說明他稱為「二元方式」（二項方式）的想法：

> 不管是「經驗」或是「思想」，那些都建立在無法化為「語言」的關係上。「經驗」在本質的契機上包含著唯有以「語言」稱之的功能。（中略）對我們而言，「語言」就是日本語。我們在日本語之上擁有「經驗」並組織「思想」。
>
> （《森有正全集12》）

森認為，通常人類經驗和思想具有普遍的通用性和妥當性，但是如同德語與康德的「經驗」、「思想」是不可分的一樣，離開了日語，我們就沒有經驗和思想的實體，日語將我們引導至「日本」這個存在。接著，他在分析經由日語的日本「經驗」時，例舉了「關係的親密性」和「相互嵌入性」（相互推心置腹、真心的尊重等）這樣的人格形態，以及從那所衍生的缺乏公共性共同性的日本、關係屬於從水平向上下傾斜的垂直性等，並說道：「對日本人來說，『經驗』並不是單一的個人，而是定義為複數、具體來說是以兩人構成的關係。」他將其命名為「二元（「二項」）結合方式」（combinaison binaire，簡稱「二元關係」、「二元方式」）。

森如此說明這個方式：「日本人在意對方的存在而發言時，其不只是心理層面的，更是表示人際關係本身的語言結構就是具有這樣的構造。」、「日本語在本質上具有二元關係的封閉性。」在日語裡面，不具備像歐美語言那種直接的「A即是B」的表達。「A是B。」、「我想A是B吧！」、「難道A不是B嗎？」這些表達與其說是陳述「A即是B」的表達，毋寧說是更加凸顯了說話者、以及甲與乙之間的「關係」性。這個「二元方式」的問題點在於「經驗」是自閉於兩個人的關係，而「無法分析為自己一個人的經驗」，還有相反地「三人稱、客觀性」的真理、公共性無法在與他者之間成立。當然，森認為「三人稱」之自我的確立是應然的方向。

此外，森經常參照和辻哲郎的說法，例如他提到和辻的《日本語與哲學的問題》的問題性時說：「和辻哲郎氏指出日本人最為顯著之私人性存在的形式是『聯繫關係的存在』（間柄存在），那是對象只容許一人而拒絕所有其他人參與的存在。日本人幾乎沒有獨自一人的『經驗』，和辻氏認為那是不可能的。」順帶一提，和辻的這部書指出「一個民族的精神特性與語言形成是密切融合的」，認為日語「豐富蘊含著實踐行動立場之存在的了解」，開啟了議論日語問題的先河。根據和辻的說法，日語缺乏複數形、沒有性的區別、沒有動詞人稱之別、助詞豐富、缺乏主語等諸多特徵，不應該被否定地看待，毋寧是「忠實地」反映了人的個人性、社會性的雙重性格。和辻在在地將「生命中未曾有以個人活過的經驗的日本人」烘托了出來。

圍繞心靈習慣的思索，或是日語的哲學性分析

雖然再三地提到了和辻，但是森的立場與擁護日本傳統並否定個人主義的和辻並不一樣。但是，對於發自二元方式之因襲核心的具體例證，森舉出了近代日本的「家的分量」、「自我的未確立」、「革命的不在」等等面向，而且在森的眼裡，和辻有關認識之習慣性（因襲性）的說法，姑且不論其最終的邏輯歸結，著實明確地指出了日本的「經驗」。也正因為如此，更是暗示了對其說法的超克。森的整個論述正是對和辻「誠實」的議論給予正面的批判。森對宣長的關心也與經由日語的這種經驗息息相關。對森來說，宣長初期的作品暗示了朝向三人稱世界超出的可能性。

森有正的思索現場挖掘出近代日本的問題點，並且是志在克服古老的心靈習慣的，然而卻是與所謂近代主義壁壘分明的。探討心靈習慣、並且與森的思索有共通之處的，有文學家、評論家伊藤整（一九〇五～一九六九）的〈近代日本之愛的虛偽〉（收入《近代日本人的發想的諸形式》〔近代日本人の発想の諸形式〕）。

森的思索也涉及了語言與人類存在之間的關聯性。以德國觀念論作為研究對象的坂部惠（一九三六～二〇〇九）對日語及日語的經驗展開了獨自的哲學思索（《鏡子中的日本語》

〔鏡のなかの日本語〕等）。

戰後價值的相對化或深化——竹內好

這裡想從戰後的近代主義和民主主義的隆盛期曾經成為思想性主題的論點中，舉出將戰後思想的主流價值加以相對化、乃至帶來不同觀點和隔閡的例子。

竹內好（一九一〇～一九七七）在一九五〇年代初展開了近代主義批判。對竹內來說，馬克思主義也是近代主義。他主張，近代主義是從外面帶進了「近代」，只要不克服這個意義下的近代主義，就不可能實現近代化。因此，有必要結合個人的獨立與民族的獨立，如此方能達成國民文學的自立。

竹內所提出之自身固有問題，涉及了對近代主義的批判性觀點，以及日本與亞洲、特別是與東亞之間關係的把握方式。竹內回顧近代日本的歷史，詰問「為什麼右翼與亞洲會結合在一起？」（《日本與亞洲》〔日本とアジア〕）

身為中國文學研究者的竹內在戰時執筆撰寫《魯迅》一書，其對政治與文學的關係，以及對具有近代與前近代雙重性格的魯迅的關心，同時也是對亞洲近代的關心。戰後，他也在此延長線上致力探討亞洲的問題。大東亞共榮圈的思想雖然是亞洲主義的歸結點，然而在另一個意義上也代表了，基於自亞洲主義的脫離、偏向的觀點來持續保持對亞洲的關心。

戰後，亞洲主義受到否定性的看待，認為是亞洲的盟主日本對抗西洋列強、推行亞洲的民主化，此一侵略主義的別稱。竹內對這樣的定義本身提出異議，並且在觀察右翼左翼雙方對亞洲主義把握方式的變遷的同時，探討了亞洲主義的可能性。

竹內指出，亞洲主義被右翼所獨占的契機是在明治期的民族主義之中，原本具有共通要素的右翼與左翼分道揚鑣的明治末期。他舉出吉野作造之後在復刻宮崎滔天《三十三年之夢》（一九〇二）的時候（一九二六），善意地評論這本書是「尋求友朋於鄰邦，先廣泛一新東洋全體的空氣，庶幾欲以此徐徐改進祖國」為例，認為當時汎亞洲主義是廣泛為人所接受的，並且指出該亞洲主義為右翼所獨占之象徵性事件是北一輝在平民社與黑龍會之間擺盪的時期（竹內好，《日本與亞洲》，一九六六）。

竹內在一九四八年的〈中國的近代與日本的近代〉一文中主張，西洋化即是日本的躍進這個錯覺正是日本近代的思想喪失。因為他認為，「民族」的問題是戰後的日本人無法以思想層面自力打倒，而因敗戰打倒了民族主義罷了。這點與他在戰後極早就主張有必要對保田與重郎等日本浪漫派加以評價是一脈相通的。保田與重郎（一九一〇～一九八一）傾倒於德國浪漫派，學生時代即參與創辦《日本浪漫派》刊物。大東亞戰爭期間以日本浪漫派的中心人物之姿活躍一時，但不知何故沒有參加「近代的超克」座談會。戰後雖然對日本浪漫派興起了批判浪潮，但是橋川文三的《日本浪曼派批判序說》（一九六〇）並不是一面倒地將浪漫派定罪，尤其對保田更是通過內在的理解，析論了「諷刺」（irony）、「天皇制」、「亞洲」、「農本主義」等問題。橋川亦與竹內好擁有共通的問題意識。

竹內說：「所謂近代主義，換句話說就是思考的迴路不包括、或者是排除民族的意思。」

（〈近代主義與民族的問題〉，一九五一）在可以說是再次的開國、再次的歐化的戰後主流價值觀之中，他持續對無法視而不見的事情提出主張。可以說，竹內的關懷裡有著如何建立國民的主體性這個課題。

竹內在講和問題上踴躍發言，並在安保抗爭中扮演了主導的地位。

近年的研究將「亞洲主義」從明治到昭和均加以仔細地分析，並且指出思想的微妙之處不能以脫亞論或是重視亞洲這樣的二元論來理解，對於亞洲主義的內容，也認為須放在時代的外交關係裡仔細地考察始能窺其全貌（坂野潤治，《近代日本與亞洲》〔近代日本とアジア〕）。對於竹內的亞洲主義的再評價，也清楚地批判指出其中包含著看似浪漫的虛構性。這個是在日本與亞洲的關係正迎接全新局面的現在，重新思考作為思想的亞洲以及民族主義時所必須牢記心頭的。

大眾與思想——吉本隆明

有人批判戰後所謂進步的知識分子或馬克思主義者是虛偽的，並且以大眾的形態來加以對峙。這裡可以舉吉本隆明（一九二四～二〇一二）這位思想家為例，他發表了多元豐富的思想作品，並不侷限在這個觀點，不過卻一貫秉持著批判政治性前衛的視角。他從一九五〇年代起以詩人、評論家的身分活躍一時，並在一九六〇年代安保抗爭中以共產黨批判成為所謂新左翼的理論性指導者。

對政治性前衛抱持懷疑的吉本，不滿足於革命運動批判和史達林批判，在大眾的菁英批判裡發現意義的同時，更以一身挑起大眾本身的異化這個形式來表現其懷疑的立場。吉本除了以跨界的領域作為對象之外，從初期開始即運用獨特的用語來展開他的思想。

> 人類能夠一邊狡猾地穿梭遊走秩序一邊相信革命思想，也能夠在被迫順服貧困和不合理立法的同時嫌惡革命思想。因為，自由的意志會有所選擇。但是，決定人類狀況的只有關係的絕對性。
>
> 我們只有在斷絕這個矛盾時，才會試著抉剔自己發想的底層。此時，我們的孤獨是存在的。孤獨會自問：革命為何物？如果無法斷絕人類生存中的矛盾的話。
>
> （〈馬太書試論〉〔マチウ書試論〕）

如此，吉本在以解讀新約聖經馬太書的形式談論原始基督教的〈馬太書試論〉（一九五四）裡，使用「關係的絕對性」這個概念，對於不管是政治共同性或是宗教共同性，在歸屬到共同性時均將面對關係性與主體性的矛盾之中，個人將被制約在關係性之「絕對性」的形態上的機制提出論述。一般認為，這是在談論當時的政治狀況中，黨派或是政治性前衛與個人之間形態的論文。

共同幻想、對偶幻想（「対幻想」）也是吉本獨特的概念之一。

對於個人與共同性的問題，在想要尋求並樹立個體的自立性時，其中所潛藏的困難性是吉本初期的中心思想。個人不管願不願意都只能活在包含自然的共同性之中。如果想要以自立的個人來生活，則必須往「背離自然，也從作為背離的意識（社會）」那裡背離出來、這樣的雙重否定和矛盾裡面追求，而別無他法。這個只能以「對現實的雙重消除的交錯處所凝結的虛像」，「作為『倒立』的『幻想』而存在」（菅野覺明，《吉本隆明》）。對於共同幻想與個人的關係，他在《共同幻想論》（一九六八）裡樹立共同幻想、個人幻想、對偶幻想等三項，並以神話及柳田民俗學的見解為題材，深化為天皇制、還有國家這個共同幻想的成立機構。

探索相對於知識分子的「大眾的原像」也是吉本的中心思想之一。吉本的《擬制的終焉》（擬制の終焉，一九六六）掀起了與丸山真男之間，圍繞戰後民主主義的價值應置於何處的論爭。對於丸山認為大眾的形態將導致優先個人利害之政治不關心的看法，吉本提出反論指出那個才是戰後民主主義所產生的正面價值所在。在一九七〇年代的高度成長期，吉本對泛商業主義開始給予正面評價而蒙受轉向現實肯定的批判。不過，與其對大眾的把握方式一脈相通的東西究竟為何，的確是一大問題。

生活的觀點——鶴見俊輔

大正時代由於民主和大眾文化的興起，「生活」與「文化」、「生命」等語詞經常被使用。柳宗悅（一八八九～一九六一）的民藝運動或者是土田杏村的「文化主義」都是與「文化」和「生命」連在一起理解的。另一方面，「生活」主義則與「生命」主義一起受到批判。在戰後的思想之中，「生活」以嶄新的形式躍升為思想的問題。

在此，想舉立足在這樣對生活的觀點上的思想家鶴見俊輔（一九二二～二〇一五）為例。他跨越了學院的框架，投注關心在大眾文化上，並將其視為思想考察的對象。例如，他評價漫畫是一種表現形式，並跨足漫畫評論。

鶴見俊輔中斷在日本的教育赴美學習，並畢業於美國哈佛大學哲學系，在開戰後搭乘日美交換船歸國。一度在爪哇島擔任海軍的軍務，戰後在胞姊鶴見和子的協助下，與和子、丸山真男、都留重人、武谷三男、武田清子、渡邊慧等共七人成立了「思想的科學研究會」，並創辦雜誌《思想的科學》（思想の科学）。他極早便投入研究轉向的問題，並集結成《共同研究　轉向》（一九五九～一九六二）等思想史研究。

鶴見同時也是將威廉・詹姆士等美國的實用主義（Pragmatism）哲學引進日本的介紹者之一。在一九六〇年安保之際，鶴見與政治學者高畠通敏一同組織「無聲之聲會」（声なき声の会），展開了反對運動。而且，在越南戰爭期，他以「無聲之聲會」為基礎結成了「越南和平！市民聯合」（ベトナムに平和！市民連合〔ベ平連〕），並推舉作家小田實為代表，自己也作為核心人物而活躍一時。

鶴見關注大眾藝能和漫畫等，並立足在大眾、或是生活人（非言論人）的立場上。《界限藝術論》〔限界芸術論〕，一九六七）鶴見曾寫過一部向竹內好致敬的傳記，當中流露出他對竹內的近代主義批判抱持某種親切感的思想作風。在書中，他談論擔負起民族精神的個人，並且指出有不同於知識分子傳統繼承的另一種作風：「作為繼承的偉大傳統之一，有天皇制」，而在大眾的習慣之中仍舊保有其根基，之後他接著說道：

> 我認為還有另一個不會被天皇制所完全覆蓋住的、日本民眾生活習慣的傳統，那裡也有其繼承存在。我想從那繼承的無意識部分、半意識部分，將某種成分反覆地取出和整編，來創造能夠與我們意識的部分彼此交流的想法。我認為這個極為重要。在那裡，必定會發生某種攪盪。
>
> （〈戰中思想再考〉，一九八九，收入《竹內好——某種方法的傳記》〔ある方法の伝記〕，二〇一〇）

回顧鶴見在戰後不久所著手的轉向研究，他指出：「我們待在另一個純白的場所（也就是與現實毫不相關之學習的場所），並且不拋棄任何一個轉向的事例，汲取一個一個轉向的養分，其結果將在對過去無謂的非轉向之徹底的自覺上建立起全新的一貫性」，並且預測道：「發現這個方法，轉向將會總是果實纍纍之豐富一貫性的一部分而分別得到吸收才是。」（〈自由主義的試金石〉，一九六四）

在欲將這些戰後價值予以相對化的傾向裡，依舊殘留著近代主義本身所包含的二元對立這個要素。值得附帶一提的是，仍舊有一些思想營為是不歸向此二元關係的。

花田清輝《復興期的精神》（復興期の精神，一九四六）、坂口安吾《墮落論》（一九四七）是戰後啟蒙期的代表性作品。歷經思想變遷的清水幾太郎，或是被視為保守思想家的福田恆存，也都可以列為其中的代表。

戰後思想史的轉捩點——新的相對化與後現代思想

戰後近代主義的代表性人物丸山真男曾有幾度遭受批判的時期，而這些時期都將以獲得廣泛讀者群的丸山為軸心，分別成為戰後思想轉捩點的里程碑。這些都與如何看待對於看似丸山所代表之近代主義的批判，或者是作為政治主體的、左派勢力中的霸權關係等問題息息相關。

戰後，所謂的倒行逆施，也就是講和條約問題和政治動盪層出不窮。丸山在這樣的政治狀況中，作為「近代主義者」，受到來自共產黨和左派指控其沒有正確掌握革命主體的批判。文藝評論和哲學領域裡的主體性論爭也是在這個時期發生的。

在一九六〇年的安保抗爭中，丸山作為反對運動的指導性論者而活躍一時。然而，探討六〇年代末開始的新左翼學生運動或是「大眾」的原像，並且論究獨特的「自立」的吉本隆明，卻指摘其是戰後民主主義之欺瞞的體現者。

一九七〇年，丸山發表了論文〈歷史意識的「古層」〉，從《古事記》的文本中分析出「推移之勢」（なりゆくいきほひ）這個範疇，並將其詮釋為日本的歷史意識裡綿延不絕的「通奏低音」。經過一段沉默期之後，開始出現對於他那看似決定論式、宿命論式說法的批判，或者甚至有人批判那是丸山個人的「轉向」。批判者之中也有站在所謂近代主義立場上的人，而認為沒有任何客觀性的文本、站在後現代立場的論者，則主張丸山的說法是以虛妄的主體性來解釋文本。

一九九〇年代起出現了國民國家批判，接著是後殖民的議論（酒井直樹等）。為了把握舊殖民地所遺留的各種課題而開始的文化研究是後殖民主義，以愛德華・薩伊德（Edward W. Said）的《東方主義》（*Orientalism*，一九七八）為契機而興起，對我國也產生了深遠的影響。在日本，尤其是與亞洲殖民地之間的關係，成為了批判性考察的對象。例如，新渡戶稻造曾經參與過台灣統治，就這一點新渡戶受到了有別於其「學理」之相應的批判。這在很大程度上是受到強烈的後現代乃至解構性影響的國民國家批判，據此丸山也成為了固執於古老國民國家之國家主義者而遭受批判。

數次興起的丸山批判，不是與戰後日本的社會變化、以及對其產生影響之世界思想的情勢重疊，就是稍晚而急起直追式的出現。一九四五年至一九五〇年代的戰後啟蒙、近代主義所展開的時期，一九六〇年代的戰後啟蒙批判及相對化興起的時期，以及一九八〇年前後至一九九〇年代則是後現代的思想風起雲湧，所謂新學術（New Academism，淺田彰、中澤新一等）興隆的時代。接著，開始有人提倡後戰後，柏林圍牆倒塌、東西德統一（一九八九～一九九〇年）、蘇聯瓦解（一九九一年）而開啟了後冷戰的時代。在日本國內，發生了奧姆真理教的地鐵沙林毒氣事件（一九九五年），社會的變質成為一大主題。

發源於一九六〇年代歐美的反公害思想、環境思想、女性主義思想，在一九七〇年代具體成形，一九九〇年以降更加入了東亞的後殖民主義思想，呈現多樣性的發展。

後現代的潮流志在將舊有的「思想史」、「哲學史」以及思想史、哲學史的意識本身加以解體。對丸山之所以加諸批判，與批判者對於丸山學所具有的政治學特性以及政治思想史特性的關聯性有許多的誤解和偏見有關。〈歷史意識的「古層」〉是思想史的分析，而不是應然的表現。丸山曾經在與加藤周一的對談中，相對於加藤評價《愚管抄》，他自始至終都以評價《神皇正統記》來與之對峙。相對於具有被自然主義式理解傾向的歷史意識，看起來丸山所評價的是現在以這裡所說的應然的形式來理解歷史這樣的主體性。〈古層〉論文也可以理解為丸山的全體性理解，特別是制約思想的「原型」以及自那超脫出來的中心思想。

丸山真男於一九九六年離世，進入二十一世紀之日本的思想狀況變得更加多樣而多彩。在過去的思想潮流之上，對於以往在近代主義之下被視為絕對惡的民族主義，已有人提出建立在戰前及戰後國內外多樣化議論基礎上的再檢討、再評價等新論點。然而，這些第三勢力（「第三極」）能夠發揮什麼樣的可能性，以及其思想史意義的論定，都還需要一些時間。

3 戰後的哲學及其變遷

新學術的哲學

在近代一章裡，筆者指出了學術圈的哲學與新聞報導乃至社會評論之間的分離，而戰後的狀況可以說也沒有太大的改變。與戰前比起來，哲學的營為可以說已大幅具備了擁有社會性的條件。然而，與其他諸多分科一樣，哲學領域的各個學問也趨於專門化，而且在問題意識本身的全球化之下，其思想史的定位變得有些困難。舊有的大規模學會依然存在，同時也透過中小型學會、研究會來進行研究，這也是目前的現狀。最近的現象有一些邀集市民階層的「哲學café」等嘗試。在此，儘可能以接近思想史觀點的視角來敘述一下其概略。

以現況來說，能夠名列哲學史上的代表性人物在戰後並沒有一定的評價和基準。經常有人說尚未有能夠與西田幾多郎匹敵之哲學性思索的成果。近年的傾向是，近代及戰後的日本哲學營為與東亞、美國、歐洲在方法和對象這兩個層面有一定學問性共享的情形。但是，觀察國外的數部哲學史，對近代以降哲學家的揭舉也莫衷一是。此外，值得指出的特徵是，在國外的研究裡並不像日本將近代以前的思想看作「思想史領域」而將近代以後的當作「哲學史領域」來處理，而多半是將近代以前和近代以後均統一視為「日本哲學」的脈絡來看待。

戰後的哲學的傾向

戰後的西洋哲學受容如同對戰後法國哲學的關注所示，已逐漸不像戰前那樣只集中在以康德為主的德國哲學。

大學之高等教育研究機構的增加也帶來了研究者數量的成長，同時也拓展學術領域至希臘、拉丁的古典哲學、法國哲學、分析哲學，呈現多元的發展。

從政治性的桎梏中恢復自由，這方面馬克思主義亦復如是。哲學領域方面，在以異化論為主之初期馬克思主義的重新檢討上有重要的成果出現（廣松涉等）。德國的法蘭克福學派與馬克思主義的對峙也是東西德統一之前的一大事件。馬克思主義的觀點在之後擴散至女性主義哲學等現實分析之中，並延續至今。

法國哲學思想對戰後的廣泛影響也極為顯著。起始是對以尚—保羅・沙特（Jean-Paul Sartre）為代表之存在主義的關心及受容，繼而與其方法論息息相關之法國哲學的現象學思維也發揮了影響力。法國哲學的領域絕不僅止於單純的受容，包括莫里斯・梅洛龐蒂（Maurice Merleau-Ponty）的身體論，以及最近在米歇爾・傅柯（Michel Foucault）等解構哲學的影響下，展開了文本論與他者論。

對於分析哲學的關心在戰後也有所持續。從對初期的語言實證主義的關注開始，拓展到分析手法的廣泛共享。在近年的正義論的展開裡，古典哲學和英美經驗論也關乎其中，而且分析哲學的手法也大有貢獻。科學哲學的領域也深化與分析哲學的關聯性，有其獨自的發展

（大森莊藏等）。

佛教哲學、基督教神學等宗教哲學也在戰後的發展中恢復了廣義的護教性，呈現多樣的展開。佛教研究以新的視角關注近世佛教和明治時期佛教哲學，而基督教神學則是將東方教父的哲學也納入視野之中。在與日本思想及基督教相關的著作中，可舉井上洋治（一九二七～二〇一四）的《餘白之旅》（余白の旅，一九八〇）為例。

朝往事物本身

近年的哲學志向受到對現實事物強烈關注的支持。原本哲學性的語言其本身並非「現實」，而是具有超越性或雙重世界的志向。作為學問領域的哲學首先是以哲學史的文本及其內在的理解為學術基礎。

但是，近年來特別是現象學的關心可以說已超越了單純的方法，而有其廣泛的發展。古典哲學的研究者對現代性的問題做積極的發言也是其現象之一。「現場」乃至「臨床」進入到哲學性的主題也是很好的表現。哲學性的志向匯聚到現實乃至事實性的分析這種方法之中。

現象學方法處理了他者性或是模式（mode）和時尚（fashion）、以及醫療現場的社會關係（「対他関係」）的現象；分析哲學探討日常的社會關係和自我意識，或者是展開細膩的正義論；法國哲學詰問文化的政治性及政治本身等等。在對事物的關懷上，印度和佛教哲學、中國哲學、伊斯蘭哲學（井筒俊彥等）的研究者時而也會使用共通的哲學概念和用語，並且分別從各自的領域參與了相同的問題，共享哲學的場域。這也是近年的一大特徵。

應用倫理學的追問——朝往事物的現場

在此，舉出顯示在日本的哲學發展特徵之應用倫理學這個領域，尤其揭舉其中之生命倫理學的展開來作為一個實例，以觀察現代的哲學和倫理學的一個方向。目前，生命倫理學與環境倫理學都已發展為成熟的領域了。

生命倫理（學）首先是以「醫學倫理」為一個濫觴。在現代醫學領域裡的倫理問題如果往上追溯的話，是對於納粹侵襲身體的反省，以及第一條即明定非經同意不得進行侵入性人體實驗的《紐倫堡守則》（Nuremberg Code，一九四九）為起始。其旨趣得到《日內瓦宣言》（一九四八）、《赫爾辛基宣言》（一九六四）的繼承。《赫爾辛基宣言》以「人體實驗」是醫學進步不可或缺的一環為基本立場，並且在改訂版（一九七五）裡以生命科學的進展為前提，將「醫學的」（medical）改稱為「生物醫學的」（biomedical），而且在實驗之際獨立的審查委員會將要求實驗計畫書記載倫理聲明以及拒絕刊載違反宣言旨趣的論文。一九八二年公布了《美國總統委員會生命倫理總結報告》，強調必須經過受試者同意、有取消同意的自由、在此前提下向受試者取得知情同意（informed consent）等內容。知情同意是指在知悉內容的情況下對研究或治療所做出的同意。

在這個過程中，日本翻譯出版了《醫學倫理》（H. Brody 著，一九八五），也是將醫學倫理拓展至能夠給外部討論的一大契機。本書糾正將倫理混淆為「醫生的禮儀」或「同業者之間行動的規則」這樣的誤解，指出醫學倫理是揭示「能夠交付外部進行倫理討論之普遍化的路徑」。此書的確是生命倫理形成的一大關鍵。

當初在日本，informed consent 由日本醫師會譯為「說明與同意」，其意義亦僅是理解為「患者本人或家人的同意非為要件，而是在社會禮節上尊重其意志」而已。

醫師會的這個理解登載在〈有關腦死及臟器移植之最終報告〉上，如果回顧其歷史沿革的話，此時在日本正值社會議論腦死的判定以及臟器移植可否的時期。

「關於臟器移植的法律」（臟器移植法，一九九七年通過，同年實施）的成立對生命倫理來說是一個重要轉捩點。先不論法案的成立這些特定的事實，從一九九〇年「臨時腦死及臟器移植調查會」（腦死臨調）的活動開始，歷經一九九二年一月底腦死臨調的最終答覆，以及法案一度廢案乃至成立實施為止的時期，在背景上與日本社會這個重大變化完全重疊，其變化與這個法案所象徵之生命倫理問題的意義是緊密聯繫的。

這裡試著分為三期來說明，亦即臨調以前、臨調以後至法案成立之間、成立實施以後。

腦死問題開始在大眾媒體或是一部分論者裡面討論時，其焦點可以說都集中在是否能夠接受「腦死」這個事態上。一九八〇年代有關腦死的議論對於積極推動移植的立場，乃是從哲學宗教學上的立場將腦死這件事本身看作是「不自然」，且多半含有直覺上忌諱的感覺；但在腦死問題的現實性解決方面則大多表示應該投入時間在取得「共識」上。各式各樣的想法在這個議題上是層層相疊的，例如需要時間來接受新的事態之類的感覺、作為科學的「事實」來說遲早都得接受等等。

當時在社會上存在著認為政策上終究會達成共識如此恰恰是「默契」的共識。法學者所提出的「社會共識論」（社会的合意論）也是體察到這樣的社會氛圍而將其法理化的動作。但是，雖然揭示了有擴散到社會共識的必要性這個理所當然前提的傾向，最終卻沒有實際的有效性。

自臨調提出答覆前後開始，尤其是腦死及臟器移植相關的討論舉凡頗有真實感而具體的、動人心弦的內容，乃至高度抽象性理論性的內容不一而足，而且領域也從醫學、自然科學延伸及於人文社會科學等。其中大部分都明確提出了個人的價值觀，所表現出來的姿態儼然是一副將生命倫理作為一個環節的知性之戰。在這過程中也出現了在觀點上從前述的共識論向重新取得個人同意轉變的情形，結果法案就以取得同意這個路線成立。

腦死議論的漫長過程與日本社會已經進入不容易達成共識的時代息息相關。價值觀的多樣化、世代間的決絕、生活形態的變化、高學歷社會的出現、日本型體制的破綻等，戰後曾經是日本社會手法的共識論已不再具備有效性，歸因於共識是在沉默的時間推移中逐漸醞釀而成的，如此沉默的共識本身著實已失去效力，而日本也已轉變成這樣的社會了。以結果來說，如所周知，法案在成立時是由超黨派來研擬法案，除了部分政黨以外，絕大多數的政黨都解除由黨來約束黨籍議員投票——也就是所謂的「黨議約束」（党議拘束）——而交由議員個人自行判斷的方式來進行表決。在明治以來的議會制度裡，解除黨議約束是一項象徵性的事件。

截至法案成立為止的議論極富興味，眾多討論不會僅停留在現象的事例而具有一定的廣度及深度，這是值得深深牢記的。同時這件事也令人反思：更深入一些觀察時，這個社會已面臨了不依循既定的框架和體制下人們的共識該如何形成、共識形成的原理該如何看待等，必須重新思考這些問題的時候了。晚近接連有關醫療事故的報導大多都是經由內部告發而曝光，在在顯示過去猶如鐵板一塊的組織在醫療的現場已明顯地變質了。

生命倫理學的定位

針對此哲學倫理學的事態，初期有人認為這個是以源自歐美的啟蒙運動、民主主義的確立為目標的運動，或是認為「日本人對於去思考自己姑且所做出的結論在對照相應的原則時是否能夠正當化這件事」尚不熟悉，而有試著以戰後啟蒙來引進生命倫理的見解，並將其設定為：「不僅是研究生、死、健康（保健）以及包含有關人類基本價值觀各種問題的生命科學、健康保養、環境等領域之人類倫理層面的學問領域，同時也是守護養育生命的人權運動。」（森川功，《生命倫理的基本原則與知情同意》〔命倫理の基本原則とインフォームド・コンセント〕，二〇〇二）

另一方面，在近代日本的現代科學技術導入以來，如今技術的深度已從工學的世界延伸到生命本身（以顯微授精的方式代理生產，或是基因改造）上面，因此生命倫理問題可以說具有極為重要的意義。廣泛來看的話，可以將技術視為是倫理的問題在現代局面的展現。

哲學倫理學的領域自生命倫理問題發生開始即深入地參與其中。上面所提到的過去的社會共識論，其中潛藏著不明確揭示自己的規範根據而有意跟從全體性方向的態度。事態從腦死臟器移植進一步延伸至照護的問題。在這個過程中出現了願意深入到現實的根源來重新考量的方向。質言之，亦即不僅僅只是停留在從內部瓦解固有人際關係的體系，或是從外部進行批判，而是深入到因具有批判性的觀點而生存之現場的層面，一方面身在其中，一方面又試著將其場域作為對象來處理，如此實踐性的嘗試業已啟動。

這是哲學性倫理性的志向在現場或是臨床的場面獲得成效的一件事情。例如，以中世哲學的專家以及奧坎（Ockham）的語言哲學研究等聞名的、清水哲郎的一連串實踐與工作，即是顯例（清水哲郎，《身臨醫療現場的哲學》〔医療現場に臨む哲学〕，一九九七；同，《身臨醫療現場的哲學Ⅱ》，二〇〇〇。引文見《Ⅱ》）。清水透過論究從語言構成的溝通底層到共同行為的倫理，來重新建構生命倫理的各種概念。例如，他重新思考「自律尊重」這一醫療行為的原則背後所存在的個人主義性質，透過添加「共同地決定與接受人性的脆弱」並加以修正，提出了新的倫理原則方案。這樣的修正如同清水極為自覺地談道：「絕對不以日本過往的做法為滿足」，是一項既有彈性又極具強韌批判性的嘗試。這是一方面接受無法直視自身場域的脆弱，又試著探索掙脫而出之道的嘗試，可以說揭示了在生命倫理的問題圈中探索「倫理」之根源性意義的可能性。鷲田清一「臨床哲學」的提倡也是為哲學的臨場性在哲學的營為中找到定位的嘗試。這是在日本之應用倫理學形成的一道風景。

此後，應用倫理學一方面意識著西洋的脈動，同時更拓及到環境倫理、動物倫理、工學倫理等多元的領域上。近年更出現了應用哲學的領域。哲學倫理學從學問的立場對東日本大震災做出的回應，也是這個脈絡下的產物。在這裡，大家從各自的立場回想起一七五五年的里斯本大震災對啟蒙主義的樂天主義所產生的影響。

在生命倫理的現場性概念中，除了「知情同意」，「自我決定權」、「人際關係裡的paternalism批判」（父權主義否定）也扮演了重要的角色。為了回應高度先進技術實用化的迅速化這一問題，其背後存在著以下情況：一九七〇年以後已成為世界性趨勢之高度資訊化社會的來臨、高學歷化、權利意識的高漲、以及價值的多樣化和傳統共同體的崩壞等等人類與社會的巨大變化。一九六〇年代出現的「女性的身體由女性決定」這項主張所興起之女性解放及女性主義，也是在這樣的社會變化中所形成的。

另一方面，如果將哲學當作「學問制度」來看的話，踏實的文本研究和哲學史研究依然持續著其重要性地位。然而，日本的哲學和倫理學所置身的全球化環境亦與今後的哲學營為脫不了關係。

結論
二層建築的哲學

日本思想史是一個自我認識的細微理路，而本書大大得益於近代開始之哲學式日本思想史的作風與方法。上面介紹了奠定日本思想史研究之近代性基礎的村岡典嗣對思想史與哲學之關係的見解。村岡曾說，將來樹立與西洋的哲學（村岡稱之為「可謂歐洲所創造的認識論」）所不同的哲學（「具有全新普遍性價值的認識論」），是「我國哲學家」的任務；另一方面，「國學的學術性完成」也必須同時進行。從「國學」的方法那裡學到許多的村岡，心裡想的是日本思想史研究，並且指出在這個社會中哲學與思想史之間關係的困難性。

最後，回顧思考一下卡爾・洛維特（Karl Löwith）知名的「二層建築」的主張。洛維特是在日本親身體驗日本學術奠基過程的猶太裔德國人，這個哲學家的視線象徵性地顯示了哲學所涉及之具體的生活場面。

洛維特曾說（〈致日本讀者跋〉〔日本の読者に与える跋〕，收入《歐洲的虛無主義》〔ヨーロッパのニヒリズム〕，一九七四），與過去吸收中國文明時不同，日本從歐洲所吸收的是歐洲的物質文明（「近代產業及技術、資本主義、民法、軍隊機構等，還有科學的研究

方法」）。洛維特認為，如果光是這些的話，終究無法獲得「自由與美」。也就是說，「人們的實際生活、對事物的感受方式及思考方式、風俗習慣、對事物評價的形態，在另一方面是較為不變地存續著的。」他指出，對歐洲精神的接受，照理說必須浸潤到日本舊有的「生活、對事物的感受方式及思考方式」，但是並沒有接受。東洋日本只有擷取西洋所產生的結果，而在內部深處卻沒有接受西洋的自我否定。

他對日本所體驗的、日本人「自愛」之深的分析，從現代的角度來看，多少含有某種被稱為東方主義（Orientalism）的內涵。洛維特一方面高度評價日本哲學學徒的勤勉，另方面以眾所周知的二樓與一樓的比喻談論了日本的學問與日常的生活、感性，以及他所說的「對事物的感受方式」之間的乖離。

當然學生都認真地研讀歐洲的書籍，事實上他們也以其知性力量來理解它們。但是，他們並沒有從研究中萃取出任何足以豐富他們自己的日本式自我的結果。他們既不將歐洲的概念（例如「意志」或「自由」或「精神」等）置諸他們自身的生活、思維、語言之中並與其相對應，也不會將那與其相左之處拿來做區別乃至必較。也就是說，他們不會自為地（「対自的」）學習自在性（「即自的」）的他者。明明進入到歐洲哲學家的文本裡，卻讓該哲學家的概念保持其原本異國的模樣，不與他們自身的概念加以對照觀察，卻如同不證自明般的態度來看待它。所以，他們完全不會興起想要將異物變成自己的東西的衝動。他們不會從他處回到他們自身、是不自由的，亦即用黑格爾的語言來說，他們沒有「在他物而不失去自己」。彷彿住在二層建築的房子裡一般，在一樓有日本式的思維和感受，而在二樓則有從柏拉圖到海德格之歐洲的學問繫在繩子上排列著。而且，歐洲人教師會感到疑問：如此一來，往來二樓與一樓的梯子在哪裡？其實，他們愛著本來面目的自己。他們還沒食用認識的樹果，所以並未喪失純潔。因為他們尚未將人從自己之中取出，而且尚未體會對峙自己去批判性地看待人的那種喪失。

（同書）

洛維特因納粹的政策而辭掉德國大學的教職，並且受聘到東北大學，是一九三六（昭和十一年）十一月。然後，他在一九四一年日德合作強化之中離日赴美，並對此間的體驗而有如上的發言。在美國，洛維特在保羅．田立克（Paul Johannes Tillich）和雷茵霍爾德．尼布爾（Karl Paul Reinhold Niebuhr）的推舉下擔任神學講座，並在一九五二年回到德國。

一樓可以將其比喻為生活意識或者是日常的感性，但是僅僅如此並不算是已把握住真正的意涵。在這裡，我想將哲學看作是始於蘇格拉底或是始於孔子，從生成期開始就具備的臨場性或是現場性。在鋪設從一樓到二樓的通道這方面，日本思想史研究能夠有所貢獻。而且，日本思想史與哲學攜手同行的方向，我想也是在這個地方。

值得提起的是，在拉丁語仍舊作為學術語言流通時，笛卡爾與康德已分別用法語和德語踏出近代哲學的步伐。為了自己的自為化，於今暫且重新勾勒日本語與日本語的思想，這也是日本思想史的任務吧！

後記

思想史的書寫有必要讀解個別原典的文本，本書因篇幅的關係無法充分例舉原典文本。期盼本書的讀者都能從各自的問題意識出發，親自接觸思想史上感到興趣的作品、原典文本，並且參照導讀和解說書，以古典語或現代語譯本來自由地閱讀喜愛的人物及對象。

彌爾（John Stuart Mill）的《自由論》（第二章）有言：「所有的語言（languages）和文學（literatures）都充滿著探討人生為何？還有人生該如何度過？等有關人生之一般性的言說。」還說道：「大多數的人一般都是在痛苦的經驗降臨其身時，方能體會這些言說的意義。」我是這樣理解彌爾這番話的：人不該只是被動地承受習慣性以自明之理而接受的傳統教條，而應該根據各自的經驗來思考其意義，並得出自己的意見。這個是人得以發揮其個性，並實現交換不同而多元的意見、自由而寬容的社會的一條路。

這件事完全符合思想史的看法。不管是文學、哲學，抑或是宗教思想、政治思想，自己選擇思想史上的文本來閱讀正是這個意義上的自由行為。

以前，曾被一位宗教哲學的專家問道：為什麼是「日本」思想史？我想他的意思是，既然探討普遍性的問題，那麼拿掉「日本」、只說「思想史」不就好了嗎？我想我暫時仍想要維持，普遍在個別及個別的事物裡以「具體的普遍」（和辻哲郎）呈現這樣的立場。如同在第四章所提過的，這是根據日本思想史研究這門學問在近代所形成之歷史的、而且是思想史的脈絡而來的。

二〇一二年九月，我在反日示威活動的當下，以京都大學研究團隊（代表：藤田正勝）的一員參加了在北京召開的、與中華日本哲學會的聯合研討會。我在綜合討論的主持席上，聽到中國方面有意思的發言。大意是說：「在日本有日本哲學與日本思想的區別，而在中國則毫不猶豫地稱傳統思想為中國哲學。這樣是否恰當呢？」這在在顯示了傳統與近代化這一共通的事態及接受方式所呈現出來的相互差異。彼此當中均伴隨著相應的緣由和固有的痛楚，其本身即是一個必須探討的思想史課題。

在野的哲學家及思想史家土田杏村在其向歐美描述日本與中國近代的哲學史狀況的著作（《日本支那現代思想研究》，一九二七，本書323頁）裡說道：「『目前』日本與中國的思想仍未創出『同一的思想圈』，然而當中國成為更強盛的統一國家時，那裡必將出現足以影響世界的偉大思想家。而且，他還說：日本的思想與中國的思想能夠以東洋同文的文明及思想攜手並進，是在中國對日本所興起、並且從肯定、否定的兩個方面對近代哲學的形成已發揮作用之明治末期的「國民的浪漫主義」，以某個高度成功達成之時。

現在來看，或許某些表達帶有語病，但是當時他終於看到雙方都能夠正面看待近代的普遍性課題了。土田認為，隨著產業化的進展，思想將變得「世界主義化」（cosmopolitanic），「與其說不久的將來會東洋化，毋寧說是與全世界共通化」。但是，那並不是意味著世界上所有人都擁有同一個哲學。土田指出：「所謂思想的連結指的是，在共通生活情況裡生存的兩者，對於其所處的生活態度相互批判，並且相互提出忠告。」

本書是以原為放送大學的教材而編寫的《日本の思想》為基礎所寫就的。在古代、中世、近世之後增補了近代，並新添了現代一章。本書能夠以這樣的面貌問世，大大得力於筑摩書房新書編輯部的松田健先生的建議與協助，在此由衷特申謝忱。

清水正之

參考文獻（揭舉本文中所參照引用之現代的研究書、論文）

古代、中世

神野志隆光，《古事記とはなにか——天皇の世界の物語》，講談社学術文庫，二〇一三。

佐藤正英，《日本倫理思想史》增補改訂版，東京大学出版会，二〇一二。

平朝彦，《日本列島の誕生》，岩波新書，一九九〇。

藤堂明保、竹田晃、影山輝國，《倭国伝——全訳注　中国正史に描かれた日本》，講談社学術文庫，二〇一〇。

近世

亀井孝・チースリク、H・小島幸枝，《日本イエズス会版　キリシタン要理——その翻案および翻訳の実態》，岩波書店，一九八三。

五野井隆史，《日本キリスト教史》，吉川弘文館，一九九〇。

小堀桂一郎編，《東西の思想闘争》，中央公論社，一九九四。

子安宣邦，《「事件」としての徂徠学》，青土社，一九九〇（ちくま学芸文庫，二〇〇〇）。
釈徹宗，《不干斎ハビアン——神も仏も棄てた宗教者》，新潮選書，二〇〇九。
シュールハンマー・ゲオルク（安田一郎訳），《イエズス会宣教師が見た日本の神々》，青土社，二〇〇七。
高島元洋，《山崎闇斎——日本朱子学と垂加神道》，ぺりかん社，一九九二。
奈良本辰也編，《吉田松陰著作選——留魂録・幽囚録・回顧録》，講談社学術文庫，二〇一三。
西村玲，《近世仏教思想の独創——僧侶普寂の思想と実践》，トランスビュー，二〇〇八。
皆川達夫，《洋楽渡来考再論——箏とキリシタンとの出会い》，日本キリスト教団出版局，二〇一四。
村岡典嗣，《増補　本居宣長》1、2，平凡社東洋文庫，二〇〇六。
和辻哲郎，《日本倫理思想史》下，岩波書店，一九五三。

近代、現代

伊藤整，《近代日本人の発想の諸形式》，岩波文庫，一九八一。
井上洋治，《余白の旅——思索のあと》，日本基督教団出版局，一九八〇。
苅部直，《丸山真男——リベラリストの肖像》，岩波新書，二〇〇六。
菅野覚明，《吉本隆明——詩人の叡智》，講談社（再発見日本の哲学），二〇一三。

サイード、エドワード・W（今沢記子訳），《オリエンタリズム》上、下，平凡社ライブラリー，一九九三。
坂部恵，《鏡のなかの日本語──その思考の種々相》，ちくまライブラリー，一九八九。
思想の科学研究会編，《共同研究　転向》上、中、下，平凡社，一九五九〜一九六二。
清水哲郎，《医療現場に臨む哲学》，勁草書房，一九九七。
清水哲郎，《医療現場に臨む哲学Ⅱ──ことばに与える私たち》，勁草書房，二〇〇〇。
竹内好，〈近代主義と民族の問題〉（《竹内好全集7》），筑摩書房，一九八一。
竹内好，《日本とアジア》，ちくま学芸文庫，一九九三。
田中久文，《丸山真男を読みなおす》，講談社選書メチエ，二〇〇九。
鶴見俊輔，《限界芸術論》（《鶴見俊輔集6》），筑摩書房，一九九一。
鶴見俊輔，《竹内好──ある方法の伝記》，岩波現代文庫，二〇一〇。
橋川文三，《増補　日本浪曼派批判序説》，未来社，一九九五。
坂野潤治，《近代日本とアジア》，ちくま学芸文庫，二〇一三。
日高六郎，〈解説〉（《現代日本思想大系34　近代主義》），筑摩書房，一九六四。
藤田正勝，《西田幾多郎の思索世界──純粋経験から世界認識へ》，岩波書店，二〇一一。
ブロディ、ハワード（舘野之男他訳），《医の倫理──医師・看護婦・患者のためのケース・スタディ》，東京大学出版会，一九八五。
丸山真男，〈歴史意識の「古層」〉，（《日本の思想6　歴史思想集》），筑摩書房，一九七二。

森有正，《経験と思想》（《森有正全集12》），筑摩書房，一九七九。
森川功，《生命倫理の基本原則とインフォームド・コンセント》，じほう，二〇〇二。
吉本隆明，〈マチウ書試論〉（《マチウ書試論・転向論》），講談社文芸文庫，一九九〇。
吉本隆明，〈擬制の終焉〉（《吉本隆明全集6》），晶文社，二〇一四。
レーヴィット・カール（柴田治三郎訳），《ヨーロッパのニヒリズム》改版，筑摩書房，一九七四。

學習日本思想史的文獻

（揭舉容易取得和閱覽的圖書）

日本思想史相關的講座

《岩波講座日本の思想》全八卷，岩波書店，二〇一三～二〇一四。

《日本思想史講座》全五卷，ぺりかん社，二〇一二～刊行中。

日本思想史的文本（僅列個人全集以外的基本文獻）

《日本思想大系》全六十七卷，岩波書店，一九七〇～一九八二。

《日本の名著》（現代語訳）全五十卷，中央公論社，一九六九～一九八二。

《日本哲学思想全書》（三枝博音編）全二十卷，平凡社，一九五五～一九五七（第二版），一九七九～一九八一。

《日本思想闘諍資料》全九卷，名著刊行会，一九六九～一九七〇。

《日本古典文学大系》全百卷（別卷二），岩波書店，一九五七～一九六八。

《新編日本古典文学全集》全八十八卷，小学館，一九九四～二〇〇二。

《現代日本思想大系》全三十五卷，筑摩書房，一九六三～一九六八。
《近代日本思想大系》全三十六卷，筑摩書房，一九七四～一九九〇。
《日本近代思想大系》全二十三卷（別卷一），岩波書店，一九八八。
《新日本古典文学大系》全百卷（別卷五），岩波書店，一九八九～二〇〇四。
《完訳日本の古典》全五十八卷（別卷二），小学館，一九八三～一九八八。

日本思想史整體相關的參考文獻

海老沢有道・大内三郎，《日本キリスト教史》，日本基督教団出版局，一九七〇。
岡田荘司編，《日本神道史》，吉川弘文館，二〇一〇。
菅野覚明，《神道の逆襲》，講談社現代新書，二〇〇一。
苅部直、片岡龍編，《日本思想史ハンドブック》，新書館，二〇〇八。
相良亨，《日本人の心》増補新装版，東京大学出版会，二〇〇九（相良亨著作集五，ぺりかん社，一九九二）。
相良亨編，《日本思想史入門》，ぺりかん社，一九八四。
佐藤正英，《日本倫理思想史》増補改訂版，東京大学出版会，二〇一二。
佐藤正英，《日本の思想とは何か——現存の倫理学》，筑摩選書，二〇一四。
佐藤弘夫編，《概説日本思想史》，ミネルヴァ書房，二〇〇五。
末木文美士，《日本仏教史——思想史としてのアプローチ》，新潮文庫，一九九六。

竹内整一，《「おのずから」と「みずから」》，春秋社，二〇〇四。

竹内整一，《「かなしみ」の哲学——日本精神史の源をさぐる》，ＮＨＫブックス，二〇〇九。

竹村牧男、高島元洋編著，《仏教と儒教——日本人の心を形成してきたもの》，放送大学教育振興会，二〇一三。

高島元洋，《日本人の感情》，ぺりかん社，二〇〇〇。

津田左右吉，《文学に現はれたる我が国民思想の研究》全八巻，岩波文庫，一九七七。

土田杏村，《国文学の哲学的研究》全四巻，第一書房，一九二七～一九三三（部分收入土田杏村全集一〇・一一，第一書房，一九三五～一九三六）。

永田広志，《日本哲学思想史》白揚社，一九三八（永田広志日本思想史研究第一巻，法政大学出版局，一九六七）。

永田広志，《日本封建制イデオロギー》，三笠書房，一九三八（同，第二巻，一九六八）。

村岡典嗣，《新編日本思想史研究——村岡典嗣論文集》（前田勉編），平凡社東洋文庫，二〇〇四。

和辻哲郎，《日本倫理思想史》全四巻，岩波文庫，二〇一一～二〇一二。

Pörtner P./Heise J., *Die Philosophie Japans: Von den Anfängen bis zur Gegenwart*, Kröner, 1995.

James W. Hesig, et al. *Japanese philosophy: A Sourcebook*, University of Hawaii Press, 2011.

古代、中世

伊藤由希子，《仏と天皇と「日本国」》，ぺりかん社，二〇一三。
上原雅文，《最澄再考——日本仏教の光源》，ぺりかん社，二〇〇四。
鎌田茂雄全訳注（凝然著），《八宗綱要》，講談社学術文庫，一九八一。
神野志隆光，《古事記の達成》，東京大学出版会，一九八三。
斎藤英喜，《古事記はいかに読まれてきたか——「神話」の変貌》，吉川弘文館，二〇一二。
佐藤正英，《歎異抄論注》，青土社，一九八九。
佐藤正英，《親鸞入門》，ちくま新書，一九九八。
窪田高明，《王権と恋愛》，ぺりかん社，一九九三。
西郷信綱，《古事記注釈》全八巻，ちくま学芸文庫，二〇〇五。
西郷信綱，《古事記の世界》，岩波新書，一九六七。
相良亨，《世阿弥の宇宙》，ぺりかん社，一九九五（収入著作集六）。
佐藤正英，《聖徳太子の仏法》，講談社現代新書，二〇〇四。
佐藤弘夫，《神・仏・王権の中世》，法蔵館，一九九八。
佐藤弘夫，《鎌倉仏教》，ちくま学芸文庫，二〇一四。
佐藤弘夫，《日本中世の国家と仏教》，吉川弘文館，二〇一〇。
平朝彦，《日本列島の誕生》，岩波新書，一九九〇。
高取正男，《神道の成立》，平凡社ライブラリー，一九九三。

藤堂明保、竹田晃、影山輝國全訳注，《倭国伝――中国正史に描かれた日本》，講談社学術文庫，二〇一〇。
平野仁啓，《古代日本人の精神構造》，未来社，一九七三。
藤村安芸子，《仏法僧とは何か――「三宝絵」の思想世界》，講談社選書メチエ，二〇一一。
山本ひろ子，《中世神話》，岩波新書，一九九八。
頼住光子，《道元の思想――大乗仏教の神髄を読み解く》，NHKブックス，二〇一一。
和辻哲郎，《日本古代文化》岩波新書，一九二〇（全集三，一九六二）。

近世

岩崎允胤，《日本近世思想史序説》上、下，新日本出版社，一九九七。
魚住孝至，《宮本武蔵――「兵法の道」を生きる》，岩波新書，二〇〇八。
オームス、ヘルマン，《徳川イデオロギー》（黒住真、豊澤一、清水正之、頼住光子訳），ぺりかん社，一九九〇。
菅野覚明，《本居宣長》，ぺりかん社，一九九一。
菅野覚明，《武士道の逆襲》，講談社現代新書，二〇〇四。
栗原剛，《佐藤一斎――克己の思想》，講談社（再発見日本の哲学），二〇〇七。
黒住真，《近世日本社会と儒教》，ぺりかん社，二〇〇三。
黒住真，《複数性の日本思想》，ぺりかん社，二〇〇六。

子安宣邦，《宣長と篤胤の世界》，中央公論社，一九七七。
子安宣邦，《「事件」としての徂徠学》，青土社，一九九〇（ちくま学芸文庫，二〇〇〇）。
子安宣邦，《江戸思想史講義》，岩波現代文庫，二〇一〇。
相良亨，《本居宣長》，東京大学出版会，一九七八（講談社学術文庫，二〇一一）。
相良亨，《近世の儒教思想》，塙書房，一九六六。
相良亨，《伊藤仁斎》，ぺりかん社，一九九八。
相良亨，《武士の思想》，ぺりかん社，一九八四（新装版，二〇〇四）。
佐久間正，《徳川日本の思想形成と儒教》，ぺりかん社，二〇〇七。
澤井啓一，《山崎闇斎——天神唯一の妙、神明不思議の道》，ミネルヴァ日本評伝選，二〇一四。
清水正之，《国学の他者像——誠実と虚偽》，ぺりかん社，二〇〇五。
釈徹宗，《不干斎ハビアン——神も仏も棄てた宗教者》，新潮選書，二〇〇九。
シュールハンマー、ゲオルク（安田一郎訳），《イエズス会宣教師が見た日本の神々》，青土社，二〇〇七。
小池喜明，《葉隠》，講談社学術文庫，一九九九。
田尻祐一郎，《江戸の思想史——人物・方法・連環》，中公新書，二〇一一。
高島元洋，《山崎闇斎——日本朱子学と垂加神道》，ぺりかん社，一九九二。
高橋文博，《近世の心身論》，ぺりかん社，一九九〇。

豊澤一，《近世日本思想の基本型―定めと当為》，ぺりかん社，二〇一一。
中村春作，《江戸儒教と近代の「知」》，ぺりかん社，二〇〇二。
野崎守英，《本居宣長の世界》，塙書房，一九七二。
野崎守英，《道》，東京大学出版社，一九七九。
ベラー、R・N（池田昭訳），《徳川時代の宗教》，岩波文庫，一九九六。
前田勉，《兵学と朱子学・蘭学・国学》，平凡社選書，二〇〇六。
前田勉，《近世神道と国学》，ぺりかん社，二〇〇二。
丸山真男，《日本政治思想史研究》，東京大学出版社，一九八三。
丸山真男，《忠誠と反逆》，ちくま学芸文庫，一九九八。
源了圓，《徳川思想小史》，中公新書，一九七三。
吉田真樹，《平田篤胤――霊魂のゆくえ》，講談社（再発見日本の哲学），二〇〇九。
渡辺浩，《日本政治思想史――十七世紀～十九世紀》，東京大学出版社，二〇一〇。

近代

《京都哲学撰書シリーズ》全三十巻（別巻一），燈影社，一九九九～二〇〇六。
朝倉友海，《「東アジアに哲学はない」のか――京都学派と新儒家》，岩波現代全書，二〇一四。
麻生義輝，《近世日本哲学史――幕末から明治維新の啓蒙思想》，書肆心水，二〇〇八。

安彥一惠、佐藤康邦編，《風景の哲学》，ナカニシヤ出版，二〇〇二。
色川大吉，《明治精神史》上、下，岩波現代文庫，二〇〇八。
河上徹太郎、竹內好他，《近代の超克》，冨山房百科文庫，一九七九。
木村純二，《折口信夫――いきどほる心》，講談社（再発見日本の哲学），二〇〇八。
熊野純彥，《和辻哲郎――文人哲学者の軌跡》，岩波新書，二〇〇九。
子安宣邦，《日本近代思想批判――一国知の成立》，岩波現代文庫，二〇〇三。
佐藤康邦、清水正之、田中久文編，《甦る和辻哲郎――人文科学の再生に向けて》，ナカニシヤ出版，一九九九。
末木文美士，《明治思想家論――近代日本の思想・再考I》，トランスビュー，二〇〇四。
末木文美士，《近代日本と仏教――近代日本の思想・再考II》，トランスビュー，二〇〇四。
菅原潤，《昭和思想史とシェリング――哲学と文学の間》，萌書房，二〇〇八。
鈴木範久，《内村鑑三とその時代――志賀重昂との比較》，日本基督教団出版局，一九七五。
竹內整一，《自己超越の思想》，ぺりかん社，一九八八（新装版，二〇〇二）。
田中久文，《日本の「哲学」を読み解く》，ちくま新書，二〇〇〇。
津田雅夫，《〈昭和思想〉新論――二十世紀日本思想史の試み》，文理閣，二〇〇九。
熊野純彥編著，《日本哲学小史――近代100年の20篇》，中公新書，二〇〇九。
橋川文三，《増補　日本浪曼派批判序説》，未来社，一九六五。
廣松渉，《〈近代の超克〉論》，講談社学術文庫，一九八九。

藤田正勝，《西田幾多郎——生きることと哲学》，岩波新書，二〇〇七。
藤田正勝編，《京都学派の哲学》，昭和堂，二〇〇一。
村松晋，《近代日本精神史の位相——キリスト教をめぐる思索と経験》，聖学院大学出版会，二〇一四。
八木公正，《天皇と日本の近代》上、下，講談社現代新書，二〇〇一。
安丸良夫，《日本の近代化と民衆思想》，平凡社ライブラリー，一九九九。
湯浅泰雄，《近代日本の哲学と実存思想》，創文社，一九七〇。
湯浅泰雄，《和辻哲郎——近代日本哲学の運命》，ちくま学芸文庫，一九九五。
渡辺和靖，《保田與重郎研究——一九三〇年代思想史の構想》，ぺりかん社，二〇〇四。

現代

大塚久雄，《社会科学における人間》，岩波新書，一九七七。
岩崎稔、上野千鶴子、成田龍一編，《戦後思想の名著50》，平凡社，二〇〇六。
小熊英二，《「民主」と「愛国」——戦後日本のナショナリズムと公共性》，新曜社，二〇〇二。
苅部直，《丸山眞男——リベラリストの肖像》，岩波新書，二〇〇六。
姜尚中，《ナショナリズム》，岩波書店，二〇〇一。
菅野覚明，《吉本隆明——詩人の叡智》，講談社（再発見日本の哲学），二〇一三。
熊野純彦編著，《日本哲学小史——近代100年の20篇》，中公新書，二〇〇九。

酒井直樹，《死産される日本語・日本人——「日本」の歴史—地政的配置》，新曜社，一九九六。
酒井直樹，《日本思想という問題——翻訳と主体》，岩波書店，一九九七。
清水哲郎，《医療現場に臨む哲学》Ⅰ、Ⅱ，勁草書房，一九九七、二〇〇〇。
先崎彰容，《ナショナリズムの復権》，ちくま新書，二〇一三。
竹内好，《日本とアジア》，ちくま学芸文庫，一九九三。
田中久文，《丸山眞男を読みなおす》，講談社選書メチエ，二〇〇九。
鶴見俊輔，《竹内好——ある方法の伝記》，岩波現代文庫，二〇一〇。
鶴見俊輔，《戦後日本の大衆文化史—一九四五～一九八〇年》，岩波現代文庫，二〇〇一。
遠山敦，《丸山眞男——理念への信》，講談社（再発見日本の哲学），二〇一〇。
中島岳志，《アジア主義——その先の近代へ》，潮出版社，二〇一四。
花田清輝，《復興期の精神》，講談社文芸文庫，二〇〇八。
日高六郎，《戦後思想を考える》，岩波新書，一九八〇。
卞崇道編著（本間史訳），《戦後日本哲学思想概論》，農山漁村文化協会，一九九九。
丸山真男，《日本の思想》，岩波新書，一九六一。
山田洸，《戦後思想史》，青木書店，一九八九。
吉本隆明，《共同幻想論》（改訂新版），角川ソフィア文庫，一九八二。
吉本隆明，《定本　言語にとって美とは何か》1、2，角川ソフィア文庫，二〇〇一。

日本思想史年表

西曆	歷史事項
57	倭奴國王朝貢東漢，獲光武帝賜印綬
188	倭國陷入大亂，諸國擁立卑彌呼為女王
239	派遣使者至魏，卑彌呼受封親魏倭王
248	卑彌呼死後，邪馬台國陷入爭亂，壹與（台與）繼任女王並平息亂事
266	壹與向西晉朝貢（此後至413年為止，中國史書中沒有倭國的記載）
414	高句麗好太王碑
421-479	宋書記載倭之五王的事蹟
513	百濟獻上五經博士
538	百濟聖明王進獻佛像、經論（一說佛教公傳在552）
574	聖德太子誕生（～622沒）〔《憲法十七條》604，《三經義疏》615〕
593	聖德太子出任推古天皇的攝政
603	制定冠位十二階
607	派遣小野妹子至隋。法隆寺落成
620	編纂《天皇記》、《國記》
645	大化革新。中大兄皇子、中臣鎌足等暗殺蘇我入鹿。政府鼓勵薄葬

663	白村江之戰，倭國與百濟遺臣的聯合軍敗北
672	壬申之亂
699	役小角放逐至伊豆
701	制定大寶律令
710	遷都平城京
712	太安萬侶《古事記》
713	天皇下詔編纂《風土記》
717	行基的活動遭禁
720	舍人親王等撰修獻上《日本書紀》
723	三世一身之法。在筑紫興建觀世音寺
741	天皇下詔建造國分寺、國分尼寺
749	行基沒。東大寺大佛落成
751	《懷風藻》
753	鑑真來日
759	《萬葉集》於此前後完成。唐招提寺落成
766	最澄誕生（～822沒）〔《願文》785，《守護國界章》、《三家學生式》818，《顯戒論》820〕
774	空海誕生（～835沒）〔《三教指歸》797，《十住心論》830〕
794	遷都平安京
797	菅野道真等撰修獻上《續日本紀》

804	《皇太神宮儀式帳》
807	齋部廣成《古語拾遺》
818	藤原冬嗣等《文華秀麗集》
822	景戒《日本靈異記》
745	菅野道真誕生（～903沒）〔《類聚國史》892，《菅家文草》900〕
894	廢止遣唐使。此時完成《竹取物語》、《伊勢物語》
905	紀貫之等撰修獻上《古今和歌集》
927	藤原忠平等《延喜式》
935	承平、天慶之亂（～941）。紀貫之《土佐日記》
938	空也在京都提倡念佛
940	《將門記》（此年前後）
942	源信誕生（～1017沒）〔《往生要集》985〕
974	道綱母《蜻蛉日記》。《宇津保物語》（此年前後）
1001	清少納言《枕草子》
1002	紫式部《源氏物語》
1010	《紫式部日記》
1016	藤原道長出任攝政
1053	平等院鳳凰堂落成
1059	藤原明衡《本朝文粹》
1086	白河上皇院政開始

1103	永觀《往生拾因》。此時完成《榮華物語》、《今昔物語集》、《大鏡》
1118	西行誕生（～1190沒）〔《山家集》1190〕
1133	法然誕生（～1212沒）〔《選擇本願念佛集》1198〕
1141	榮西誕生（～1215沒）〔《興禪護國論》1198〕
1155	鴨長明誕生（～1216沒）〔《方丈記》1212，《發心集》1216前後〕。慈圓誕生（～1225沒）〔《愚管抄》1220〕
1156	保元、平治之亂（～1159）
1173	親鸞誕生（～1262沒）〔《教行信證》1224〕
1192	源賴朝成為征夷大將軍
1200	道元誕生（～1253沒）〔《正法眼藏》1250〕
1205	藤原定家撰修獻上《新古今和歌集》
1221	承久之亂。此時完成《平家物語》
1222	日蓮誕生（～1282沒）〔《立正安國論》1260，《開目抄》1272，《觀心本尊抄》1273〕
1232	制定貞家式目
1239	一遍誕生（～1289沒）〔《一遍上人語　》〕
1253	蘭溪道隆創建建長寺
1262	唯圓《歎異抄》（此年前後）
1266	《吾妻鏡》（此年前後）
1274	文永之役

1280	《神道五部書》（此年前後）
1281	弘安之役
1283	無住《沙石集》
1320	度會家行《類聚神祇本源》
1322	虎關師鍊《元亨釋書》
1330	吉田兼好《徒然草》
1333	鎌倉幕府滅亡
1336	南北朝分裂
1339	北畠親房《神皇正統記》
1344	夢窗疎石《夢中問答集》
1356	二條良基《菟玖波集》
1360	《神道集》（此年前後）
1375	《太平記》（14世紀前葉已見雛型。推估此年前後成立）
1363	世阿彌誕生（～1443前後沒）〔《花傳集》此年前後，《風姿花傳》1402前後，第二次相傳本1418，《花鏡》1423，《金島書》1436〕
1392	南北朝統一。《義經記》（此年前後）
1397	足利義滿興築金閣寺。五山文學盛行
1428	正長的土一揆。此時，能樂大成
1439	上杉憲實重建足利學校
1463	心敬《私語》（ささめごと）。連歌流行

1467	應仁之亂（～1477）
1472	一條兼良《花鳥餘情》
1481	一休宗純《狂雲集》
1486	雪舟《山水長卷》
1488	爆發加賀一向一揆
1489	銀閣寺落成
1511	吉田兼俱《唯一神道名法要集》
1518	《閑吟集》完成
1528	宗瑞《醫書大全》
1536	天文法華之亂
1543	種子島鐵炮傳來。狩野元信《花鳥山水圖》
1549	方濟各．沙勿略登陸鹿兒島，宣傳基督教
1560	大久保彥左衛門誕生（～1639沒）〔《三河物語》1622前後〕。桶狹間之戰。《朝倉宗滴話記》（此年前後）
1561	藤原惺窩誕生（～1619沒）〔《寸鐵錄》1608〕
1571	信長火燒比叡山
1573	澤庵誕生（～1645沒）〔《不動智神妙錄》1634前後〕。室町幕府滅亡
1574	信長鎮壓長島的一向一揆
1579	鈴木正三誕生（～1655沒）〔《盲安仗》1619，《萬民德用》1661〕。東印度巡查使范禮安來日

1582	本能寺之變。施行太閤檢地。天正遣歐使節
1583	林羅山誕生（～1657沒）〔《春鑑抄》1629，《本朝神社考》1640，《寬永諸家系圖傳》1641～1643〕
1584	宮本武藏誕生（～1645沒）〔《五輪書》1643～1645〕
1588	發布刀狩令
1592	豐臣秀吉出兵朝鮮（文祿之役、慶長之役，～1598）
1596	秀吉在長崎處刑基督徒（二十六聖人殉教）
1600	關原之戰
1603	德川家康開立江戶幕府
1608	中江藤樹誕生（～1648沒）〔《翁問答》1641，《鑑草》1647〕
1614	大坂冬之陣
1615	大坂夏之陣。制定武家、禁中並公家諸法度
1618	山崎闇齋誕生（～1682沒）〔《闢異》1649，《大和小學》1658，《拘幽操》1672〕
1619	熊澤蕃山誕生（～1691沒）〔《義集和書》1672，《義集外書》1679，《大學或問》1686〕
1622	山鹿素行誕生（～1685沒）〔《武教小學》1656，《山鹿語類》、《聖教要錄》1665〕
1627	伊藤仁齋誕生（～1705沒）〔《論語古義》1662，《語孟字義》1683，《童子問》1691〕
1630	貝原益軒誕生（～1714沒）〔《大和本草》1708，《養生訓》1713，《慎思錄》、《大疑錄》1714〕

1635	確立參勤交代制度。禁止日本人出航海外或歸國
1637	島原之亂
1641	完成鎖國（荷蘭人移至長崎出島）
1642	井原西鶴誕生（～1693沒）〔《好色一代男》1682，《日本永代藏》1688，《世間胸算用》1692〕
1643	田畑永代買賣禁止令
1644	松尾芭蕉誕生（～1694沒）〔《奧之細道》1702，《猿蓑》1691，《飽經風霜紀行》（野ざらし紀行）1685〕
1648	西川如見誕生（～1724沒）〔《町人囊》1719〕
1649	慶安御觸書（被視為管控農民之令）
1651	由井小雪之亂
1653	近松門左衛門誕生（～1724沒）〔《曾根崎心中》1703，《國性爺合戰》1715，《心中天網島》1720〕
1657	新井白石誕生（～1725沒）〔《讀史餘論》1712，《西洋紀聞》1715，《折焚柴記》（折たく柴の記）1716〕
1658	室鳩巢誕生（～1734沒）〔《駿台雜話》1732，《六諭衍義大意》1722〕
1659	山本常朝誕生（～1719沒）〔《葉隱》1716〕
1666	荻生徂徠誕生（～1728沒）〔《學則》1715，《辨道》、《辨名》1717，《答問書》1720〕
1670	伊藤東涯誕生（～1736沒）〔《制度通》1724，《古今學變》1750〕

1680	太宰春台誕生（～1747沒）〔《經濟錄》1729，《聖學問答》1736〕
1685	石田梅岩誕生（～1744沒）〔《都鄙問答》1739〕。白隱誕生（～1768沒）〔《遠羅天釜》1748，《槐安國語》1768〕
1687	生類憐憫令
1697	賀茂真淵誕生（～1769沒）〔《萬葉考》1760，《國意考》、《邇飛麻那微》1765〕
1702	赤穗浪士襲擊事件
1703	安藤昌益誕生（～1762沒）〔《自然真營道》1753〕
1709	正德之治（新井白石）
1715	富永仲基誕生（～1746沒）〔《出定後語》1745，《翁之文》1746〕
1716	享保改革（德川吉宗）
1718	慈雲誕生（～1804沒）〔《十善法語》1775〕
1723	三浦梅園誕生（～1789沒）〔《敢語》1763，《玄語》1775，《贅語》1789〕
1726	平賀源內誕生（～1779沒）〔《物類品　》、《風流志道軒傳》、《根無草》1763〕
1730	本居宣長誕生（～1801沒）〔《直毘靈》1771，《玉勝間》1793，《古事記傳》1798，《宇比山踏》1798，《源氏物語玉之小櫛》1799〕
1730	中井竹山誕生（～1804沒）〔《草茅危言》1788〕

1732	享保大饑饉
1733	杉田玄白誕生（～1817沒）〔《解體新書》1774，《蘭學事始》1815〕
1734	上田秋成誕生（～1809沒）〔《雨月物語》1776，《癇癖談》1791，《春雨物語》、《膽大小心錄》1808〕
1742	公事方御定書成立
1743	本多利明誕生（～1820沒）〔《經世密策》1798〕
1748	山片蟠桃誕生（～1821沒）〔《夢之代》1820〕
1755	海保青陵誕生（～1817沒）〔《稽古談》1813〕
1767	曲亭馬琴誕生（～1848沒）〔《皿皿鄉談》1815，《椿說弓張月》1811，《南總里見八犬傳》1842〕
1768	富士谷御杖誕生（～1823沒）〔《真言辨》1811〕
1769	佐藤信淵誕生（～1850沒）〔《經濟要錄》1827〕
1772	佐藤一齋誕生（～1859沒）〔《言志四錄》1853〕
1776	平田篤胤誕生（～1843沒）〔《靈之真柱》1812，《玉襷》（玉だすき）1824，《古史傳》1825〕
1780	賴山陽誕生（～1832沒）〔《日本外史》1827，《日本樂府》1828，《山陽詩鈔》1833〕
1782	會澤正志齋誕生（～1863沒）〔《新論》1825，《迪彝篇》1833〕。廣瀨淡窗（～1856沒）〔《約言》1828〕
1784	天明大饑饉
1787	二宮尊德誕生（～1856沒）〔《二宮翁夜話》〕。寬政改革（松平定信）

1790	寬政異學之禁
1793	大鹽平八郎誕生（～1837沒）〔《洗心洞箚記》1833〕。渡邊崋山誕生（～1841沒）〔《慎機論》1838〕
1797	大原幽學誕生（～1858沒）〔《微味幽玄考》〕
1804	高野長英誕生（～1850沒）〔《西說醫原樞要》1832〕
1806	藤田東湖誕生（～1855沒）〔《回天詩史》1844，《弘道館記述義》1849〕
1808	間宮林藏探險樺太
1809	橫井小楠誕生（～1869沒）〔《國是三論》1862〕
1811	佐久間象山誕生（～1864沒）〔《省諐錄》1854〕
1823	勝海舟誕生（～1899沒）〔《開國起原》1893，《幕府始末》1895，《冰川清話》1898〕
1825	幕府發布異國船驅逐令
1828	西村茂樹誕生（～1902沒）〔《日本道德論》1887〕
1829	西周誕生（～1897沒）〔《百一新論》1874〕
1830	吉田松陰誕生（～1859沒）〔《講孟餘話》1856，《留魂錄》、《幽囚錄》1859〕
1832	中村敬宇誕生（～1891沒）〔翻譯《自由之理》、《西國立志編》（自助論）1871〕
1833	天保大饑饉
1835	福澤諭吉誕生（～1901沒）〔《西洋事情》1866，《勸學》（学問のすゝめ）1872～1876，《脫亞論》1885，《福翁百話》1897，《福翁自傳》1899〕

1837	大鹽平八郎之亂。莫里森號事件
1839	蠻社之獄（渡邊崋山、高野長英等人被捕入獄）
1840	鴉片戰爭（清敗給英國～1842）
1847	中江兆民誕生（～1901沒）〔《民約譯解》1811，《三醉人經綸問答》1887，《一年有半》1901〕
1852	水戶藩獻上《大日本史》予朝廷及幕府
1854	日美、日英、日俄和親條約
1855	井上哲次郎誕生（～1944沒）〔《哲學字彙》1881，《我國體與國民道德》（我が国体と国民道徳）1925〕。設置洋學所。江戶大地震（藤田東湖遭壓死）
1858	與美國、荷蘭、俄國、英國及法國修好通商條約
1859	安政大獄（松蔭、左內等遭處死）
1860	櫻田門外之變（井伊直弼遭暗殺）
1861	內村鑑三誕生（～1930沒）〔《余如何成為基督信徒乎》（余は如何にして基督信徒となりし乎）1895〕
1862	岡倉天心誕生（～1913沒）〔《東洋的理想》1903，《茶之書》1906〕。新渡戶稻造誕生（～1933沒）〔《武士道》1899〕。森鷗外誕生（～1922沒）〔《舞姬》1890，《彷彿》（かのやうに）1912〕
1863	清澤滿之誕生（～1903沒）〔《精神主義》1901〕
1864	二葉亭四迷誕生（～1909沒）〔《浮雲》1887～1889〕
1867	夏目漱石誕生（～1916沒）〔《明暗》1916未完〕。大政奉還。王政復古的大號令

1868	明治維新。神佛分離令（廢佛毀釋運動）。北村透谷誕生（～1894沒）〔《內部生命論》1893〕
1869	版籍奉還。東京橫濱間電信開通
1870	鈴木大拙誕生（～1966沒）〔《日本的靈性》1944〕。西田幾多郎誕生（～1945沒）〔《善的研究》1911，《思索與體驗》1914，《從活動者到能見者》（働くものから見るものへ）1927，《哲学的根本問題續篇》1934〕
1871	廢藩置縣。岩倉具視等赴歐美視察。幸德秋水誕生（～1911沒）〔《社會主義神髓》1903〕。高山樗牛誕生（～1902沒）〔《論美的生活》（美的生活を論ず）1901〕
1872	制定學制。新橋橫濱間鐵道開通
1873	征韓論失勢，西鄉隆盛等人下野。公布徵兵令。綱島梁川誕生（～1907沒）〔《予之見神實驗》（予が見神の実験）1905〕
1875	與俄國交換庫頁島千島群島。柳田國男誕生（～1962沒）〔《遠野物語》1910，《桃太郎的誕生》1933，《海上之道》1961〕
1877	西南戰爭。佐野常民創立博愛社
1883	鹿鳴館落成（歐化政策）。北一輝誕生（～1937沒）〔《國體論及純正社會主義》1906，《日本改造法案大綱》1923〕
1885	田邊元誕生（～1962沒）。制定內閣制度
1887	折口信夫誕生（～1953沒）〔《古代研究》1929～1930〕
1886	石川啄木誕生（～1912沒）〔《時代閉塞的現狀》1910〕

1889	發布大日本帝國憲法。和辻哲郎誕生（～1960沒）〔《作為人間之學的倫理學》（人間の学としての倫理学）1934，《風土》1935〕
1890	發布教育敕語
1891	土田杏村誕生（～1934沒）〔《象徵的哲學》1919，《日本支那現代思想研究》1926，《國文學的哲學研究》1927〕。大津事件
1894	日清戰爭（～1895）。三國干涉事件（1895）
1897	三木清誕生（～1945沒）〔《帕斯卡關於人的研究》（パスカルにおける人間の研究）1926，《構想力的論理》1945（未完）〕
1900	因義和團事件出兵（北清事變～1901）
1902	小林秀雄誕生（～1983）〔〈各式各樣的構思〉（様々なる意匠）1929，《所謂無常》（無常といふ事）1946，《本居宣長》1977〕。宮崎滔天《三十三年之夢》（1926復刻）
1903	藤村操在華嚴瀑布投水自殺
1904	日俄戰爭（～1905）
1910	幸德秋水等人大逆事件。韓國合併（～1945）
1911	《青鞜》發刊（平塚雷鳥）。清國辛亥革命
1912	憲法論爭（美濃部達吉、上杉慎吉）。友愛會成立，開始活動
1913	大正政變

1914	第一次世界大戰參戰
1916	津田左右吉《文學中所展現的我國民思想之研究》（文学に現はれたる我が国民思想の研究）。吉野作造〈說憲政之本義並論濟其有終之美之途〉（憲政の本義を説いて其有終の美を済すの途を論ず）
1917	河上肇《貧乏物語》。桑木嚴翼《康德與現代哲學》。田邊元《科學概論》
1918	出兵西伯利亞
1919	北一輝《國家改造案原理大綱》（之後改題：《日本改造法案大綱》）
1922	全國水平社創立。日本農民組合成立。左右田喜一郎《文化價值與極限概念》
1925	治水維持法。田邊元《數理哲學研究》
1927	金融恐慌
1928	施行第一屆普通選舉。張作霖暗殺事件（滿州某重大事件）。《馬克思恩格斯全集》開始刊行
1931	滿州事變爆發
1932	滿州國建國
1933	退出國際聯盟
1934	田邊元〈社會存在的論理〉
1935	發生天皇機關說問題。家永三郎《日本思想史之否定論理的發達》
1936	中井正一〈委員會的邏輯〉。二二六事件

1937	日中戰爭開始
1938	國家總動員法。津田左右吉《支那思想與日本》
1939	第二次世界大戰開始
1940	日德義三國締結同盟。大正翼贊會成立
1941	太平洋戰爭開始（發布對美英蘭宣戰）
1942	京都學派的座談會「世界史的立場與日本」（《中央公論》）。座談會「近代的超克」（《文學界》）。家永三郎《日本思想史之宗教自然觀的展開》
1943	波多野精一《時間與永遠》
1944	菲律賓海海戰（瑪里亞納海戰）。東條內閣總辭職。雷伊泰灣海戰。本土轟炸開始。大塚久雄《近代歐洲經濟史序說》。竹內好《魯迅》。鈴木大拙《日本的靈性》
1945	原子彈轟炸廣島、長崎。接受波茨坦宣言。
1946	柳田國男《先祖之話》。丸山真男〈超國家主義的邏輯與心理〉。田邊元《懺悔道的哲學》。花田清輝《復興期的精神》。《思想的科學》創刊
1947	田中美知太郎《邏克斯與理念》（ロゴスとイデア）。梅本克己〈人類自由的界限〉（《展望》，此文成為哲學主體性論爭的起點）
1948	大塚久雄《近代化的人性基礎》（近代化の人間的基礎）、《近代資本主義的系譜》。清水幾太郎《社會學講義》。露絲・潘乃德著、長谷川松治譯《菊與刀》。西鄉信綱《國學的批判》

1949	和辻哲郎《倫理學》（上、中、下，1937～1949）。《聽吧！海神之聲》（きけわだつみのこえ）。松川事件。共產黨和工人黨情報局批判日本共產黨。中村元《近世日本批判精神的一項考察》
1950	完成農地改革。諾曼・赫伯特《被遺忘的思想家——安藤昌益》。和辻哲郎《鎖國——日本的悲劇》。D. H. 勞倫斯著、伊藤整譯《查泰萊夫人的情人》遭禁止發行。黑澤明《羅生門》上映
1951	舊金山講和會議。竹內好《現代中國論》
1952	石母田正《歷史與民族的發現》。和辻哲郎《日本倫理思想史》。丸山真男《日本政治思想史研究》
1954	自衛隊成立。家永三郎《日本道德思想史》。吉本隆明〈馬太書試論〉
1955	柳田民俗學論爭。加藤周一《日本文化的雜種性》。大塚久雄《共同體的基礎理論》
1956	加盟國聯。丸山真男《現代政治的思想與行動》。加藤周一《雜種日本文化——日本的小希望》
1957	梅棹忠夫〈文明的生態史觀序說〉（《中央公論》）
1959	南原繁《費希特的政治哲學》（フィヒテの政治哲学）。竹內好《近代的超克》。安保論爭開始
1960	安保抗爭、三井礦坑爭議。埴谷雄高《幻視中的政治》。橋川文三《日本浪曼派批判序說》。唐木順三《無用者的系譜》
1961	丸山真男《日本的思想》

1963	八木誠一《新約思想的成立》
1964	色川大吉《明治精神史》
1966	三宅剛一《人間存在論》。越戰反戰運動。
1967	森有正《遙遠的聖母院》（遥かなノートル・ダム）。鶴見俊輔《界限藝術論》
1968	吉本隆明《共同幻想論》。加藤周一《羊之歌——我的回想》
1969	石牟禮道子《苦海淨土》。東大安田講堂事件
1971	宇井純《公害原論》
1972	廣松涉《世界的共同主觀性存在構造》
1975	井筒俊彥《伊斯蘭思想史》。山口昌男《文化與兩義性》。西鄉信綱《古事記注釋》（～1989）
1976	大森莊藏《物與心》。埴谷雄高《死靈　定本》（1～5章）
1977	小林秀雄《本居宣長》
1978	天主教與新教共同製作的《新約聖書・共同譯》發行
1980	柄谷行人《日本近代文學的起源》。加藤周一《日本文學史序說》
1981	今村仁司《勞動的本體論》（労働のオントロギー）
1982	鶴見俊輔《戰時期日本的精神史》。上野千鶴子《性感女孩大研究》（セクシィ・ギャルの大研究）
1983	淺田彰《構造與力量》。中澤新一《西藏的莫札特》

1985	G5廣場協議（Plaza Accord）
1986	車諾比核電廠事故
1987	泡沫經濟開始（～1991為止）
1989	坂部惠《鏡子裡的日本語》。1月，年號改為平成。6月，天安門事件。11月，柏林圍牆倒塌
1990	腦死臨調開始
1991	蘇聯瓦解
1995	阪神淡路大地震。奧姆真理教地鐵沙林毒氣事件。
1997	加藤典洋《敗戰後論》。臟器移植法通過
1998	金融監督廳成立（2000年改為金融廳）
1999	男女共同參與社會基本法
2000	介護保險制度開始
2011	東日本大地震

歷史大講堂

日本思想全史

2018年11月初版 定價：新臺幣450元

著　者　清水正之
譯　者　田世民
叢書編輯　張彤華
校　對　Soulmap
內文排版　極翔企業有限公司
封面設計　兒日
編輯主任　陳逸華

總編輯　胡金倫
總經理　陳芝宇
社　長　羅國俊
發行人　林載爵

出版者　聯經出版事業股份有限公司
地　址　新北市汐止區大同路一段369號1樓
編輯部地址　新北市汐止區大同路一段369號1樓
叢書編輯電話　(02)86925588轉5306
台北聯經書房　台北市新生南路三段94號
電　話　(02)23620308
台中分公司　台中市北區崇德路一段198號
暨門市電話　(04)22312023
台中電子信箱　e-mail：linking2@ms42.hinet.net
郵政劃撥帳戶第0100559-3號
郵撥電話　(02)23620308
印刷者　世和印製企業有限公司
總經銷　聯合發行股份有限公司
發行所　新北市新店區寶橋路235巷6弄6號2樓
電　話　(02)29178022

行政院新聞局出版事業登記證局版臺業字第0130號

本書如有缺頁，破損，倒裝請寄回台北聯經書房更換。　ISBN 978-957-08-5215-8 (平裝)
聯經網址：www.linkingbooks.com.tw
電子信箱：linking@udngroup.com

國家圖書館出版品預行編目資料

日本思想全史/清水正之著．田世民譯．初版．新北市．聯經．
2018年11月（民107年）．400面．14.8×21公分（歷史大講堂）
譯自：日本思想全史
ISBN 978-957-08-5215-8（平裝）

1.思想史　2.日本

113.1　107019175